SOPHIE BONNET

Provenzalische Geheimnisse

Buch

Herbst in der Provence: Die Weinlese in den Hügeln um Sainte-Valérie ist in vollem Gange, im Café le Fournil backt man saftiges Olivenbrot, und alle freuen sich auf eine entspannte Nachsaison. Nur Dorfpolizist Pierre Durand hält die Renovierung seines Bauernhauses in Atem. Währenddessen steckt seine Freundin Charlotte Berg als Chefköchin des Luxushotels Domaine des Grès mitten in den Vorbereitungen für die größte Hochzeit des Jahres. Doch der Junggesellenabschied nimmt ein blutiges Ende – nach einer feuchtfröhlichen Wildschweinjagd findet man den Trauzeugen nackt und von Kugeln durchsiebt im Wald. Pierre glaubt nicht an einen Jagdunfall. Jetzt ist sein ermittlerischer Feinsinn gefragt, denn nicht nur die Verdächtigen haben ein Interesse daran, Spuren zu verwischen …

Autor

Sophie Bonnet ist das Pseudonym einer erfolgreichen deutschen Autorin. Mit ihrem Frankreich-Krimi »Provenzalische Verwicklungen« begann sie eine Reihe, in die sie sowohl ihre Liebe zur Provence als auch ihre Leidenschaft für die französische Küche einbezieht. Mit Erfolg: Der Roman begeisterte Leser wie Presse auf Anhieb und stand monatelang auf der Bestsellerliste, ebenso wie die darauffolgenden Romane um den liebenswerten provenzalischen Ermittler Pierre Durand. Die Autorin lebt mit ihrer Familie in Hamburg.

Außerdem von Sophie Bonnet bei Blanvalet lieferbar:

Provenzalische Verwicklungen
Provenzalische Intrige
Provenzalisches Feuer
Provenzalische Schuld
Provenzalischer Rosenkrieg
Provenzalischer Stolz
Provenzalischer Sturm
Provenzalische Täuschung
Provenzalische Flut
Provenzalisches Licht

Weitere Bände in Vorbereitung

SOPHIE BONNET

Provenzalische Geheimnisse

Ein Fall für Pierre Durand

blanvalet

MIX
Papier | Fördert gute Waldnutzung
FSC® C014496

Penguin Random House Verlagsgruppe FSC® N001967

11. Auflage
Taschenbuchausgabe Mai 2016
by Blanvalet, einem Unternehmen der
Penguin Random House Verlagsgruppe GmbH,
Neumarkter Str. 28, 81673 München
produktsicherheit@penguinrandomhouse.de
(Vorstehende Angaben sind zugleich
Pflichtinformationen nach GPSR)

Umschlaggestaltung: © www.buerosued.de
Umschlagmotiv: Christie Goodwin/Arcangel Images
Redaktion: Angela Troni
ES · Herstellung: wag
Satz: DTP Service Apel, Hannover
Druck und Einband: GGP Media GmbH, Pößneck
Printed in Germany
ISBN: 978-3-7341-0297-4

www.blanvalet.de

Prolog

Mit dem Verklingen des Jagdhorns kam die Ruhe. Der Wald schien nur noch ihm zu gehören, ihm und dessen Bewohnern.

Er atmete tief ein, sah einem Käfer nach, der einen Stamm hinabkroch und im Farn verschwand, lauschte in die Stille.

Hatten sie tatsächlich aufgegeben?

Ein tiefes Gefühl der Genugtuung durchströmte ihn, und er musste grinsen, als er an Sébastiens überhebliches Gesicht zurückdachte, der ihm die Aktion wohl nicht zugetraut hatte.

Noch einmal horchte er in die Nacht, dann blickte er sich um und versuchte, sich in dem blassen Licht zu orientieren, das der Mond durch belaubtes Astwerk warf. Dort, wo das Gelände sanft anstieg, musste das Plateau liegen, von dem aus man bis zur Quelle der Sorgue sehen konnte, deren Wasser aus den Tiefen des Gebirges hervortrat, um seinen Weg wie ein smaragdgrünes Band durch den Vaucluse fortzusetzen. Zurück nach Sainte-Valérie ging es demnach in entgegengesetzter Richtung. Er musste nur dem steinigen Pfad folgen, der sich irgendwo unter all dem Herbstlaub befand.

Mit zusammengekniffenen Augen maß er die Umgebung, die rechte Hand an einen Stamm gestützt. Er rutschte ab, fing sich wieder, taumelte zum nächsten Baum.

Normalerweise fand er den Weg mit schlafwandlerischer Sicherheit. Als Jäger kannte er jeden Zentimeter des Waldes, aber der Alkohol hatte seine Sinne benebelt, und er musste zwinkern, um einigermaßen klar zu sehen.

Vom Boden stieg nasskalter Dunst auf, den die ersten Sonnenstrahlen bald vertreiben würden. Für den folgenden Tag war schönstes Oktoberwetter angesagt – wie eigens für die Hochzeit bestellt –, doch noch war davon nichts zu spüren, ganz im Gegenteil. Die Kälte drang ihm inzwischen bis auf die Knochen, und in diesem Moment gab es nichts, wonach er sich mehr sehnte, als ein heißes Bad.

Das Gefühl der Genugtuung verblasste. Schaudernd strich er sich über die bloßen Oberarme.

Die Wette war blanker Unsinn gewesen, musste er sich eingestehen, Höhepunkt eines völlig entgleisten Junggesellenabschieds. Sie hatten getrunken, Wein und *Chartreuse verte*, und nun stand er mitten im Wald, splitterfasernackt bis auf seine Lederstiefel, und fror. Immerhin – er hatte gewonnen, sie hatten ihn nicht entdeckt. Nun konnte er hocherhobenen Hauptes zurück zum Treffpunkt gehen, wo seine Sachen lagen. Aber während er die ersten Schritte dorthin setzte, wo er den Pfad vermutete, ahnte er, dass sein künftiger Schwager sie inzwischen entfernt hatte. Sébastien war schon immer ein schlechter Verlierer gewesen – ihm war alles zuzutrauen.

»Ich werde dir eine Lektion erteilen!«, hatte Sébastien gezischt, während Raphaël den Countdown zählte. »Du gehst mir echt auf den Sack!«

Ein Rascheln ließ ihn zusammenschrecken, dann das Knacken eines Zweiges. Der Wald schien mit einem Mal voller Leben. Ein Vogel stob schimpfend auf, irgendwo krächzte ein Käuzchen. Dann wieder dieses Rascheln.

Wildschweine!, schoss es ihm durch den Kopf. Sie konnten gefährlich werden, vor allem wenn sie verletzt waren. Eines hatten sie während der Jagd nur angeschossen, ohne es zu Fall zu bringen. Missglückter Tellerschuss, so was kam vor, aber solch einem Tier lief man besser nicht über den Weg. Vor allem nicht unbewaffnet. In geduckter Haltung ging er weiter, lauschte. Auf einmal erkannte er, dass es menschliche Schritte waren, die das Geräusch im Herbstlaub verursachten. Jemand bahnte sich einen Weg durchs Gestrüpp und kam geradewegs auf ihn zu.

»Sébastien? Bist du es? Komm schon, das Spiel ist aus.«

Keine Antwort.

»Du bist so ein Vollidiot, Sébastien, wirklich. Es ist mir unbegreiflich, was meine Schwester an dir findet.«

Plötzlich zerriss ein ohrenbetäubendes Krachen die Stille. Rindenstückchen flogen auf und prasselten auf ihn nieder.

Er schrie erschrocken auf, taumelte rückwärts, fiel ins taunasse Moos.

»*Merde*, so eine Scheiße!« Eine heftige Wut stieg in ihm hoch. »Bist du jetzt vollkommen übergeschnappt? Das ist kein Spaß mehr! Hör sofort auf damit!« Er erhob sich, ballte die Rechte zur Faust und riss sie in die Höhe. »Komm raus, du Feigling, dann regeln wir das wie echte Männer!«

Ein weiterer Schuss streifte sein Bein, es brannte höllisch, und mit einem Mal war sein Verstand wieder glasklar: Jemand wollte ihn umbringen!

Panisch humpelte er durchs Unterholz, versuchte zu entkommen. Dort war der Pfad. Wenn er jetzt laut genug schrie, würden die anderen ihn vielleicht hören.

»Hilfe!«, brüllte er und schlug einen Haken, so gut es mit dem blutenden Bein möglich war, dann noch einen. Versuchte den Schrotkörnern auszuweichen, die nun in regelmäßigen Abständen abgefeuert wurden und wie glühende Nadeln in seinen Körper einschlugen. An der Schulter, am Oberarm, am Gesäß.

Der letzte Schuss traf ihn am Hinterkopf. Noch während er vornübersank, dachte er, was für ein unrühmliches Ende es doch war, wie flüchtendes Wild zur Strecke gebracht zu werden.

I

»Spätestens Januar.«

»Sind Sie sicher?« Pierre Durands Blick folgte dem von Alain Partouche, dessen Zeigefinger auf Höhe des Dachstuhls bedenklich zu wackeln begann.

»*Mais oui.* Es sei denn, die vorhandenen Balken sind wegen der Holzwürmer zu morsch. Wenn die erneuert werden müssen, kann sich das Ganze um drei, vier Wochen verzögern.«

Drei, vier Wochen. Das, so hatte Pierre seit seinem Neuanfang in der Provence gelernt, konnte genauso gut drei, vier Monate bedeuten. Wenn er jetzt nicht aufpasste, war das Bauernhaus erst Mitte nächsten Jahres bezugsfertig!

»Ich dachte, Sie hätten das überprüft?«

Alain Partouche, ein muskulöser, kahlköpfiger Mann mit zerknittertem Anzug, nickte und fuhr sich über die staubverschmierte Stirn. »Ja, das habe ich. Aber man kann nie wissen …«

Pierre seufzte. Diesen Spruch hatte er bereits gehört, als der Inhaber der ortsansässigen Baufirma sich das ehemalige Bauernhaus zum ersten Mal angesehen hatte. Pierre hatte Charlotte gebeten, der ersten Begehung beizuwohnen. Im Gegensatz zu ihm war sie äußerst akkurat beim Aufstellen von Plänen, und er kannte niemanden, der so stilsicher war wie sie.

Die Begehung war zum Albtraum geworden.

Während Charlotte noch versuchte, den Blick auf die charmanten Details zu lenken, die man mit wenig Aufwand würde wiederherstellen können, schüttelten die Männer sorgenvoll die

Köpfe und erweiterten die Liste der notwendigen Arbeiten Punkt um Punkt. Das Ergebnis war wenig ermutigend.

Selbst Charlotte hielt in ihrer Begeisterung für Haus und Umgebung inne und tippte auf das vollgeschriebene Papier. »Müssen wirklich alle Leitungen ausgetauscht werden?«

»Unbedingt«, bestätigte Partouche.

»Auch die Abwasserrohre?«

»Total verrottet. Wenn Sie nicht möchten, dass Ihre Fäkalien irgendwann direkt in der Erde versickern«, er hob eine Augenbaue, »oder über den Ausguss in der Küchenspüle nach oben kommen …«

Charlotte hob abwehrend die Hände. »Das reicht!«, sagte sie energisch und setzte einen Blick auf, der nichts Gutes verhieß.

Noch am selben Nachmittag begann sie zu telefonieren und recherchierte im Internet, um die apokalyptisch anmutende Aussage zu überprüfen. Dabei hatte sie als Chefköchin des luxuriösen Hotels *Domaine des Grès* mit den Vorbereitungen einer Hochzeitsfeier gerade alle Hände voll zu tun.

»Du brauchst eine zweite Meinung«, resümierte sie, als sie Pierre kurz darauf in der Wache aufsuchte. Sie legte ihm einen von ihr kommentierten Kostenplan auf den Schreibtisch, daneben die Karte eines Handwerksbetriebs aus Apt. »Dieser Partouche gefällt mir nicht.«

»Er hat beste Referenzen«, erwiderte Pierre und schob die Visitenkarte in einem Anflug von Trotz von sich. »Jeder, der in Sainte-Valérie fachkundige Hilfe beim Umbau braucht, wendet sich an Alain Partouche und seine Männer. Einfach jeder.«

»Deine Entscheidung«, antwortete Charlotte. Dabei war sie derart distanziert, dass Pierre sich ernsthaft fragte, ob er sich die zaghafte Annäherung der vergangenen Wochen nur eingebildet hatte. Mit einem verärgerten Schnalzen verließ sie sein Büro, um sich fortan wieder den Wünschen der Braut zu widmen, deren

Vorstellungen von einer gelungenen provenzalischen Feier sich nahezu täglich änderten.

Pierre hatte dem Impuls widerstanden, aufzuspringen und ihr nachzueilen. Sosehr er sich auch über Charlottes Engagement freute, es war *sein* Haus. Und es war in der Tat *seine* Entscheidung, wen er mit der Renovierung beauftragte.

Inzwischen waren mehr als drei Wochen vergangen. Der Herbst hatte die Blätter in den schönsten Farben bemalt, und die Liste der anfallenden Arbeiten war stetig gewachsen, bevor auch nur ein einziger Handwerker das Gelände betreten hatte. Anfangs war Pierre dem mit Gelassenheit begegnet, immerhin stand schon das Bauschild mit Partouches Firmenlogo, und wenig später hatte ein motorisierter Betonmischer Einzug gehalten, dazu etliche Säcke Sand und Zement. Nun aber, da das Einzige, das sich bewegte, die veranschlagten Kosten waren, spürte er eine brodelnde Unruhe. Aus irgendeinem Grund hatte er sich beim Kauf des Bauernhauses vorgestellt, dass er bereits zu Weihnachten – eingehüllt in eine warme Decke und mit einem Glas guten *Bandol* – vor dem flackernden Kaminfeuer sitzen würde.

Ein Bild, das sich nun unter dem skeptischen Blick des Bauunternehmers in Rauch auflöste.

»Keine weiteren Verzögerungen, Monsieur Partouche«, stellte Pierre klar. »Wenn die Balken einer ersten Überprüfung standgehalten haben, dann muss man sie auch nicht erneuern. Wann fangen die Arbeiter an?«

Alain Partouche senkte die Hand und zuckte mit den Schultern. »Ende November, vielleicht Anfang Dezember.«

»Grundgütiger, ich will doch nicht erst nächsten Sommer einziehen! Sie hatten doch längst beginnen wollen.«

»Nun ja …« Partouche zögerte kurz, und seine Stirn legte sich in tiefe Falten. »Es gibt da noch einen anderen Auftrag, der sehr dringlich ist und für den ich jeden meiner Männer brauche.«

»Ein weiterer Auftrag?« Pierre war mit seiner Geduld am Ende. »Der kann sich gleich hinten anstellen«, donnerte er. »Sie haben mir Ihr Wort gegeben, und ich verlasse mich darauf, dass Sie es auch halten! Und wenn nicht, dann …«

Er ließ die Drohung in der Luft stehen, da er selbst nicht so genau wusste, was dann zu tun wäre. Tatsächlich war er auf den Bauunternehmer und seine Männer angewiesen. Er selbst hatte nicht die geringste Ahnung vom Renovieren. Jetzt einen zuverlässigeren Handwerksbetrieb zu suchen, der alle Arbeiten übernehmen konnte und zudem eine Fertigstellung bis Januar in Aussicht stellte, käme dem Versuch gleich, mit Zikaden eine Operette zu singen. Selbst für Charlottes Favoriten aus Apt war es nun zu spät. Er hätte besser doch auf sie hören sollen.

Partouche sah auf die Uhr und schien es plötzlich sehr eilig zu haben. »Na schön, ich werde sehen, was ich machen kann.«

Damit zog er ein Taschentuch aus der Hose, verteilte den Schmutz auf seiner Stirn, eilte über die schmale Brücke, die den Hof von der Straße trennte, zu seinem Wagen und fuhr kurz darauf in einer beachtlichen Staubwolke davon.

Hoffentlich geschieht nun wirklich etwas, dachte Pierre, dessen Stimmung auf dem Tiefpunkt war. Er ließ den Blick über das Anwesen schweifen, das bald sein neues Zuhause werden sollte. Rotgoldene Weinranken, Büsche mit leuchtenden Beeren, ein Farbenmeer aus violetten und blauen Astern und roséfarbenen Chrysanthemen. Die kleine, weiß-braun gescheckte Ziege Cosima, die quasi zum Inventar gehörte und im Kaufpreis inbegriffen war, stand kauend inmitten von Beifußsträuchern und ließ ab und an ein zufriedenes Meckern erklingen.

Der Anblick dieser Idylle entlockte ihm einen Stoßseufzer. Pierre konnte es kaum abwarten, seine beengte Wohnung mit den zugewucherten Fensterläden zu verlassen und hierherzuziehen. Der Hof lag nur wenige Autominuten von Sainte-Valérie entfernt. Zu Fuß brauchte man, wenn man den schmalen Weg zwischen den Feldern nahm, nicht einmal eine halbe Stunde, bis man auf die Straße zum Anwesen stieß. Zwischen wild wachsendem Gras und Ginsterbüschen standen Olivenbäume mit unzähligen dunklen Früchten, die er schon bald würde pflücken können – die erste eigene Ernte. In seinem letzten Jahr in Paris hatte er auf dem schmalen Balkon einen Tomatenstrauch gepflanzt, und die Ausbeute hatte gerade einmal als Beilage für ein Abendbrot gereicht.

Pierre lächelte und hielt das Gesicht in die morgendliche Herbstsonne, die sich gerade über die Wipfel des Laubwäldchens hinter dem Haus schob. Die Luft war frisch, aber mild, bis zum Mittag würde es beinahe sommerlich warm werden.

Das Klingeln des Mobiltelefons riss Pierre aus seinen Tagträumen. Das Display zeigte die Nummer seines Assistenten.

»Du musst sofort herkommen«, rief Luc Chevallier ohne Einleitung, und Pierre hatte große Mühe, ihn durch den Lärm im Hintergrund zu verstehen. »Auf der *Place du Village* ist die Hölle los!«

Pierre hörte den Tumult bereits, bevor er den Wagen vor der *police municipale* abgestellt hatte und zu dem großen Platz geeilt war, der inmitten des Dorfes lag. Noch im Laufen zog er sich die Uniformjacke über, die er heute, am eigentlich freien Samstag, im Kofferraum hatte liegen lassen.

»Stoppt die Tierquälerei! Jäger sind Mörder!«, skandierten die vorwiegend jugendlichen Aufrührer im Takt einer Bongotrommel, die ein junger Mann mit dunklen Locken schlug.

Bis auf Jérôme Menessier, der komplett in Schwarz gekleidet war, schien keiner der Demonstranten aus dem Dorf zu kommen. Sie trugen Plakate der neuen provenzalischen Tierschutzorganisation *Force pour les Animaux*, kurz *Force Animaux*, deren Anhänger es sich zum Ziel gemacht hatten, Vogelfallen zu sabotieren und Hunde in überfüllten Tierheimen vor einem grauenhaften Schicksal zu bewahren, indem sie sie befreiten und an mitleidige Urlauber vermittelten. Eigentlich eine ehrenwerte Aufgabe, wie Pierre fand, doch seit Beginn der Jagdsaison häuften sich die Meldungen von zerstochenen Reifen an den Geländewagen der Jäger, und man ahnte, dass diese auf das Konto der Tierschützer gingen.

»Tod den Jägern!«, rief jemand aus der Menge, was einige Männer sofort mit grellen Pfiffen beantworteten. In den Reihen der Gegner, die sich am Rande der Szenerie formiert hatten, erkannte Pierre einige passionierte Jäger aus dem Ort. Eine Gruppe Touristen, die vor dem *Café le Fournil* beim Frühstück saß, beeilte sich zu bezahlen; an einem weit geöffneten Fenster drängten sich mehrere ältere Frauen, um das Spektakel aus sicherem Abstand zu beobachten.

»Pierre, hierher!«

Der Ruf kam aus Richtung der *mairie*, und als Pierre sich umsah, entdeckte er seinen Assistenten Luc, der breitbeinig und mit verschränkten Armen auf den Stufen vor dem Bürgermeisteramt stand und den Aufmarsch mit unruhigen Augen beobachtete. Trotz intensiv betriebenen Hanteltrainings waren seine Schultern noch immer schmal, und mit seinem eingezogenen Kopf wirkte er eher wie ein Schulabgänger und nicht wie der Ordnungshüter, der hier für Ruhe zu sorgen hatte.

Rasch bahnte Pierre sich einen Weg durch die johlenden Jugendlichen zu ihm hin. »Was ist denn hier los?«, murmelte er und heftete den Blick wieder auf die Männer am Ende des Dorfplatzes, die sich inzwischen mit allerlei Dingen bewaffnet hatten: Mistgabeln, Knüppeln und Holzlatten. Stéphane Poncet, der Mechaniker von Sainte-Valérie, schwenkte gar einen Lötkolben, was die Jugendlichen mit Spott und Hohn beantworteten.

»Sie protestieren gegen die Jagd«, erklärte Luc in belehrendem Tonfall und mit einer Nachdrücklichkeit, die Pierre schmunzeln ließ.

Er mochte seinen Assistenten. Aber ihm den Unterschied zwischen einer rhetorischen und einer ernst gemeinten Frage zu erklären, schien vollkommen sinnlos. »Ach nein, wirklich?«, antwortete er stattdessen. »Nur warum ausgerechnet in Sainte-Valérie? Hier gibt es noch nicht einmal einen Jagdverein.«

»Einen Jagdverein nicht, aber vielleicht bald einen Vorsitzenden des Jagdverbandes, der *Fédération des chasseurs*, im Departement Provence-Vaucluse.«

Pierre sah Luc überrascht an. Dann bemerkte er, wie Jérôme Menessier Kieselsteine aufhob und sie in Richtung des Balkons warf, hinter dessen Fenster sich das Büro des Bürgermeisters befand.

»Komm raus und zeig dich, du feiger Hund!«, brüllte er, bückte sich erneut und schleuderte eine Handvoll Steinchen hinterher, die jedoch ihr Ziel verfehlten und auf die laut fluchende Menge herabprasselten.

»Etwa Arnaud Rozier?«, fragte Pierre.

»Ja. Er hat sich zur Wahl gestellt, und es sieht tatsächlich so aus, als könnte er den jetzigen Präsidenten ablösen.«

Der Bürgermeister von Sainte-Valérie als Präsident der lokalen *Fédération des chasseurs*? Das war wirklich eine unerwartete Neuigkeit. Denn auf der Pirsch hatte Pierre Rozier noch nie gesehen, und das, obwohl die Jagd in dieser ländlichen Gegend ein anerkannter Volkssport war. Pierre kannte im Dorf fast keinen Mann, der nicht bereits Ende September seine Flinte putzte, um dann mit dem obligatorischen Marschgepäck – diversen Flachmännern, armdicken Salamis und Weißbrotstangen – in die Wälder zu ziehen und das Abendbrot eigenhändig zu erlegen. All das mit einer Inbrunst, die an die archaische Essenbeschaffung aus tiefster Steinzeit erinnerte. Nur gab es in den Wäldern von Sainte-Valérie statt Mammuts Hasen, Rebhühner und Wildschweine.

An die Jagdbegeisterung der Dorfbewohner hatte er sich erst gewöhnen müssen, als er vor mehr als drei Jahren seinen Posten als leitender *Commissaire* gekündigt hatte und von Paris hierhergezogen war. In der Großstadt musste man eher aufpassen, beim Überqueren der Straße nicht von einem Auto erfasst zu werden. Hier hingegen lauerte die Gefahr mitten in der Natur, und es war Leib und Leben zuträglich, in den Herbstmonaten orangerote Kappen oder Westen zu tragen und die Wege nicht zu verlassen, wenn man am Wochenende zum Pilzesammeln in den Wald ging.

Inzwischen hatte sich die Lage zugespitzt. Stéphane Poncet reckte seinen Lötkolben in die Höhe, rief zum Angriff, und die Jäger setzten sich in Bewegung, schwenkten grölend Holzlatten und Mistgabeln. Bereit, ihrem Bürgermeister, der sich noch immer nicht zeigte, zur Seite zu stehen und die Querulanten aus ihrem geliebten Örtchen zu vertreiben.

»Halt, sofort aufhören!«, schrie Pierre gegen den wachsenden Lärmpegel an. Dabei ärgerte er sich, dass er weder Trillerpfeife noch Megaphon dabeihatte, denn niemand schien seinem Kommando Beachtung schenken zu wollen. Hobbyjäger und Jugendliche standen sich nun direkt gegenüber, ein Zusammenstoß schien unvermeidlich.

»Ruf in Cavaillon an, wir brauchen Verstärkung«, befahl er seinem Assistenten.

»Ja, mach ich.« Luc wirkte erleichtert. »Und die Beamten der CRS gleich dazu.«

»Die *Compagnies Républicaines de Sécurité*? Unsinn, das ist doch kein Massenaufstand.« Damit schob Pierre sich durch die johlenden Demonstranten, bis er schließlich vor Poncet und den anderen Männern stehen blieb. »Hört auf Leute, lasst den Unsinn und geht nach Hause. Das ist eine harmlose Kundgebung. Das muss ja nicht gleich in eine Prügelei ausarten.«

»Harmlos nennen Sie das? Hören Sie doch mal hin, die wünschen uns den Tod.« Poncet, der ohne durchgekauten Zigarettenstummel im Mund ein ungewohntes Bild abgab, schüttelte den Kopf. Sein Schnurrbart zitterte vor Erregung. »Diese Bürschchen haben mir die Reifen zerstochen, als ich beim Jagen war. Und sie haben mir eine Flinte aus dem Auto geklaut. Windelweich sollte man sie prügeln. Das ist die einzige Sprache, die solche Saboteure verstehen.«

»Jawoll! So ist es«, kam es von seinen Mitstreitern, unter denen sich auch Serge Oudard befand, der Besitzer des Krämerladens, der gleich ein ganzes Regalbrett schwang. »Die sollen sich nie wieder in die Nähe unserer Autos wagen!«

»Überlasst das uns und den Beamten aus Cavaillon. Geht nach Hause, dann kann ich in Ruhe meine Arbeit tun und diese nicht genehmigte Versammlung friedlich auflösen.«

»*Ah bon*, der *Policier* will seine Arbeit tun«, wiederholte Oudard sichtlich aufgebracht und mit beißender Ironie. »Habt Ihr das gehört? Er will die Sache friedlich klären.« Die anderen Männer lachten. Oudard stimmte kurz und keckernd ein, dann wurde er wieder ernst. »Wie wollen Sie das anstellen? Die Idioten nach ihren Ausweisen fragen und sie dann höflichst darum bitten, nach Hause zu fahren und die Strafanzeige abzuwarten? Nein, Monsieur Durand, das regelt man anders.«

»Wie man solche Situationen regelt und wie nicht, überlassen Sie besser mir«, antwortete Pierre bestimmt. »Zumindest weiß ich ja, wohin ich bei *Ihnen* die Strafanzeige schicken soll, auch ohne Ausweiskontrolle.«

Oudard ließ das Regalbrett langsam sinken. »In Ordnung«, murrte er unwillig. »Aber wenn diese Idioten nicht innerhalb der nächsten zehn Minuten verschwinden, kann ich für nichts garantieren.« Damit zog er die Nase hoch und spuckte in hohem Bogen aus.

Pierre wusste, dass der Krämer die Drohung ernst meinte. Oudard gehörte zu jener Garde alter Männer, die mit den Kämpfern der Résistance sympathisierten, obwohl er selbst damals noch ein kleines Kind gewesen war. Aber er wurde nicht müde, bei jeder Gelegenheit zu betonen, dass für ihn der Widerstandsgeist noch über den zehn Geboten stand – wobei es immer eine Frage der persönlichen Auslegung zu sein schien, gegen wen oder was Widerstand geleistet werden musste. In diesem Fall waren es die Tierschützer, die trotz ihrer Jugend gegen die schlagbereiten Jagdfreunde nichts würden ausrichten können, so viel war sicher.

Pierre atmete tief ein.

Zehn Minuten also. Die Kollegen aus Cavaillon waren sicher schon unterwegs. Nun galt es, Zeit zu schinden. Denn mit gutem Zureden alleine würde sich die Demonstration nicht auflösen lassen …

Mit betonter Ruhe drehte Pierre sich zu den Jugendlichen um, die die Debatte argwöhnisch verfolgt hatten. »Dies ist eine unerlaubte Versammlung. Ich fordere Sie hiermit auf, diese sofort zu beenden.«

»Wir sind freie Bürger und haben ein Recht darauf, unsere Meinung kundzutun«, protestierte der Lockenkopf.

Ein arroganter Bursche, wie Pierre fand. Nicht nur wegen seiner Siegesgewissheit. Auch die Art, wie er sprach, schien eine höhere Bildung betonen zu wollen. Wort für Wort. Vielleicht war er aus gutem Hause oder jemand, der die Nase allzu tief in hochtrabende Bücher gesteckt hatte.

»Aber nicht in Form einer ungenehmigten Demonstration.«

»Eine Demonstration? Das müssen Sie uns erst einmal nachweisen.« Der junge Mann lachte auf und schlug ein paar Takte auf der Bongotrommel. »Wir sind nur hier, um ein wenig Musik zu machen.«

»Das können Sie Ihrer Oma erzählen. Wenn Sie nicht sofort den Platz räumen, werde ich dafür sorgen, dass Sie eingesperrt werden. Einer nach dem anderen.«

»Als einfacher Dorfpolizist?« Der Lockenkopf deutete auf das Abzeichen an Pierres Jacke. »Sie dürfen ja noch nicht einmal unsere Personalien aufnehmen.«

»Lassen Sie es darauf ankommen«, erwiderte Pierre grollend und warf einen Blick in Richtung Luc, der inzwischen direkt an der Tür zur *mairie* stand, eine Hand an der Klinke. Von ihm konnte er wohl kein beherztes Eingreifen erwarten. Und wo zum Teufel war eigentlich der Bürgermeister? Er machte einen Schritt auf den Lockenkopf zu und legte ihm eine Hand auf die Schulter. »Wir haben einen vergitterten Kellerraum, nicht besonders komfortabel, aber zweckmäßig. Ich versichere Ihnen, dass ich Sie dort einsperre, wenn Sie nicht augenblicklich dafür sorgen, dass Ihre Leute das Dorf verlassen. Und zwar friedlich.«

Mit einem Schnauben zuckte der Mann zurück, griff nach einem der noch immer geschwenkten Protestschilder und hielt es drohend vor seinen Körper, als sei es eine Waffe. »Versuchen Sie es doch!«, blaffte er, und die Umstehenden zollten ihm johlend Beifall.

Pierre verschränkte die Arme, noch immer stand er zwischen den aufgebrachten Parteien. Notfalls würde er den Rädelsführer mit Gewalt in Gewahrsam nehmen müssen. Nur würden sich dann auch Oudard und seine Truppe ins Gemenge stürzen. Die Lage war verzwickt. Pierre hoffte, dass die Beamten aus Cavaillon jeden Moment eintrafen und sein Anliegen entsprechend unterstrichen.

»Könnt ihr Euch nicht ein Mal benehmen wie Kavaliere?«

Die hohe, durchdringende Stimme klang befehlsgewohnt

und ließ sämtliche Köpfe in Richtung des Parkplatzes seitlich der *Église Saint-Michel* herumfahren. Erst war nur ein wippender Schleier zu sehen, dann teilte sich die Menge, und Pierre erkannte eine üppig gerüschte Braut mit hochgestecktem blondem Haar und tiefrot geschminkten Lippen. Es war Marie-Laure, die Tochter des Gemeinderatsvorsitzenden Frédéric Pabion, deren Hochzeitsvorbereitungen Charlotte seit Wochen in Atem hielten. Neben ihr der Bräutigam Sébastien Goussard, laut Charlotte ein Bankangestellter aus L'Isle-sur-la-Sorgue, der mit kalkweißem Gesicht versuchte, Haltung zu bewahren.

»Wenn die Herren mich jetzt bitte zum Bürgermeister durchlassen wollen? Ich möchte meine Trauung nur ungern wegen einer Horde hirnloser Kretins verschieben müssen, die sich aufführen, als habe man ihnen ein Sandförmchen geklaut.«

Es war skurril. Nein, mehr als das, es war eine vollkommen absurde Situation. Tierschützer wie Jäger wichen vor der Braut zurück, die mit erhobenem Kopf wie eine Königin durch die Menge schritt, den künftigen Ehemann am Arm. Hinter ihr in einer polonaiseähnlichen Schlange die Brauteltern und zahllose Gäste, die sich mit ängstlichen Blicken absicherten, ob dem plötzlichen Frieden tatsächlich zu trauen sei.

Auf den Stufen vor der *mairie* drehte Marie-Laure sich noch einmal um und blickte mit hoheitsvoller Miene in die Menge. »Ich möchte dort drinnen keinen Mucks mehr hören, verstanden? Ihr wollt mir doch nicht den schönsten Tag in meinem Leben verderben, oder?«

Ein Raunen ging durch die Menge, der Lockenkopf zuckte die Achseln und sah seine Mitstreiter fragend an.

»Ihr habt gehört, was die Braut gesagt hat«, setzte Pierre hinzu. »Geht nach Hause und lasst den Tag ihrer Hochzeit zu einer guten Erinnerung werden.«

Waren einige der Angesprochenen jetzt noch unsicher, was zu

tun sei, so nahm eine nahende Sirene ihnen die Entscheidung ab. Ohne dass jemand ein Kommando gegeben hätte, verließen Demonstranten und Jagdfreunde fluchtartig den Ort des Geschehens und zerstreuten sich in den vielen schmalen Gässchen wie von Sonnenlicht aufgeschreckte Küchenschaben. Als zwei vollbesetzte Wagen der *police nationale* auf den Platz rollten, war außer den alten Frauen, die noch immer am Fenster hingen, niemand mehr zu sehen.

2

Die Sonne brannte vom wolkenlosen Himmel, als sich die Tür von Madame Orsets Blumenladen mit lautem Gebimmel hinter ihm schloss.

Nachdem die Einsatzkräfte unverrichteter Dinge den Rückweg angetreten hatten, war Pierre noch kurz über den Platz gegangen und hatte überprüft, ob es irgendwelche Schäden gab, die gemeldet werden mussten. Doch außer einigen Kaugummipapieren, Plastikflaschen und zerknüllten Zigarettenpackungen, die der herbeigeorderte Straßenkehrer schon bald beseitigen würde, deutete nichts mehr darauf hin, dass hier vor genau einer halben Stunde eine Horde aufgebrachter Jugendlicher den samstäglichen Müßiggang gestört hatte.

In der Gewissheit, dass die Ruhe in Sainte-Valérie wiederhergestellt war, hatte Pierre seine Uniformjacke ausgezogen und sich auf den Weg in seine Wohnung gemacht, um seinen freien Tag mit einem guten Buch fortzusetzen. Aus Gewohnheit hatte er einen Umweg über die *Rue du Pontis* eingelegt, von der man einen wundervollen Blick über das fruchtbare Tal hatte, und war dabei an Madame Orsets Blumenladen vorbeigekommen.

Der Anblick eines simplen Plakats hatte Pierre auf eine Idee gebracht, die er sofort in die Tat umsetzen wollte, bevor ihm womöglich noch Zweifel an seinem Vorhaben kamen. Mit großen Schritten eilte er nun die Gassen entlang und dachte, dass er dies längst hätte tun sollen.

Er hasste solche Situationen. In diesen Dingen war er vollkommen ungeübt. Mit Frauen umzugehen war für ihn schon immer kompliziert gewesen. Nie wusste er das rechte Maß zu finden zwischen Kompromiss und Charakterfestigkeit. Wie oft erkannte er erst viel zu spät, dass er, ohne es zu wollen, in seinem Eigensinn verletzend gewesen war.

So auch dieses Mal.

Drei Wochen war es her, dass Charlotte ihm das Ergebnis ihrer Recherchen zur Renovierung seines Bauernhauses vorgestellt hatte – vergeblich. Seitdem waren ihre Begegnungen eher zufällig gewesen, und jedes Mal war sie in Eile. Erst hatte er sich nichts dabei gedacht, schließlich war sie verantwortlich für das Gelingen der Hochzeitsfeierlichkeiten, und die Braut hatte bekanntermaßen ein sehr einnehmendes Wesen.

Aber je länger Pierre nichts mehr von Charlotte gehört hatte, desto mehr ahnte er, dass dies an seinem eigenen Verhalten lag, daran, dass er ihre Hilfe zuerst eingefordert und dann brüsk zurückgewiesen hatte. Vielleicht hätte er sich für ihre Mühe bedanken und den Handwerksbetrieb aus Apt zumindest anrufen sollen, aber dafür war er zu stolz gewesen. Wie idiotisch das war, war ihm erst in dem Moment richtig bewusst geworden, als er auf dem Weg nach Hause an dem Blumengeschäft vorbeigekommen war, in dessen Fenster ein verblasstes Plakat vom Valentinstag hing.

Der riesige Strauß Rosen, den er daraufhin gekauft hatte, war nun sein Komplize bei dem Vorhaben, dies wiedergutzumachen. Madame Orset, einzige Floristin des Ortes, hatte noch einmal erstaunt nachgehakt, als er ihr seine Order aufgab.

»Den gesamten Bestand?«

»Ja«, hatte Pierre bekräftigt. »Alle roten Rosen, die Sie haben.«

Sein Schritt beschleunigte sich, fast meinte er sein Herz schneller schlagen zu fühlen. Ein Rosenstrauß und eine ehrlich gemeinte Entschuldigung waren der beste Anlass, in der *Domaine* vorbeizuschauen. Ja, er würde Charlotte um Verzeihung bitten und sie vielleicht sogar in den Arm nehmen, wenn auch nur kurz. Sie hatte sicher alle Hände voll zu tun, denn die Hochzeitsgäste würden bald eintreffen, hungrig und mit Vorfreude auf das zu erwartende Festmahl.

Pierre durchschritt das alte Stadttor, das ebenso wie die Burgruine aus dem vierzehnten Jahrhundert stammte, und folgte dem Weg, der entlang der kurvigen Straße ins Tal führte. Er freute sich, Charlotte wiederzusehen, und endlich breitete sich auch wieder das warme Gefühl in ihm aus, das er jedes Mal spürte, wenn er an sie dachte. Sein Vorhaben beschwingte ihn geradezu. Alles würde gut werden. Das, was sich seit ihrer ersten Begegnung im September zwischen ihnen anbahnte, fühlte sich ebenso richtig an wie seine Entscheidung, dem Kommissariat in Paris den Rücken zu kehren.

In diesem Moment kam es Pierre vor, als liege seine Vergangenheit als Großstädter bereits eine Ewigkeit zurück. Wie fern er dem hektischen Treiben schon war, hatte er gemerkt, als er vor wenigen Wochen noch einmal nach Paris gefahren war. Damals hatte er gedacht, dass der Umzug das Beste war, was ihm je hatte passieren können. Auch wenn die Umstände unschön gewesen waren, sozusagen eine Antwort auf interne Intrigen und politisches Taktieren, was ihm den Job als *Commissaire* gründlich verleidet hatte. So sehr, dass er sich um den Posten eines einfachen Dorfpolizisten beworben hatte. Und nun war er hier, in Sainte-Valérie, und fühlte sich wohl – obwohl es nicht immer so ruhig zuging, wie er es erwartet hatte.

Glücklicherweise.

Inzwischen war Pierre an der Straße angelangt, die in Richtung der *Domaine des Grès* führte. Bevor er abbog, blieb er noch einmal kurz stehen und warf einen Blick auf die weite Ebene, die sich zu seinen Füßen ausbreitete. Der Anblick überwältigte ihn jedes Mal aufs Neue. Eine Landschaft voller Facetten, rau, urtümlich, friedlich. Vor ihm lagen Zedernwälder, Wiesen und herbstlich bunte Felder, die im Tal durch ein schmales silbriges Band durchschnitten wurden, dem Flüsschen Calavon. In der Ferne die Gebirgskette des Luberon mit seinen malerischen Dörfern, die mit bloßem Auge nur als kleine, versprengte Tupfer zu erkennen waren.

Pierre lächelte. Hier, im malerischen Bergdorf Sainte-Valérie inmitten der urtümlichen Natur, fühlte er sich zu Hause.

Der Zahlencode, mit dessen Hilfe man das schmiedeeiserne Tor öffnen konnte, hatte sich in den vergangenen Wochen nicht geändert. Kaum hatte Pierre die Tasten gedrückt, öffneten sich die Flügel leise summend und schufen eine Lücke in der das Anwesen umsäumenden Mauer. Pierre folgte dem Kiesweg an Sandsteingebäuden, gepflegten Beeten und dem Pool vorbei in Richtung des Traktes, in dem die Küche lag. Die Hotelanlage wirkte wie ausgestorben. Von Charlotte wusste Pierre, dass der Brautvater das gesamte Haus für die Hochzeitsgäste gebucht hatte. Die waren sicher inzwischen von der *mairie* aus weiter zur Kirche gezogen, wo der Pfarrer vielleicht in diesem Augenblick den Bund der Ehe vor Gott besiegelte.

Die Küchentür war nur angelehnt. Vor dem Herd stand Charlotte, in Dampfschwaden gehüllt, einen schweren orangefarbenen Topfdeckel in beiden Händen. Neben ihr der Souschef und der Lehrling Marcel, die mit besorgten Gesichtern in einen riesigen gusseisernen Bräter starrten.

»Sie hat doch gesagt, sie verträgt keinen Thymian!«, rief die Köchin aus. »Darauf reagiert sie allergisch.«

Ein dürrer Mann, der unweit der drei Töpfe und Pfannen wusch, duckte sich noch tiefer in Richtung Spülbecken, als mache ihn das unsichtbar.

Mit sichtlicher Verärgerung gab der Souschef dem Lehrling

einen Klaps auf den Hinterkopf. »*Zut alors!* Was machen wir denn nun?«

»Ich war das nicht«, protestierte dieser mit hochrotem Gesicht und drehte sich zum Spüler, der augenblicklich die Hände hob und auf ein junges Mädchen mit weißem Häubchen zeigte, das Gemüse schnitt.

»Was, ich?«, wehrte diese sofort ab. »Ich habe die Kräuter doch nur bereitgestellt. Woher soll ich denn wissen, dass heute kein Thymian verwendet werden darf?«

»Weil er nicht auf der Liste steht, guck doch genauer hin«, ereiferte sich der Souschef.

»Ach, und jetzt soll ich schuld daran sein? Wer hat die Kräuter denn hineingetan, hm?«

»Ruhe, verdammt noch mal!« Seufzend warf Charlotte den Deckel auf den Topf zurück. »Das bringt uns jetzt nicht weiter. Ihr müsst euch konzentrieren, allesamt. Wir dürfen uns keine Fehler erlauben, das gilt für jeden Einzelnen.« Sie wandte sich an den Souschef. »Haben wir noch genügend Zutaten für eine neue Sauce?«

»Wir haben sämtliche Vorräte verwendet«, sagte der kopfschüttelnd. »Es ist nicht ein Pilz mehr da. Von den Maronen ganz zu schweigen.«

»Mademoiselle Marie-Laure wird mich umbringen«, stieß der Lehrling aus. »Wir können ja schlecht nur den Gästen die Bratensauce servieren und die Braut auf dem trockenen Fleisch herumkauen lassen.«

»Wenn sie jemanden umbringt, dann mich.« Charlotte stützte die Hände in die Hüften. »Los, steh hier nicht rum, die Märkte haben noch geöffnet. Beeil dich!« Damit wandte sie sich wieder ihrer Arbeit zu.

Pierre stand im Türrahmen – noch immer unentdeckt – und beobachtete die Szenerie. Das war ein denkbar falscher Zeitpunkt, um sich zu entschuldigen, er sollte besser ein anderes Mal wiederkommen. Die Blumen würde er an der Rezeption abgeben, mitsamt einer kleinen Notiz und der Bitte, sie Charlotte zu überreichen, wenn der Abend zu Ende war.

Bevor Pierre die *Domaine des Grès* verließ, warf er noch einen Blick in das festlich gestaltete Restaurant. Die Dekoration war ausgesprochen elegant, in Weiß, Grün und Violettblau gehalten. Auf den Tafeln standen üppige Hortensiensträuße, Silberleuchter waren von Efeu umrankt. Eine Serviererin band Lavendel an Leinenservietten und legte mit Zuckermandeln gefüllte Gazesäckchen neben die Tischkarten, während eine andere die Lieferung der Hochzeitstorte quittierte, einer *pièce montée*.

Pierre betrachtete das mit bunten Zuckerblumen übersäte Kunstwerk. Die Torte war eine jener Pyramiden, die auf keiner Hochzeit fehlen durften. Sie bestand – ganz traditionell – aus in Karamell getunkten, mit Vanillecreme gefüllten Windbeuteln auf einem Sockel aus Krokant, und auf der Spitze thronte die Figur eines Brautpaars. Ein Meisterwerk der Backkunst, passend zur perfekten Inszenierung des bald eintreffenden jungen Glücks.

Pierre lockerte den Kragen seines Hemdes.

Wunderhübsch, keine Frage, aber irgendwie auch zu perfekt für seinen Geschmack – fast wie in einem Buch für Fotokunst. Charlotte hatte auf Anweisung von Marie-Laure sogar alle schmiedeeisernen Sitzgruppen von der Außenterrasse entfernen und gegen Stehtische mit weißen Hussen austauschen lassen, auf denen nun Windlichter und kleine Olivenbäumchen standen. Auf einer nagelneuen Gartenbank lagen violette Kissen, die mit dem Lavendel korrespondierten, den man in der Gärtnerei besorgt und in von jeglicher Patina befreite Blumenkübel gepflanzt hatte. Alles war glatt und symmetrisch, ohne die provencetypischen Brüche, und herausgeputzt, als gelte es, die Königin von Saba zu empfangen.

Immerhin, der Duft, der sich bis zu Pierre ausbreitete, war

köstlich. Durch die offene Flügeltür konnte er einen riesigen Grill sehen, über dem sich ein ganzes, mit einer ölglänzenden Würzmarinade bestrichenes Wildschwein an einem Spieß drehte. Irritiert fragte er sich, ob er etwas durcheinanderbrachte. Hatte Charlotte ihm nicht erzählt, es gebe *Perdreaux aux marrons* – Rebhühner mit Maronen?

Gedankenverloren wandte er sich wieder ab und ging über den Kiesweg in Richtung Tor, als er ein leises Klopfen aus Richtung der Nebengebäude vernahm.

»Monsieur Pabion?«, rief jemand. »Sind Sie da drin?«

Seitlich des Weges, dort wo die neu gestalteten Suiten lagen, stand Harald Boyer, der Direktor der *Domaine des Grès*, und pochte gegen eine Tür. Erst vorsichtig, dann immer lauter.

»Monsieur Pabion, bitte öffnen Sie mir.«

Diesen Namen kannte Pierre, die Braut hieß auch so. Und ihren Vater hatte er heute auf dem Platz vor dem Bürgermeisteramt gesehen. »Entschuldigen Sie bitte, aber vielleicht kann ich Ihnen helfen«, sagte er an den Direktor gewandt.

Harald Boyer, ein mittelgroßer, drahtiger Mann in einem eleganten dunkelblauen Anzug, zuckte zusammen und drehte sich ihm zu. »Monsieur Durand! Sie haben mich aber erschreckt.« Er musterte den *Policier* mit erhobener Augenbraue. »Sie sind nicht dienstlich hier, oder?«

»Nein, keine Sorge.« Pierre erinnerte sich nur zu gut an Boyers Bestreben, sämtliche Unannehmlichkeiten von seinen Gästen fernzuhalten, und sei es nur der Anblick eines Streifenwagens auf dem Hotelparkplatz. »Ich habe gehört, wie Sie den Namen Pabion riefen. Wenn Sie den Brautvater suchen, der ist beim Bürgermeister oder vielleicht sogar schon mitsamt der Hochzeitsgesellschaft in der Kirche.«

»Aber nein, ich suche nicht Frédéric Pabion«, entgegnete der Direktor mit einem Ausdruck höchster Verzweiflung, »sondern seinen Sohn Franck. Er ist nicht zur Trauung erschienen, und Mademoiselle Marie-Laure weigert sich, den Bund der Ehe zu schließen, solange ihr Bruder und Trauzeuge nicht anwesend ist. Der Bürgermeister hat mich gerade angerufen, ich solle zusehen, dass ich den Kerl herbeischaffe, sonst geschehe ein Unglück. Genau das waren seine Worte.« Boyer verzog den Mund. Dann senkte er die Stimme, als gelte es ein Geheimnis zu wahren. »Wahrscheinlich schläft der junge Mann noch. Bei dem Junggesellenabschied gestern Abend muss es hoch hergegangen sein. Der Bräutigam selbst war erst gegen halb sechs zurück, ich bin ihm bei meinem morgendlichen Rundgang begegnet.«

»Ein Junggesellenabschied am Abend vor der Trauung? Was für eine absurde Idee!«

»Das ist hier so üblich«, erklärte der Direktor. »Normalerweise wird der Bräutigam sogar beerdigt. Natürlich nur symbolisch, sozusagen als Abschied von der Junggesellenzeit. Aber diese Burschen hier haben dem Ganzen die Krone aufgesetzt. Irgendjemand hatte den verrückten Einfall, ein Wildschwein für das Hochzeitsessen zu schießen, mitten in der Nacht! Sie haben es einfach vor der Küche abgelegt. Eine Riesensauerei, wenn Sie mich fragen. Ich habe sofort jemanden holen müssen, der das Blut beseitigt, bevor es in den Boden eindringt.«

»Das Schwein, das auf dem Spieß rotiert, ist selbst erlegt?«

»Ja. Noch dazu mit Schrot«, antwortete Boyer, während er noch einmal an die Tür der Suite klopfte. »Damit schießt man vielleicht auf Hasen oder Fasane, aber doch nicht auf Wildschweine. So wie das Tier aussah, waren die Herren viel zu betrunken, um sauber zu treffen. Der arme Küchenjunge musste jede Kugel einzeln mit der Pinzette herausholen. Ich kann nicht garantieren, dass er alles entfernen konnte.« Der Direktor hob die Schultern. »Der Bräutigam sah furchtbar aus. Mademoiselle Pabion kann von Glück reden, wenn er ein halbwegs vernünftiges *oui* zustande bekommt. Dass junge Männer sich vor ihrer Eheschließung immer derart betrinken müssen …«

Es wird schon einen Grund haben, dachte Pierre, das Bild der zierlichen, aber überaus energischen Marie-Laure Pabion vor Augen. »Sie sollten besser etwas lauter klopfen, damit der Trauzeuge aufwacht.«

Der Direktor nickte und wummerte schließlich kraftvoll mit der Faust an die Tür. Nichts geschah. Kein Geräusch drang nach draußen, niemand öffnete.

»Gucken Sie doch von der Rückseite ins Zimmer, ob Sie ihn sehen«, schlug Pierre vor.

»Bei allem Respekt, das kann ich nicht machen. Die Privatsphäre der Gäste ist unantastbar.«

»Das sollte in diesem Fall zweitrangig sein«, entgegnete Pierre. »Wenn Sie wollen, übernehme ich das.«

Damit ließ er den Direktor stehen und folgte dem schmalen Weg entlang des Gebäudes zu dessen rückwärtigem Teil, wo die Terrasse der Suite lag. Behände schlüpfte er durch kugelförmig geschnittene Buchsbäume und Lorbeerbüsche, umrundete eine Korbgeflechtliege und presste das Gesicht an das große Panoramafenster. Die Vorhänge waren zurückgezogen, man konnte direkt in den Raum sehen. Durch das Glas erkannte Pierre sofort, dass das Bett unbenutzt war. Auch im angrenzenden Zimmer, das beinahe vollständig mit einer Sofalandschaft ausgefüllt war, war niemand zu sehen.

»Er ist nicht da«, sagte er zu dem Direktor, der zögernd vor der akkurat geformten Buschlandschaft stehen geblieben war. »Vielleicht hat er woanders übernachtet. In diesem Bett hat jedenfalls niemand geschlafen.«

»Und was nun?« Boyer klang verzweifelt. »Ich kann doch dem Bürgermeister nicht einfach sagen, er solle mit einem anderen Trauzeugen fortfahren.«

Pierre verstand die Nöte des Direktors und selbstverständlich auch die des Bürgermeisters. Aber er steckte nicht drin, was sollte er dazu schon sagen? »Vielleicht ist er noch im Wald? Das unebene Gelände ist an einigen Stellen abschüssig, was schon in nüchternem Zustand nicht ganz ungefährlich ist. Wissen Sie, in welchem Gebiet die jungen Männern gejagt haben?«

»Nein«, seufztze Boyer laut. »Ich werde den Forstbeamten fragen, ob er der Sache nachgehen kann.«

»Tun Sie das«, antwortete Pierre, der mit den Gedanken bereits ganz woanders war. Der Duft des *sanglier rôti* hatte ihn so richtig hungrig gemacht. Vielleicht sollte er sich im *Café le Fournil* ein belegtes Sandwich bestellen, eines aus dem wunderbar saftigen Olivenbrot, das der Besitzer zu dieser Jahreszeit aus den ersten frisch geernteten Früchten buk. Am Ende des Tages, so nahm er sich vor, wenn das halbe Dorf auf der Hochzeitsfeier tanzte, würde er die ungewohnte Ruhe genießen und den Abend in der *Bar du Sud* ausklingen lassen.

3

Als Pierre die schwere Holztür öffnete, schlug ihm ein enormer Geräuschpegel entgegen, vermischt mit dem Geruch von frisch gebackener *fougasse*. Hatte er erwartet, die *Bar du Sud* sei an diesem Samstagabend weniger gut besucht als sonst, so musste er feststellen, dass er sich gründlich geirrt hatte. Einige der Dorfbewohner, die er eigentlich auf der Hochzeitsfeier wähnte, saßen in lautstarke Diskussionen vertieft zusammen.

Eine seltsam angespannte Stimmung lag in der Luft, deren Ursache Pierre nur schwer ausmachen konnte. Es erinnerte ihn an die Abende, an denen die Männer des Dorfes zusammenkamen, um die Meisterschaftsspiele im Fußball zu verfolgen. Vor allem wenn der AC Arles-Avignon auf den FC Istres traf, wurde es oft richtig dramatisch, denn beide Mannschaften hatten in etwa gleich viele Anhänger im Dorf. Heute allerdings war der Fernseher aus, und als Pierre sich im Raum umsah, musste er zugeben, dass der Vergleich mit dem Fußballspiel hinkte.

Direkt neben der Eingangstür saß ein junger Mann mit Vollbart regungslos vor einem großen Glas Wein. Er starrte darauf, als habe man alles Unglück dieser Welt hineingegossen. Ihm gegenüber befand sich ein Cousin der Braut, der nun den Kopf auf die Tischplatte sinken ließ und herzzerreißend schluchzte. Andere Gäste hingegen wirkten beinahe überdreht. Einer der Älteren rief aus, er habe gewusst, dass es so kommen würde, das sei die gerechte Strafe. Der neben ihm Stehende nickte heftig und prostete ihm zu, als gäbe es etwas zu feiern.

Das Lokal summte wie ein Bienenhaus, man steckte die Köpfe zusammen und redete aufeinander ein. Nur Philippe, der Besitzer der Bar, stand sichtlich unbeeindruckt da. Der Wirt würde ihm sicher einige Fragen beantworten können.

Kaum war Pierre bis zum Tresen vorgedrungen, bemerkte er, dass sich eine noch größere Menschenansammlung weiter hinten nahe der Tür zum Lagerraum gebildet hatte. Mitten in der Menge stand ein kräftig gebauter Mann mit stoppeligem Haar und wettergegerbter Haut, den er hier noch nie gesehen hatte. Er trug einen Blouson der *police rural*, was ihn als *Garde champêtre* auswies. Als Feldhüter war er für den Schutz von Umwelt und Natur zuständig. Die anderen Gäste drängten sich um den Mann, schienen jedes seiner Worte inhalieren zu wollen, die er wild gestikulierend unterstrich. Seine Ausführungen wurden immer wieder von ungläubigen Ausrufen unterbrochen, weshalb Pierre von dem Gesagten kaum ein Wort verstand.

»Wer ist das?«, fragte er Philippe, nachdem er sich ein Glas Hauswein, ein paar Oliven und frisch gebackenes Kräuterbrot bestellt hatte, dessen köstlicher Duft ihm seit Betreten der Bar nicht mehr aus der Nase gewichen war.

»Das ist Christophe Rousset vom Gemeindeverband der *Pays des Sorgues et des Monts de Vaucluse*.«

»Und was macht er hier?« Er sah hinüber und begegnete dem Blick des Redners, flüchtig nur, bis der Mann sich wieder seinem Publikum zuwandte.

»Er hat eine schlimme Nachricht überbringen müssen.« Philippe stellte ein Glas auf den Tresen und füllte es mit einem fruchtigen Côtes du Rhone, bis dieser beinahe den Rand berührte, und noch ehe er fortfuhr, ahnte Pierre, was nun kam. »Sie haben Franck Pabion tot im Wald gefunden.«

»*Merde!*«, stieß Pierre aus. »Ein Unfall?« Warum erfuhr er erst jetzt davon?

»Vielleicht. Es heißt, er sei jemandem vor die Flinte gelaufen.«

»Er wurde erschossen?«

»Das war bestimmt kein Zufall«, mischte sich Didier Carbonne ein, der verwitwete Uhrmacher, der wie aus dem Nichts neben Pierre aufgetaucht war und sofort Oliven und Brotscheiben begutachtete, die Philippe gerade neben dem Wein abstellte. »Ein Jäger, der freiwillig nackt und mit wehender Büchse durch den Wald läuft?« Er ließ den kleinen Finger auf Höhe des Hosenschlitzes tanzen. »Nee, nee, ganz sicher nicht. Da hat sich jemand einen höllischen Spaß daraus gemacht, ihn zu piesacken.«

»Er war nackt?«

»Splitterfasernackt«, bestätigte Carbonne und rieb sich den schlecht gestutzten Bart, ohne die Häppchen aus den Augen zu lassen. »Unser Jäger wurde gejagt, als sei *er* das Wild. Der Feldhüter dort drüben meint das auch.«

»Ein Mord also.« Pierres Ermittlerinstinkt war erwacht. »Wie kommt er zu dem Schluss?«

»Das kann ich dir ganz genau sagen, ich höre mir seine Schilderungen nun schon zum dritten Mal an«, tönte es von der Seite. Es war Luc, der offenbar bereits eine ganze Weile neben den beiden stand und den Zeigefinger hob wie ein übereifriger Schüler. »Also, der *Garde* hat Franck Pabion in der Nähe des Plateaus oberhalb der Quelle gefunden und sofort die Gendarmerie gerufen. Dann hat er die Familie informiert. Die arme Marie-Laure, was für ein Schicksal.« Luc setzte eine mitleidsvolle Miene auf. »Stell dir mal vor, du willst heiraten, und dann bringt plötzlich jemand deinen Bruder um. Schlimmer kann es doch wohl nicht kommen, oder kannst du dir …«

»Der Tod eines Angehörigen ist immer furchtbar«, unterbrach Pierre ihn barsch, was ihm sofort leidtat. Also setzte er freundlicher hinzu: »Man hat Pabion im Zuständigkeitsbereich von

L'Isle-sur-la-Sorgue gefunden?« Der Teil des Waldes gehörte nicht mehr zu seinem Gebiet, was erklärte, warum man ihn nicht darüber informiert hatte. Obwohl in diesem Fall eine gemeindeübergreifende Kommunikation sicher angebracht gewesen wäre.

»Genauso ist es.« Luc blickte um sich und fuhr dann flüsternd fort: »Ich kenne die Gegend gut. In der Nähe liegen mehrere Felsspalten und Gänge, die tief hinab in die Unterwelt führen. Als Jugendliche haben wir da oft gespielt, und einmal haben wir eine Gruppe Vagabundinnen entdeckt, die sich dort verborgen hatte. Unheimlich, nicht wahr? Wer weiß, was in der vergangenen Nacht so alles geschehen ist …«

»Wie meinst du das?«

»Ich habe keine Ahnung, was da vor sich geht, aber mir kommt das Ganze irgendwie seltsam vor. Warum sollte jemand sich nackt ausziehen, mitten in der Nacht im Wald, verstehst du?« Er nickte, als wolle er die Ungeheuerlichkeit dessen, was nun im Raum stand, betonen: Franck Pabion als Opfer wollüstiger Zigeunerinnen!

Pierre verstand vor allem eines, nämlich dass Luc dazu neigte, Dinge zu dramatisieren. Daher wischte er das Gesagte mit einer abweisenden Handbewegung weg und wiederholte seine vorherige Frage. »Warum glaubt der Feldhüter, man habe den jungen Pabion wie ein Stück Wild gejagt?«

Luc verzog den Mund, ehe er monoton und in normaler Lautstärke antwortete: »Na, wegen der Einschusslöcher. Sie sind entlang einiger Baumstämme zu sehen. Das waren Schrotkugeln, davon sind gleich mehrere Ladungen abgegangen. Es sieht danach aus, als sei er verfolgt worden.« Luc hielt einen Moment inne und wackelte dann mit dem Kopf. »Obwohl, ich kenne schon eine ganze Menge schlechter Schützen. Manche sind ja wirklich alt, weit über siebzig. Ich habe selbst gesehen, wie jemand aus Versehen fast auf einen Kameraden geschossen hätte, weil der plötzlich aus dem Gebüsch kam. So ähnlich könnte es auch Pabion ergangen sein. Immerhin hat er keine farbige Warnweste getragen.«

»Der Junge redet Unsinn«, brummte Carbonne an Pierre gewandt und tippte sich mit dem Finger an die Stirn. »Als ob ein Jäger einen nackten Mann nicht von einem Tier unterscheiden könnte. Einmal kann man ja aus Versehen danebenschießen. Aber gleich so oft? Nein, den hat jemand absichtlich zur Strecke gebracht.« Er zuckte mit den Schultern, fingerte beiläufig nach den Oliven auf Pierres Teller und steckte sich ein paar in den Mund. »Für mich war es Mord«, schloss er kauend.

»Du hast bestimmt schon einen konkreten Verdacht, wer es gewesen sein könnte, hm?«

Der Alte riss die Augen auf. »Ich? Nein. Ganz bestimmt nicht, von mir wirst du keine Namen hören. Wenn ich irgendwann zufällig erfahren sollte, wer es gewesen ist, dann geb ich ihm einen aus, so wahr ich hier stehe.«

»Du mochtest den Toten wohl nicht besonders?«

Ganz langsam beugte Carbonne sich vor und zeigte grinsend seine Zahnlücken. »Sagen wir es mal so: Als Franck Pabion damals Sainte-Valérie verlassen hat und nach Saumane gezogen ist, haben einige hier ein kleines Freudenfest gefeiert.«

»Ja, das stimmt. Beliebt war er nicht gerade«, warf Luc ein. »Ein furchtbarer Mensch, das kann ich dir sagen. Bestimmend und aufbrausend. Na ja, ich habe ihn mal bei einem Jagdausflug kennengelernt. Ein echter Kotzbrocken, sage ich dir. Dem konnte man gar nichts recht machen. Der hat dich offen ausgelacht, wenn du mal danebengetroffen oder eine Anweisung nicht sofort verstanden hast.« Lucs Stimme klang beleidigt, so als habe er die Kränkung noch genau im Ohr. »Ein echter Kotzbrocken«, wiederholte er.

Pierre konnte sich gut vorstellen, dass Luc für einen solchen

Menschen ein dankbares Opfer war. Unbedarft, gutgläubig, wehrlos.

»Aber da kann ja die Braut nichts für«, fuhr Luc fort. »Das hat Marie-Laure wirklich nicht verdient. Die Ärmste. Es hätte der schönste Tag ihres Lebens werden sollen …«

Vorsichtig hob Pierre das randvolle Glas und trank einen großen Schluck Wein. Ja, die arme Braut. Wie es ihr wohl jetzt ging?

Seine Gedanken wanderten zu Charlotte. Seit Wochen hatte sie in ihrer unnachahmlichen Akkuratesse alles getan, um das Hochzeitsfest zu einem ganz besonderen Ereignis werden zu lassen. Selbst die ausgefallensten Wünsche der Braut hatte sie umgesetzt, das gesamte Menü geplant und sogar noch eine kurzfristige Umdisponierung bei den Speisen hinnehmen müssen. Jetzt war es fast zehn, um diese Zeit wäre sicher der Nachtisch serviert worden.

Was sie wohl in diesem Augenblick tat? Hatte sie jemanden, mit dem sie über diese furchtbare Sache sprechen konnte?

Er trank noch einen Schluck und stellte das Glas ab.

»Ich muss noch mal weg«, rief er den anderen zu und schob sich durch die dicht an dicht stehenden Gäste ins Freie. In einem solchen Moment wollte er Charlotte einfach nicht alleine lassen.

In ihrer Wohnung brannte kein Licht, und das Handy war ausgestellt, demnach war sie wahrscheinlich noch in der *Domaine des Grès*. So machte sich Pierre zum zweiten Mal an diesem Tag zu Fuß auf den Weg zum Hotel. Die kühle Luft tat ihm gut, klärte seine Gedanken. Denn obwohl er an Kriminalität gewöhnt war, traf es ihn jedes Mal, wenn jemand gewaltsam starb.

Charlotte saß in der Küche an dem großen Eichentisch, an dem sonst ihre Kochkursteilnehmer die gemeinsam zubereiteten Speisen probierten. Ihr Blick war starr in die Ferne gerichtet – vor ihr ein leeres Glas Rosé, dessen Stiel sie zwischen den Fingern hin und her drehte.

Sie schien sein Eintreten nicht bemerkt zu haben, erst als er direkt vor ihr stand, hob sie den Kopf. »Ach, Pierre, du bist es.« Sie sah müde aus.

Ihre hellbraunen Locken trug sie jetzt offen, die Arbeitskleidung hatte sie gegen Jeans und einen elegant gemusterten Pullover getauscht. Dazu hatte sie rosarote Sneakers an, was ihr etwas Mädchenhaftes gab.

Er wollte ihr den Arm um die Schultern legen, sie beruhigend an sich drücken, stattdessen gab er ihr ein Wangenküsschen. »Ich wollte wissen, wie es dir geht. Das mit dem Toten …« Er hielt inne und setzte sich ihr gegenüber. »Das war bestimmt schlimm für dich.«

Sie lächelte, es wirkte gequält. »Ach, na ja, es hat mich schon erschreckt, es war ja nach den Morden im September beinahe wie ein Déjà-vu. Aber Marie-Laure muss regelrecht zusammengebrochen sein.«

»Hast du sie noch gesehen?«

»Nein. Der Bürgermeister hat den Hoteldirektor verständigt. Das war am Nachmittag. Wir haben sofort damit begonnen, alles wieder zusammenzuräumen. Die letzten Helfer sind vor einer halben Stunde gegangen.« Sie zeigte auf das Glas. »Möchtest du auch einen Wein?«

»Gerne.«

Er wartete, bis sie die Gläser gefüllt hatte und sich wieder setzte.

»Übrigens, danke für die Rosen«, sagte sie und wies zu dem Tischchen vor dem Fenster, wo der Strauß fast die gesamte Breite einnahm. »Warum …?«

»Einfach so.« Er überlegte kurz. »Nein, das stimmt nicht, ich wollte mich bei dir entschuldigen.«

»Entschuldigen? Wofür?«

»Weil ich mich noch gar nicht für deine Mühe bedankt habe. Dabei hast du dir extra Zeit genommen, Monsieur Partouches Kalkulationen zu überprüfen und eine weitere Baufirma herauszusuchen. Ich muss zugeben, du hast viele Talente, vor allem im Organisatorischen, das bewundere ich sehr. Du sollst wissen, dass ich deine Hilfe sehr schätze, auch wenn ich mich letztendlich anders entschieden habe.«

»Dachtest du, ich sei sauer, weil du trotz meiner Skepsis bei diesem Partouche geblieben bist?«

Er nickte.

Nun lachte sie, als sei das eine vollkommen absurde Idee. »Du bist doch ein erwachsener Mann. Ich bin sicher, du weißt, was du tust.«

Verwundert schüttelte er den Kopf. »Ich hätte schwören können, du seiest auf Distanz gegangen.«

»Na ja, das bin ich auch. Ich hatte das Gefühl, dass du meine Hilfe als Einmischung verstehst. Außerdem hatte ich wirklich genügend andere Dinge zu tun. Die ständigen Änderungswünsche der Braut haben mich schier wahnsinnig gemacht.«

So war das also. Aus ihrem Mund klang es ganz einfach. Pierre stellte fest, dass nicht jede Frau so kompliziert sein musste wie seine Verflossene Celestine, die ihm an Charlottes Stelle lautstark Vorhaltungen gemacht hätte.

»Tut mir leid«, sagte er in einem Anfall ehrlicher Zerknirschung. »Ich hätte mich viel eher bei dir melden sollen.«

»Schon in Ordnung.« Sie reckte das Kinn. »Schön, dass du vorbeigekommen bist.«

Da war es wieder, dieses wunderbare Lächeln, das er so sehr liebte.

Dann wurde sie wieder ernst, griff nach ihrem Glas und erhob sich. »Gehen wir nach draußen?«

Er folgte ihr durch den Seiteneingang auf die Terrasse des Hotelrestaurants. Die nächtliche Luft war kühl, aber mild. Dezente Strahler beleuchteten Büsche und Blumen und gaben dem Ganzen einen romantischen Anstrich. Auch wenn nichts mehr darauf hindeutete, dass hier eine Hochzeit hätte stattfinden sollen. Die Stehtische hatte man inzwischen zusammengeschoben, ohne Hussen waren es nur simple Stahlgerippe. Der Grill war gesäubert, nichts erinnerte an den Braten, der noch vor wenigen Stunden seinen köstlichen Duft verströmt hatte.

»Irgendwie beklemmend, nicht wahr?« Charlotte setzte sich auf die Bank und fuhr mit dem Finger über den Rand des Weinglases. »Man erzählt, er sei erschossen worden …« Sie sah ihn an. »Ermittelst du jetzt in diesem Fall?«

»Nein. Das ist Sache der Gendarmerie.«

»Der Gendarmerie? Warum nicht die des *Commissaire* von der *police nationale* aus Cavaillon, mit dem du sonst zusammenarbeitest, diesem Jean-Claude Barthelemy?«

»Man hat den Toten außerhalb des Bezirks von Sainte-Valérie gefunden, damit gehört der Fall in den Zuständigkeitsbereich des Gemeindeverbands der *Pays des Sorgues et des Monts de Vaucluse*. Dort ermitteln die Kollegen der Gendarmerie von L'Isle-sur-la-Sorgue.«

»Was ist mit dem *Garde champêtre*, der den Toten gefunden hat?« Charlotte führte ihr Glas zum Mund und trank einen Schluck, dann noch einen. »Ich wusste gar nicht, dass es solche Feldhüter noch gibt.«

»Sie sind sogar wieder stark im Kommen. Schließlich ist Umweltschutz ein wichtiges Thema.«

»Gendarmerie, *police nationale, police municipale, police rurale* …« Ihre Stirn zog sich in Falten. Ein Windstoß blies ihr eine Locke ins Gesicht, die sie sofort zurückstrich. »Ehrlich gesagt begreife ich nicht, warum es so viele verschiedene polizeiliche Kompetenzen gibt. Da muss man ja durcheinanderkommen.«

»Damit bist du nicht alleine«, stimmte Pierre zu. Er nippte an seinem Wein und sah hinauf in den sternenübersäten Nachthimmel.

So wie Charlotte erging es einem Großteil der Bevölkerung. Der Staatsapparat war noch aus napoleonischer Tradition unnötig aufgebläht, mit unzähligen Zuständigkeiten und Kommissionen zur Prüfung diverser Anliegen, dazu meterdicke Regelwerke, die versuchten, der Sache Herr zu werden. Immer wieder bemühten sich Politiker und Ämter, den Menschen die Unterschiede zwischen den polizeilichen Kompetenzen zu verdeutlichen. Es gab etliche Broschüren und Websites, um die Bürger anhand von Bildern mit den jeweiligen Abzeichen und Autofarben aufzuklären.

Aber die Realität war oft weit komplizierter, Befugnisse und Kompetenzen konnten je nach Distrikt verschwimmen. So kam es, dass sich die Bürger im Notfall einfach an jemanden wandten, der eine Uniform trug, und es den Behörden überließen, die Zuständigkeiten untereinander zu regeln.

Pierre hielt das Gesicht in den sanften Nachtwind. In Augenblicken wie diesen wünschte er sich seine alten Kompetenzen zurück. Nur zu gerne hätte er herausgefunden, warum Franck Pabion hatte sterben müssen. Noch dazu unter diesen merkwürdigen Umständen. So aber blieb ihm nichts weiter übrig, als den Fall von der Seitenlinie aus mitzuverfolgen.

Eine Weile saßen sie schweigend da, bis Pierre merkte, dass Charlotte fröstelte, und seinen Arm um sie legte. Doch der Wind wurde stärker, ebenso ihr Zittern.

»Ich hole meine Jacke«, sagte sie schließlich. »Begleitest du mich nach Hause?«

4

Hand in Hand traten sie unter dem sternenhellen Himmel durch das schmiedeeiserne Tor auf die staubige Straße. Als hinter der letzten Biegung die mittelalterliche Stadtmauer auftauchte, dachte Pierre, wie gerne er mit ihr noch weiter durch die Nacht geschlendert wäre, aber Charlotte war müde, gähnte immer häufiger.

Ergeben fügte er sich seinem Schicksal, das offenbar darin bestand, Charlotte vor ihrer Tür abzusetzen und diesen aufwühlenden Tag bei einem einsamen Glas Wein in seiner engen – und wie üblich unaufgeräumten – Wohnung abzuschütteln. Aber als sie in die *Rue de la Citadelle* einbogen, erkannte Pierre, dass es wohl mehr als ein Glas brauchte, um die Dämonen zu vertreiben. Der hintere Turm der alten Burgruine war von einem Gerüst umstellt, an dem unübersehbar ein Transparent hing: Bauunternehmung Alain Partouche.

»Das kann doch nicht wahr sein!« Entschlossenen Schrittes eilte Pierre über den Rasen des Vorplatzes, bis er im Schein der vom Boden emporleuchtenden Strahler die Einzelheiten lesen konnte, die dort zum Bauprojekt standen. Es ging um die Errichtung eines Museums für Provenzalische Kunstgeschichte, Fertigstellung im August des nächsten Jahres.

»Das hing gestern schon da«, sagte Charlotte, die ihm gefolgt war. »Ich wollte es dir sagen, aber die Hochzeit …«

»Dieses verdammte Schlitzohr! Partouche hatte angedeutet, dass es einen anderen Auftrag gebe. Aber dass es sich dabei um die Restaurierung der Burgruine handelt, hat er mir natürlich nicht gesagt.« Pierre schnaubte. »Fertigstellung im August. Das sind gerade einmal zehn Monate. Wie will er denn da nebenbei noch mein Haus renovieren?«

»Vielleicht hat er dafür weitere Handwerker eingestellt?« Charlotte stützte die Hände in die Hüfte und sah die rissige Mauer entlang bis hinauf zu den verbliebenen Zinnen. »Ganz schön viel Arbeit. Steht dieses Gebäude nicht unter Denkmalschutz?«

»Ja, und soweit ich weiß, ist Partouche der Einzige in der Gegend, der etwas davon versteht. Alte Gemäuer sind seine Spezialität.«

»Hm«, sagte sie nur und ging zur Turmtür, auf der ein großes Schild prangte: *Chantier interdit* – Betreten verboten! »Ich habe mich schon oft gefragt, wie es da drinnen wohl aussieht.«

»Vergiss es, die ist verschlossen.«

»Ist sie nicht.«

Stirnrunzelnd verfolgte Pierre, wie Charlotte die Klinke drückte, die Tür aufstieß und im Inneren des Turms verschwand. Ihre Müdigkeit war wie weggeblasen.

Kurze Zeit später erschien ihr Kopf wieder im Rahmen. »Komm, das musst du dir ansehen!«

Hinter der Tür lag ein runder Raum mit einer steinernen Wendeltreppe, von silbrigen Lichtstreifen überzogen. Neben dem Aufgang lagen Zementsäcke, Mischeimer und Werkzeuge, sogar ein Haufen Bruchsteine. Zur rechten Seite ging eine Art Saal ab, an den das Olivenmuseum grenzen musste, das im erhaltenen Teil der Burg untergebracht war. Ein ähnlich großer Raum an der östlich gelegenen Seite war nur noch zur Hälfte vorhanden. Durch die Lücken im Gemäuer rankten sich Pflanzen, Unkraut spross aus den Rissen im Boden hervor. Man hatte dort, wo die Mauern fehlten und der Raum ins Freie überging, ein Gitter angebracht, um Eindringlinge vom Betreten der Ruine abzuhalten. Doch ein paar Graffitizeichnungen zeugten davon, dass man nicht zum ersten Mal vergessen hatte, die Tür zum Turm abzusperren.

»Nun wohne ich schon so lange in Sainte-Valérie«, sagte Pierre beeindruckt, »aber hier war ich noch nie.«

Er stellte sich auf die erste Treppenstufe und spähte nach oben. Durch das zerstörte Dach drang Mondlicht, als seien dort viele kleine Strahler angebracht. Es schien auf zerrissene Spinnennetze und einen aufgesprühten Totenkopf, dessen Farbe bereits verblasst war. Ein modriger Geruch drang aus dem Gemäuer, von irgendwoher erklang ein Rascheln, dann stieg etwas Dunkles auf und verschwand durch eine der Lücken ins Freie.

Charlotte griff nach Pierres Hand und drückte sie fest. »Es ist wie in einem Geisterhaus«, flüsterte sie. »Aber ich möchte nur zu gerne wissen, wie es dort oben aussieht.«

»Hast du Angst?«, fragte Pierre. Auch er sprach leise, obwohl doch niemand da war, vor dem sie sich hätten verstecken müssen.

Sie sah ihn lächelnd an. »Ich bin ja nicht alleine …«

Pierre inspizierte die Treppe und prüfte die Festigkeit des Mauerwerks, ohne ihre Hand loszulassen. Er kam zu dem Schluss, dass es sicher war, und nickte Charlotte zu. »Dann wollen wir mal nachsehen.«

Die Stufen waren ausgetreten, an manchen Stellen ein wenig rutschig. Bald gelangten sie zu einem Zwischenabsatz, von dem ein weiterer Raum abging, in dessen Steinfußboden große Lücken klafften. Pierre fühlte sich plötzlich wie ein Jugendlicher, der etwas Verbotenes tat, es gab ihm einen unerwarteten Adrenalinstoß.

Je höher sie kamen, desto spürbarer pfiff der Wind durch die Ritzen. Endlich erreichten sie den oberen Absatz, betraten durch eine schmale Tür die Plattform und standen im Freien.

»Oh!«, stieß Charlotte aus. Sie ließ seine Hand los und lief zu den mannshohen Zinnen.

Pierre folgte ihr, bis er zwischen den Auslässen hindurchsehen konnte, und hielt den Atem an. Von hier oben überblickte man das ganze Dorf und sah weit über die Stadtmauer hinaus. Vor ihm lag das Tal zu Füßen des Luberon-Gebirges, beinahe unwirklich vom Mondlicht erhellt.

»Es ist wunderschön hier«, flüsterte Charlotte, die nun an der südwestlichen Seite stand, den Blick auf die Kirchturmspitze von *Saint-Michel* geheftet.

Aus einem spontanen Impuls heraus stellte Pierre sich dicht hinter sie, umschloss sie mit beiden Armen und roch an ihrem Haar, dessen frischer Duft in der Atmosphäre dieser besonderen Nacht sein Herz seltsam berührte. Er drückte Charlotte an sich und hauchte einen Kuss in ihre Locken.

Sie drehte sich um und sah ihn lange an. Später konnte er nicht mehr sagen, wer den ersten Schritt gemacht hatte, aber als sich ihre Lippen berührten, fühlte es sich an wie ein Stromschlag, der nach mehr verlangte. Erst waren es kleine, erstaunte Wiederholungen, dann immer intensivere, bis schließlich auch der erste Knopf gelockert wurde und sich Hände und Münder über freigelegte Haut tasteten. Immer wieder hielten sie inne, atemlos, blickten sich fragend an, als wollten sie sich gegenseitig versichern, dass das, was sie hier taten, auch das Richtige war.

Im nächsten Moment durchbrach ein heller Lichtkegel die Dunkelheit, und eine wohlbekannte Stimme schallte von unten herauf.

»Was machen Sie da? Das Betreten des Gebäudes ist verboten! Können Sie nicht lesen?«

Pierre schrak zurück, hielt sich einen Arm vors Gesicht und blinzelte in die Tiefe. Madame Duprais, die wohl neugierigste Person von ganz Sainte-Valérie, stand unten auf dem Rasen und fuchtelte nun wie eine Rachegöttin mit einer riesigen Taschenlampe herum. »Ich habe schon die Polizei gerufen!«, keifte sie.

»Die Polizei?« Charlotte, die sich flugs hinter einer Zinne versteckt hatte, zog kopfschüttelnd ihren Pullover herunter. »Wen kann sie damit gemeint haben, wenn nicht dich?«

»Keine Ahnung, aber Madame Duprais ist zuzutrauen, dass sie Himmel und Hölle in Bewegung setzt, um herauszufinden, was hier vor sich geht.« Er lachte leise. »Als sie einmal gesehen hatte, dass dein Fahrrad über Nacht vor meiner Haustür stand, hat sie mich mit ihren Fragen beinahe bis vor die Polizeiwache verfolgt. Seit dem Tod ihres Mannes scheint ihr Lebensinhalt darin zu bestehen, den neuesten Tratsch in Erfahrung zu bringen und im ganzen Dorf zu verbreiten.«

Das hätte er besser nicht sagen sollen, denn Charlotte sah ihn nun erschrocken an. »Bestimmt hat sie gleich den Notruf gewählt.«

»Fragt sich nur, ob die Kollegen das ernst nehmen und deshalb extra aus Cavaillon anrücken.«

»Das will ich lieber nicht herausfinden«, flüsterte sie und huschte in Richtung Treppe, wobei sie geschickt den auf und ab tanzenden Lichtstrahlen der Taschenlampe auswich.

Pierre folgte ihr die Stufen hinab ins Erdgeschoss.

»Wie kommen wir denn jetzt unbehelligt hier raus?«, fragte sie mit dünner Stimme und blickte sich um.

Er schüttelte langsam den Kopf. »Charlotte! Was soll uns denn schon passieren? Wir haben doch nichts zu verbergen, oder? Wir gehen jetzt einfach zu ihr hin und wünschen ihr einen angenehmen Abend.«

»Das können wir doch nicht machen.«

»Dann erzählen wir eben irgendwas von einem Unbekannten, den wir verfolgt haben.«

»Sie wird es uns nicht glauben.«

»Wäre das denn schlimm?«

»Es ist mir unangenehm, bei … du weißt schon … erwischt worden zu sein.«

Sie sah ihn mit großen Augen an, die Arme um den Körper geschlungen. Gegen seinen Willen musste er lächeln. Ihre unverhoffte Schamhaftigkeit rührte ihn, und auf einmal spürte er, dass er sie wirklich liebte, von ganzem Herzen.

»Meinetwegen kann sich das halbe Dorf das Maul zerreißen, es ist mir egal.«

»Einen Unbekannten also …« Charlotte rollte mit den Augen. »Und der stand rein zufällig mit jemand anderem zwischen den Zinnen und hat ihn geküsst, hm?«

»Sie haben sich beide geküsst …« Er umschlang ihre Finger mit seinen, sah ihr in die Augen. »Es hat mir übrigens sehr gefallen«, flüsterte er.

Gerade als er sich wieder ihrem Gesicht nähern wollte, ertönte ein lautes Wummern an der Tür. »Kommen Sie sofort heraus! Polizei!«

Charlotte stieß einen kleinen Schrei aus und schlug die Hand vor den Mund. Auch Pierre hatte sich erschrocken. Doch dann, als die Stimme sie noch einmal zum Aufgeben aufforderte, wusste er, wer auf der anderen Seite der Tür stand.

»Es ist Luc«, wisperte er. »Nun kommt unser großer Auftritt.« Er rief: »Alles in Ordnung, hier ist niemand« – und riss die Tür mit einem Schwung auf.

Vor ihm stand sein Assistent, mit schreckensgeweiteten Augen. »Pierre, was …?«, stammelte er. Er sah aus, als habe er schon geschlafen. Das Haar ungekämmt, unter dem Polizeiblouson ein bunt gemusterter Schlafanzug aus Frottee.

»Hübscher Pyjama«, bemerkte Pierre. »Was machst du hier?«

»Dasselbe wollte ich dich gerade fragen.«

»Ich wollte gerade Charlotte nach Hause bringen und habe dabei bemerkt, dass die Tür nicht abgeschlossen war. Da wollten wir mal nachsehen …«

»Mademoiselle Berg?« Lucs Blick wanderte an ihm vorbei und

blieb an Charlotte hängen, die nun ebenfalls aus dem Turm getreten war. In seinem Gesicht stand Verwirrung, dann verzog sich sein Mund zu einem breiten Grinsen.

»*Bien*, ich hab doch gewusst, dass da jemand ist!«, krähte Madame Duprais mit ihrer hohen, quäkenden Stimme und tauchte aus der Dunkelheit auf, die Taschenlampe noch immer angeschaltet. »Ich bin nämlich noch nicht senil. Nein, mein Junge, ich mag alt sein, aber mein Spürsinn funktioniert einwandfrei.« Beherzt richtete sie den Lichtstrahl auf Pierre, um zu sehen, wen sie da auf frischer Tat ertappt hatten. »*Monsieur le policier!*«, stieß sie aus und verstummte, was bei ihr äußerst selten vorkam.

»Würden Sie bitte das Licht ausmachen?« Mit einer energischen Bewegung drückte Pierre den riesigen schwarzen Kolben nach unten und setzte eine strenge Miene auf. »Haben *Sie* meinen Assistenten angerufen, mitten in der Nacht?«

»Ja, das habe ich, in der Tat. Ich war gerade auf meinem abendlichen Spaziergang. Sie wissen ja, wie das bei älteren Leuten so ist, man kann nicht mehr gut schlafen, also musste ich an die frische Luft.« Ihre kleinen Knopfaugen wanderten zu Charlotte und wieder zurück zu ihm. »Natürlich konnte ich nicht wissen, wer dort oben war, aber es sah so aus, als würden zwei miteinander ringen, oder …« Sie brach ab und strich sich energisch über die ondulierten Locken, in die sie sich eine dicke weiße Strähne hatte färben lassen, direkt oberhalb der rechten Schläfe.

»Das haben Sie gut gemacht, Madame Duprais. Wir freuen uns über aufmerksame Bürger wie Sie, da hat das Verbrechen keine Chance. Sie können jetzt beruhigt nach Hause gehen. Ich habe alles kontrolliert. Da hat wohl nur jemand vergessen, die Tür abzuschließen.« Noch einmal deutete Pierre auf die Taschenlampe. »Sie können das Licht jetzt ausmachen. Gegen die Schlafstörungen empfehle ich eine *Abricotine*, die wirkt wahre Wunder. Gute Nacht, Madame.«

Die alte Witwe nickte, rührte sich jedoch nicht vom Fleck. Gerade als sie den Mund öffnete und zu einer weiteren Frage ansetzte, wandte Pierre sich an seinen Assistenten, der noch immer grinsend vor ihm stand, die Hände in den Taschen seiner Schlafanzughose.

»Luc, magst du Madame nach Hause begleiten? Mir ist wohler dabei, wenn sie nicht alleine durch die Nacht geht.«

»Jawoll, Chef«, salutierte dieser, und nachdem sich die alte Dame endlich mit kleinen, trippelnden Schritten in Bewegung gesetzt hatte, fügte er leise hinzu: »Vielleicht solltest du deine Hemdknöpfe schließen, bevor du nach Hause gehst. Sonst könnte man denken, dass ...« Er ließ den Satz unvollendet.

Noch bevor Pierre etwas erwidern konnte, eilte sein Assistent der alten Dame nach und verschwand schließlich in der Dunkelheit.

»Das war großartig, *mon Policier*«, meinte Charlotte mit unüberhörbarem ironischem Unterton. »Und so unauffällig ...« Mit einem Lächeln drückte sie ihm einen Kuss auf den Mund. Dann begann sie seine Hemdknöpfe wieder zu schließen. »Morgen weiß es ganz Sainte-Valérie.«

Plötzlich hob sie die Nase witternd in die Nachtluft. »Riechst du das?«, fragte sie leise. »Es ist der Duft von Laub und verdorrendem Gras.« Sie lächelte ihn an, und ihre Augen schimmerten. »Seltsamerweise war es immer Herbst, wenn etwas ganz Besonderes in meinem Leben passiert ist.«

Pierre griff nach ihrer Hand, küsste ihre Fingerspitzen. Als sie ihren Weg in Richtung *Chemin des Murs* fortsetzten, dachte er, dass dieser Abend eine Wendung genommen hatte, bei der an Schlaf mit Sicherheit nicht mehr zu denken war.

5

Der Tod von Franck Pabion war auch am Montag noch *das* Tagesthema. Die Leute besprachen es beim Käsehändler und beim Bäcker, im *Café le Fournil* und auf dem Bouleplatz. Und immer wieder war ein Wort herauszuhören: Mord.

Die Spekulationen nahmen geradezu absurde Dimensionen an, bis hin zum Wiederaufleben eines keltischen Opferkults kursierten die unglaublichsten Theorien. Doch als Pierre auf seinem morgendlichen Weg zur Polizeiwache bei einem Grüppchen laut debattierender Männer stehen blieb und genauer nachfragte, verloren sie sich in ausweichenden Floskeln und gingen ihrer Wege.

Es hatte sich nichts geändert.

Obwohl er bereits seit einigen Jahren hier lebte, galt er noch immer als Fremder. Ein gern gesehener zwar, vor allem seit der Aufklärung der kulinarisch inszenierten Morde im vergangenen September, doch nach wie vor jemand, der nicht zur Dorfgemeinschaft gehörte. Vielleicht ein klitzekleines bisschen, aber eben nicht ganz.

Einzig die Damen vor Madame Farigoules Friseursalon bedachten ihn mit besonderer Aufmerksamkeit, was allerdings, wie man ihrem Kichern entnehmen konnte, herzlich wenig mit dem Mord zu tun hatte. Auch sein Assistent empfing ihn mit einem vielsagenden Grinsen, woraufhin sich Pierre nach einem knappen Gruß ohne den morgendlichen Kaffee in sein Büro verzog und die Tür hinter sich schloss. Die Nacht mit Charlotte war noch zu frisch, als dass er sich mit jemandem darüber austauschen wollte. Es war eine wunderschöne Erinnerung, die nur ihm gehören sollte, ihm ganz alleine.

Den Vormittag verbrachte Pierre damit, die Ablageberge auf seinem Schreibtisch zu ordnen und irgendwelche Anträge zu bearbeiten, allerdings konnte er sich nicht konzentrieren. Seine Gedanken wanderten immer wieder zum Mordfall – und zu Charlotte.

Sie waren am Sonntag früh aufgestanden und hatten im *Café le Fournil* ofenwarme *petit pains* gekauft – dazu Feigenmarmelade und *banon* aus Ziegenmilch, den man zur besseren Reifung mit Kastanienblättern und Bast umwickelte. Auf ihren Fahrrädern waren sie zum Bauernhaus gefahren, um dort auf der Wiese zu frühstücken.

Aus dem Frühstück war ein ganzer Tag geworden.

Sie hatten den restlichen PVC von den hübschen alten Bodenfliesen gekratzt. Dann die alten Küchenmöbel auseinandergeschraubt und ins Freie geschafft, bis auf den gusseisernen Herd, dessen nostalgischer Charme Charlotte begeisterte Pfiffe entlockte. Ziege Cosima hatte einen der alten Unterschränke zum Klettergerüst erkoren. Immer wieder war sie fröhlich meckernd hinauf und hinab gehüpft, um sich schließlich hineinzulegen und ein Nickerchen zu machen.

Gegen Mittag hatten Pierre und Charlotte sich in einem nahegelegenen Gasthaus gestärkt, um später zurück auf dem Bauernhof die milde Herbstsonne zu genießen, die Charlottes kleine Sommersprossen bis zum Abend hin noch ein wenig verstärkte. Als sie sich schließlich verabschiedeten, taten sie es nicht, ohne sich für den nächsten Tag zu verabreden. Ein romantisches Abendessen wollte Charlotte für ihn kochen, etwas mit Pilzen und Trüffeln, er solle sich überraschen lassen.

»Ich kann es gar nicht abwarten, dich wiederzusehen«, hatte sie gesagt und war gegangen, ohne sich noch einmal umzudrehen.

Pierre ließ den Stift sinken, hob den Kopf und blickte aus dem Fenster in den Innenhof, wo bunte Wäsche auf einer Leine im Wind flatterte.

Ein wohliges Gefühl durchströmte ihn, wenn er an die Stunden mit Charlotte dachte, ja, aber ein kleines bisschen war er am Morgen auch froh gewesen, als der Alltag wieder einkehrte. Er gab ihm Sicherheit und Halt. Etwas, das er von dem neuen Terrain nicht behaupten konnte, das er mit dieser wunderbaren Frau betreten hatte.

Gegen zehn schob Pierre Papiere und Akten beiseite und fuhr zum Bauernhof, um nachzusehen, ob die Handwerker ihre Arbeit bereits aufgenommen hatten. Außer Cosima, die sich über seine Mitbringsel – Karotten und Äpfel – offensichtlich freute und sich mit kleinen gezielten Stößen ihrer Hörner bedankte, war jedoch niemand da. Dafür war der Betonmischer verschwunden. Eine echte Schweinerei, fand Pierre, nun reichte es ihm wirklich.

Mehrfach versuchte er, Alain Partouche auf dem Handy zu erreichen – vergeblich. Auch in der Baufirma ging niemand ans Telefon, es gab ja nicht einmal ein Sekretariat. Vor der Burgruine standen allerdings mehrere Firmenwagen, darunter auch der von Partouche. Außerdem fand sich hier auf wundersame Art der von seinem Hof entschwundene Betonmischer.

Mit brodelnder Wut im Bauch marschierte Pierre geradewegs auf die Baustelle zu, doch dieses Mal war die Tür verschlossen. Von innen hörte man ein Hämmern und Klopfen, das seine Rufe übertönte. Es hatte keinen Sinn, so kam er nicht weiter.

»*Merde!*«

Seine schlimmsten Befürchtungen waren wahr geworden: Partouche und seine Handwerker hatten die Sanierung der Burg vorgezogen, und Pierres Traum von einem baldigen Einzug in sein neues Heim drohte zu platzen. Hier musste ein Machtwort gesprochen werden. Da der Bauunternehmer – vermutlich aus gutem Grund – keinen Anrufbeantworter besaß, musste er sich an jemand anderen wenden. Am besten an denjenigen, der ihm den ganzen Schlamassel eingebrockt hatte.

Zurück in der Polizeiwache, wählte er die Nummer von Arnaud Rozier. Als dieser auch nach mehrmaligem Klingeln nicht abnahm, rief er in der zentralen Stelle der *mairie* an, wo sich die Empfangsdame meldete. Seit Celestine ihre Stelle als Telefonistin der Polizeistation gekündigt hatte, erledigte Gisèle gelegentlich für Pierre einige kleinere Arbeiten oder nahm, wenn weder Luc noch er anwesend sein konnten, auch Telefonate an.

»Monsieur Durand, Sie wollen sicher mit dem Bürgermeister sprechen.«

»Allerdings, aber er nimmt nicht ab.«

»Er steckt mitten in den Vorbereitungen zur Wahl des Präsidenten der Jagdvereinigung, und da wollte er sicher nicht gestört werden.«

»Glauben Sie denn, er hat Chancen auf das Amt? Er geht doch nur selten auf die Jagd.«

»Das müssen Sie ihn selbst fragen. Wenn ich es richtig mitbekommen habe, übt er bereits seine Antrittsrede ein.« Das Schmunzeln in ihrer Stimme war unüberhörbar. »Warten Sie, Monsieur Durand, ich stelle Sie trotzdem durch.«

Pierre konnte förmlich sehen, wie sie ihre an einer goldenen Kette hängende Brille aufsetzte und mit spitzen Fingern auf den Tasten des altmodischen Telefonapparats herumtippte. Einen Augenblick später war Rozier in der Leitung.

»Ah, gut, dass du anrufst«, begrüßte ihn der Bürgermeister. Sofort erging er sich in lautstarken Beschimpfungen über die Demonstranten, die seine bevorstehende Wahl zum Präsidenten der *Fédération des chasseurs* gefährdeten.

»Wenn Marie-Laure nicht gekommen wäre, hätten diese Wilden sicher das Bürgermeisteramt gestürmt. Ohne ihr beherztes

Eingreifen hätten Luc und du keine Chance gehabt. Eine sehr mutige Frau!«

Es klang, als sei die Braut wie eine moderne Jeanne d'Arc durch die Reihen marschiert, um eine Horde devoter Kratzfüße zu hinterlassen.

»Sie hatte das Überraschungsmoment auf ihrer Seite«, brummte Pierre. »Außerdem war die *mairie* zu keinem Zeitpunkt in Gefahr, viel wichtiger war es, die Streitigkeiten mit unseren Hobbyjägern zu schlichten.«

Rozier stieß einen Laut aus, der wie das Zischen eines Dampfkochtopfs klang. »Das war ganz alleine ihre natürliche *Autorität*«, hielt er dagegen und betonte dabei das letzte Wort mit besonderem Nachdruck. »Du hättest sie mal als Kind erleben sollen. Marie-Laure hat dem Pfarrer in der voll besetzten Kirche laut widersprochen, nur weil er Saint Martin in Lourdes angesiedelt hatte.«

»Und?« Arnaud Roziers Versuch, die Braut zu einer Heldin zu stilisieren, ging Pierre zunehmend auf den Geist.

»Na, Lourdes, verstehst du nicht?«, rief der Bürgermeister aus, als gehöre dies zur Allgemeinbildung. »Saint Martin war der Bischof von Tours. So viel sollte man wissen, immerhin ist er der Schutzpatron von Frankreich, außerdem der Beschützer der Reisenden und Bettler. Niemand hatte sich getraut, *Monsieur le pasteur* zu korrigieren, bis auf die kleine Marie-Laure. Sie war aufgestanden und hatte mit ihrem hellen Stimmchen ge…«

»In Ordnung, aber deswegen habe ich dich nicht angerufen.«

Rozier sog erstaunt die Luft ein.

»Hast du Partouche den Auftrag zur Sanierung der Burg gegeben?«, fuhr Pierre unbeirrt fort.

»Ja, sicher. Gerold Leuthard hat dem Dorf die Mittel zur Verfügung gestellt, nachdem wir die Mordserie rund um sein Luxushotel aufklärt hatten.«

So war das also. »Hör zu, Arnaud, du musst mit Partouche reden. Wegen dieser Sache hat er die Arbeiten an meinem Bauernhaus verschoben. Er hatte mir den Termin bereits vor Wochen zugesichert, und nun ist die Burg wichtiger.«

»Unmöglich! Ich habe wirklich genug damit zu tun, das Ganze zu koordinieren. Eine Verschiebung der Bauarbeiten kommt nicht in Frage.«

»Aber dass dafür die Arbeiten an meinem Haus ausgesetzt wurden, findest du wohl in Ordnung?«

»Pierre«, sagte Rozier in einem Ton, den man bockigen Kindern vorbehielt, »du wirst sicher verstehen, dass kommunale Belange über jeglichen persönlichen Interessen stehen.«

»Ach, und die Belange von diesem Schweizer Investor sind nicht persönlich?«, schimpfte Pierre. »Wenn Partouche nicht bald beginnt, muss ich meinen Kredit aufstocken. Ich kann nicht beides aufbringen, die Raten und den monatlichen Mietzins. Die Sanierung der Burgruine war noch nie dringend, das kann gut und gerne noch zwei, drei Monate warten.«

»Das sagst *du*«, seufzte Rozier und verlegte sich aufs Jammern. »Leuthard sitzt mir im Nacken. Als er uns versprochen hat, den Wiederaufbau der Burg zu unterstützen, hat er seine großzügige Geste an Bedingungen geknüpft. Der macht das ja nicht umsonst, die *Domaine des Grès* soll natürlich auch davon profitieren.«

Pierre ahnte, was nun kam. Er hatte den Schweizer Investor im vergangenen September gut genug kennengelernt, um zu wissen, dass reine Wohltätigkeit nicht seine Kragenweite war. »Die da wären?«

»Nun, ja, er will damit bereits im nächsten Hotelprospekt werben, um auch kulturinteressierte Gäste anzuziehen. Darüber hinaus …« Er seufzte erneut, dieses Mal lauter. »Das bleibt bitte vorläufig unter uns, ja? Er ist auch an den Einnahmen beteiligt.«

»Natürlich!« Pierre spürte, wie er nur schwer an sich halten konnte. Nun ging dieses furchtbare Geklüngel wieder los, das er so sehr verabscheute. Kaum rief ein Investor, und schon knickte Rozier ein. So war das eben in der Politik, und es wurde Zeit, sich davon zu distanzieren. »Mach, was du willst, Arnaud, aber ich lasse nicht zu, dass ich deswegen draufzahlen muss.«

»Was willst du jetzt tun?« Roziers Stimme klang plötzlich schneidend.

»Keine Sorge, ich werde nichts unternehmen, was den kommunalen Angelegenheiten schadet. Aber ich schlage vor, du erhöhst mein Gehalt, damit ich meine Miete noch ein paar Monate länger zahlen kann, bis mein Haus endlich fertig ist.«

»*Mais non*, wie soll ich das machen, das ist beim besten Willen nicht drin. Die Stadtkasse muss selbstverständlich ebenfalls für die Restauration geplündert werden. Woher soll das Geld denn kommen?«

»Von dem, was eine neue Telefonistin gekostet hätte«, bellte Pierre. »Seit Celestine gekündigt hat, behelfen wir uns ohne. Was ist eigentlich aus der Stellenanzeige geworden?«

»Nun ja, ehrlich gesagt bin ich froh, dass uns wenigstens diese Ausgabe erspart bleibt. Die Baumaßnahmen gehen nämlich ganz schön ins Geld. Wir können jeden zusätzlichen Cent gut gebrauchen.«

»Verdammt, dann such dir doch einen neuen Idioten!« Damit warf Pierre den Hörer auf die Station und stieß einen lauten Fluch aus. Bevor er dem leisen Gefühl, zu weit gegangen zu sein, eine Chance geben konnte, zog er die Visitenkarte des Bauunternehmens in Apt aus der Schublade und wählte die Nummer.

Die Dame am Telefon bedauerte, sie seien bis Januar ausgebucht, danach werde man sicher einen Termin …

Pierre legte auf und nahm seine Jacke vom Haken. Er war kurz vorm Platzen, brauchte dringend frische Luft.

Gerade als er hinausgehen wollte, klopfte es kurz, dann erschien Lucs Kopf im Türrahmen. »Willst du schon wieder weg?«

»Ja. Ich gehe mal patrouillieren.«

»Hier ist eine junge Dame, die dich sprechen will.«

»Was möchte sie denn?«

»Das hat sie mir nicht gesagt. Es handelt sich um Mademoiselle Pabion …«

»Marie-Laure Pabion?«

Luc nickte.

Die Heldin höchstpersönlich! Pierre atmete tief durch und hängte die Jacke zurück an den Haken. »Schick sie rein.«

Sein Assistent rührte sich nicht von der Stelle.

»Gibt's noch was?«

»Ist Charlotte jetzt deine Freundin?« Luc lächelte auffordernd, und als Pierre nicht gleich antwortete, setzte er in vertrautem Tonfall hinzu: »Komm schon, lass mich nicht so zappeln, ist doch nichts dabei.«

»Kann sein, ich weiß es nicht.«

»Was heißt das? Habt ihr denn nicht …?«

»Luc!« Pierre rollte mit den Augen und scheuchte ihn mit einer Handbewegung hinaus.

Marie-Laure Pabion war eine ausgesprochen hübsche junge Dame, deren Sonnenbrille, hinter der sie ihre Trauer zu verbergen suchte, ihr den Anschein einer den spektakulären Auftritt gewohnten Berühmtheit gab. Sie war groß, aber zierlich, mit ovalem Gesicht und hohen Wangenknochen und unglaublich seidigem blondem Haar, das ihr in Wellen bis weit auf den Rücken fiel. Pierre hatte sie bislang nur einmal gesehen, vorgestern als Braut, da die Unternehmerstochter, wie er dank des Dorftratsches inzwischen wusste, mit ihrem Zukünftigen in L'Isle-sur-la-Sorgue wohnte, das für seine Antiquitätengeschäfte und Antikmärkte weit über die Landesgrenzen hinaus bekannt war.

Als sie nun in einem etwas zu kurz geratenen schwarzen Kleid vor ihm stand und ihm mit einer graziösen Bewegung die Hand entgegenstreckte, erschien sie ihm weniger wie eine Jeanne d'Arc, sondern eher als sei sie direkt vom Olymp der Laufstegmodels herabgestiegen, um sein kleines Büro zu betreten. Erstaunlich, diese Wandlungsfähigkeit.

»Bonjour, Mademoiselle Pabion«, sagte er und erwiderte ihren Händedruck. »Mein aufrichtiges Beileid.«

»Ich danke Ihnen. Eine entsetzliche Sache, nicht wahr?« Sie sagte es mit theatralischem Unterton, setzte sich auf den Stuhl ihm gegenüber und schlug elegant die Beine übereinander. »Ich habe schon so viel von Ihnen gehört. Sie müssen wirklich ein unglaublich intelligenter Polizist sein. Aber bei Ihrer Vergangenheit als leitender *Commissaire* in einer so beeindruckenden Weltstadt ist es ja auch kein Wunder.«

»Tatsächlich?« Er war auf dieses Geplänkel nicht vorbereitet, genau genommen hasste er so etwas wie die Pest. In Paris wäre er vermutlich darauf eingestiegen, doch hier in diesem abgelegenen Bergdorf waren Höflichkeitsplaudereien ebenso angesagt wie Maskenbälle. »Wer sagt das?«

»Charlotte Berg. Eine wirklich reizende Frau.« Sie lächelte und zeigte eine Reihe perlweißer Zähne, die für ihren schmalen Mund viel zu groß waren und das perfekte Bild ein wenig in Unordnung brachten. Dabei fiel Pierre auf, wie wenig man ihr anmerkte, dass der Tod ihres Bruders sie schmerzte.

»Wirklich tragisch, was am Samstag geschehen ist«, sagte er.

»Oh ja. Eine furchtbare Sache. Ich bin regelrecht zusammengebrochen, das können Sie sich sicher vorstellen.«

Er nickte nur.

»Ich will wissen, wer meinen Bruder getötet hat«, fuhr Mademoiselle Pabion fort.

»Ja, das kann ich verstehen.«

»Und genau aus diesem Grund bin ich hier. Die Gendarmerie hat die Sache untersucht und ist zu dem Schluss gekommen ...« Ihre Stimme zitterte plötzlich. »Sie sagen, es sei ein Unfall gewesen.«

»Ein Unfall?«

»Ja. Sie behaupten, es sei nur einer von vielen tragischen Fällen, in denen jemand aus Versehen vor die Flinte gerät.«

»Dass Ihr Bruder nackt war, war also auch nur ein Versehen?«

»Nun ja, das lässt sich erklären. Mein Verlobter ...« Sie zögerte kurz und fuhr sich mit der Hand durch das Haar. »Sébastien und mein Bruder hatten eine Wette laufen.«

»Was für eine Wette?«

»Die beiden haben ... wie soll ich das sagen ... eine Art Konkurrenzkampf geführt. Sie mögen ... ich meine, sie mochten sich nicht besonders. Mein Bruder hat sich während der nächtlichen Jagd wohl über die angebliche Sehschwäche meines Zukünftigen lustig gemacht. Ein Wort hat das andere ergeben. Wie Sébastien erzählte, hatte Franck geprahlt, er würde ihn nicht einmal erkennen, wenn er nackt durch den Wald laufen würde. Das konnte er natürlich nicht auf sich sitzen lassen.«

»Was für ein ausgemachter Unsinn.«

»Tja, Männer eben!«, sagte sie verschwörerisch, als gehöre Pierre nicht zu diesem Geschlecht. »Und dazu noch sturzbetrunken. Anfangs war die Verfolgung ganz erfolgreich, doch plötzlich wurde es Sébastien übel. Er ist dann mit seinen Kumpels zurück zu dem Platz gegangen, wo das Unglück seinen Anfang genommen hatte. Sie haben lange auf Franck gewartet, irgendwann sind sie schließlich zum Hotel zurückgekehrt.«

»Ohne noch einmal nachzusehen?«

»Es war ja schon fast Morgen, als Bräutigam wollte er sich zumindest noch ein wenig ausruhen. Das ging ja wohl vor, oder etwa nicht?« Wieder bebte ihre Stimme, und für einen Moment sah es so aus, als würde sie anfangen zu weinen.

»Da haben Sie natürlich Recht.« Pierre nickte ihr aufmunternd zu. »Nur was genau soll ich bei der ganzen Sache machen?«

»Ich möchte, dass Sie diesen Fall übernehmen.«

»Das kann ich nicht.«

»Aber Monsieur Durand, das glaube ich Ihnen nicht. Sie können sehr wohl, wenn Sie nur wollen.« Marie-Laure Pabion öffnete ihre Handtasche, holte ein Foto hervor und gab es ihm. »Das ist er.« Über ihre Wangen kullerten Tränen. »Sehen Sie sich meinen Bruder genau an, und dann sagen Sie mir, ob Sie wirklich wollen, dass sein Mörder davonkommt.«

Pierre fragte, was das bitte schön miteinander zu tun habe, und betrachtete das Foto, das einen Mann Mitte, Ende dreißig zeigte. Aschblondes, etwas längeres Haar, großer Mund mit schmalen Lippen, markantes Kinn. Er trug einen orangefarbenen Pullover, darunter ein weißes Hemd, dessen oberste Knöpfe geöffnet waren. Er war attraktiv, ebenso wie seine Schwester, aber das Gesicht war kräftiger. Auch die Augen waren schmaler, ernster, irgendwie taxierend.

»Er sieht Ihnen gar nicht ähnlich.«

»Wir hatten unterschiedliche Mütter«, sagte sie knapp und holte ein Taschentuch hervor. Sie schob ihre Sonnenbrille ins Haar und tupfte die Tränen ab. »Dann übernehmen Sie also den Fall?«

Vielleicht konnte er ja Augen und Ohren offen halten? Nur ganz wenig, nicht offiziell. Pierre zögerte, ehe er das Foto mit Bedauern zurückschob. »Wie bereits gesagt: Das geht nicht. Wenn die Tat innerhalb dieser Gemeinde geschehen wäre, dann wäre es kein Problem. Aber ich kann nicht einfach in einen anderen Bezirk gehen, mich als Hüter der Gerechtigkeit aufspielen und die Untersuchungsergebnisse der Kollegen anzweifeln.«

Ihr Gesicht verzog sich, und es sah nun gar nicht mehr so hübsch aus. »Dann hatte Mademoiselle Berg also Unrecht? Sie hat so von Ihren Fähigkeiten als Ermittler geschwärmt und Sie mir geradezu aufgedrängt. ›Gehen Sie zu ihm, Marie-Laure‹, hat sie gesagt. ›Er kann Ihnen bestimmt helfen.‹« Die junge Frau erhob sich. »Nun ja, da hat sie wohl maßlos übertrieben. Sie sind eben doch nichts weiter als ein einfacher Dorfpolizist, der bloß Dienst nach Vorschrift macht.«

Aha, die Jeanne d'Arc zeigte ihr wahres Gesicht, und das gefiel ihm überhaupt nicht. Vor ihm stand eine verwöhnte junge Frau, die andere hemmungslos manipulierte, um ans Ziel zu kommen. Aber er war geübt im Umgang mit solchen Menschen, so etwas passierte ihm nicht zum ersten Mal.

Auch Pierre stand auf.

»Falls Sie mich mit dieser Spitze aus der Reserve locken wollten, kann ich Ihnen sagen, dass so etwas bei mir schnell mal nach hinten losgeht.« Marie-Laure schürzte die Lippen, doch bevor sie zu einer Erwiderung ansetzen konnte, fuhr er fort. »Dennoch, ich will Ihnen helfen. Nicht weil Sie mich so überaus höflich darum gebeten haben, sondern weil ich neugierig geworden bin. Die Sache interessiert mich.«

Das war weit untertrieben. Die Nachricht, dass die Gendarmerie den Fall nicht weiter verfolgte, hatte die mühsam aufrecht gehaltene Tatenlosigkeit restlos vertrieben und seinen Jagdinstinkt geweckt.

»Wie gesagt, ich kann hier keinen offziellen Fall übernehmen, aber ich will gerne noch einmal mit den Kollegen von der Gendarmerie sprechen und mir ihre Sicht der Dinge anhören. Allerdings müssen Sie mir ein wenig mehr von Ihrem Bruder erzählen, damit ich mir ein Bild von ihm machen kann.« Er betrachtete das Foto. »Ein richtiges, eines von ihm als Mensch, meine ich.«

»Ich hab's gewusst«, stieß Marie-Laure Pabion aus und ergriff seine Hände – lächelnd, als sei nun wieder alles in Ordnung. »Ich erzähle Ihnen alles, was Sie wissen wollen. Sie sind ganz wunderbar, *Monsieur le policier*! Ich danke Ihnen sehr.«

Als Marie-Laure Pabion die Polizeistation verließ, war es bereits Mittag. Sie hatte ihm nicht so viel zu erzählen gehabt, wie man es angesichts der Zeit hätte erwarten können, die sie hier gewesen war. Einen Großteil des Gesprächs hatte sie darauf verwendet, Pierre von ihrer Strategie zu überzeugen, wie sich der Mörder am besten überführen ließe.

»Man muss ihn verunsichern und aus der Reserve locken«, hatte sie gefordert. »Sie könnten der Presse erzählen, dass man ihm schon auf den Fersen ist. Wenn Mörder Fehler machen, enttarnen sie sich, und die Falle schnappt zu.«

»Sie scheinen sich mit Mördern unglaublich gut auszukennen«, hatte Pierre sarkastisch geantwortet. »Was glauben Sie, wie schnell die nach so einer Ankündigung verschwunden sind? Abgesehen davon, dass sich die Presse nicht sonderlich für einen Fall interessiert, den die Gendarmerie längst als Jagdunglück abgehakt hat.«

»Dann werde ich mich eben bei den Journalisten darüber beschweren, wie schlampig unsere Staatsdiener bei Mordfällen ermitteln.«

»Das werden Sie mal schön bleiben lassen. Wenn Sie wollen, dass ich mich um die Sache kümmere, halten Sie sich besser mit solchen Aktionen zurück!«

Mademoiselle Pabion hatte die Arme verschränkt und eine Schnute gezogen, um die Wache schließlich mit hocherhobenem Kopf zu verlassen. Aber immerhin war Pierre jetzt um ein paar Informationen reicher.

Franck Pabion war siebenunddreißig Jahre alt geworden, neun Jahre älter als seine Schwester. Mit sechsundzwanzig war er von

Sainte-Valérie nach Saumane gezogen, weil er sich mit seinem Vater überworfen hatte. Soweit Pierre verstanden hatte, war es um den Wunsch des Gemeinderatsvorsitzenden gegangen, dass sein Sohn in das Antiquitätengeschäft einstieg, das sich seit Generationen in Familienbesitz befand. Doch der Junge hatte andere Interessen. Er liebte den Wald und seine Freiheit und bewarb sich daher in einem Holz- und Imprägnierwerk, dessen Leitung er nach einiger Zeit übernahm, bis er es vor fünf Jahren ganz kaufte. Feinde hatte er anscheinend viele, denn er war ein ungeduldiger, aufbrausender Mensch, mit dem nicht gut auszukommen war.

So der Stand der Dinge. Zumindest war es das, was Mademoiselle Pabion preisgab. Zwischen den Zeilen waren noch ganz andere Dinge zu lesen gewesen. Pierre war aufgefallen, wie sie ihre Finger knetete, als er ihr eine Frage zu den weiteren Familienverhältnissen gestellt hatte, etwa nach den Umständen der Trennung von der ersten Frau ihres Vaters. Als er von ihr wissen wollte, ob sie glaube, dass die tödlichen Schüsse während der nächtlichen Jagd abgegeben worden seien – immerhin hatten die Teilnehmer unter erheblichem Alkoholeinfluss gestanden –, verneinte sie und schlug dabei die Augen nieder. Alles Kleinigkeiten, die er notierte, als er wieder alleine war.

Froh darüber, nicht länger über die Verzögerung des Baubeginns nachgrübeln zu müssen, nahm Pierre den Polizeiblouson vom Haken und ging zur Tür.

Wo sollte er beginnen? Er beschloss, als Erstes nach L'Isle-sur-la-Sorgue zu fahren und mit den zuständigen Gendarmen zu sprechen. Er wollte sich selbst ein Bild von der Lage machen. Irgendetwas, das spürte er ganz deutlich, stimmte nicht an der Version, die ihm Marie-Laure Pabion da aufgetischt hatte. Woran sich gleich die nächste Frage anschloss: Warum sollte sie ihn belügen?

6

Die Gendarmerie von L'Isle-sur-la-Sorgue lag an der *Route de Cavaillon*, einige hundert Meter von der wasserumgrenzten Altstadt entfernt. Sie war in einem jener Gebäude untergebracht, von denen man dachte, ein fantasieloser Architekt habe sich ausgetobt. Flachbau, nackte, beigefarben verputzte Fassade, Fenster mit Aluminiumrahmen, der Eingang mit einseitig abgeschrägtem Dach, als habe man die andere Hälfte vergessen. Gestützt von einem Betonpfeiler, der in einer uncharmanten Stahlkonstruktion endete. Modern, ja, aber hübsch war etwas anderes.

Auch der *Capitaine*, zu dem Pierre nach der Überprüfung seiner Personalien geführt wurde, saß in einem kargen Raum mit niedriger Decke und dem Charme eines Schuhkartons.

Capitaine Pascal Fichot hingegen war ungeachtet seiner Umgebung ein äußerst lebendiger, sportlich aussehender junger Mann mit einem lustigen Dauerzwinkern und einem gewinnenden Lächeln. »Das ist überhaupt kein Problem«, sagte er großspurig, nachdem Pierre sich vorgestellt und ihm den Grund seines Kommens geschildert hatte. »Selbstverständlich können Sie die Ermittlungsakten einsehen. Wir haben nichts zu verbergen.«

»Dann sind Sie sicher auch einverstanden, wenn ich selbst ein wenig tätig werde?«

Eine kurze Pause entstand, noch immer lächelte Fichot. »Es ist zwar nicht üblich, aber warum eigentlich nicht?«, sagte er endlich und zwinkerte Pierre vertraulich zu. »Offenbar hatte Mademoiselle Pabion bei Ihnen mehr Glück als bei uns, *eh*?«

»Wie meinen Sie das?«

»Nun ja, die junge Dame ist ziemlich hartnäckig, wenn sie etwas erreichen möchte. Sie hat uns fast den Kopf abgerissen, als wir ihr die vorläufigen Untersuchungsergebnisse mitgeteilt haben, aber wir können nun mal keinen Mörder herbeizaubern, wo keiner ist.« Er lachte laut, vielleicht ein wenig zu laut. Dann sah er auf seinen Computerbildschirm und tippte auf der Tastatur herum.

»Ich möchte die Vermutungen von Mademoiselle Pabion zumindest ernst nehmen«, antwortete Pierre bestimmt. »Natürlich ohne Ihre Ermittlungen anzuzweifeln. Die Todesumstände sind doch recht eigenartig.«

Der *Capitaine* blickte auf. »Da stimme ich Ihnen zu. Es hat uns sehr irritiert, einen Nackten vorzufinden, mitten im Wald. Zuerst dachten wir, da sei jemand bei einem Schäferstündchen überrascht worden, und der eifersüchtige Gatte habe sich seines Nebenbuhlers entledigt. Aber inzwischen wissen wir ja, wie das alles zustande kam.«

»Eine Wette.«

»So ist es. Ich meine, wir waren schließlich alle mal jung und ungestüm. Nichtsdestotrotz ist das die idiotischste Wette, von der ich je gehört habe.«

Wieder zwinkerte er und drückte energisch die Enter-Taste, woraufhin der Drucker hinter ihm zu arbeiten begann und ein paar dicht beschriebene Seiten ausspuckte.

»Die Ergebnisse der Spurensicherung waren eindeutig. Hier, sehen Sie selbst. Die Schüsse stammen aus einer Schrotflinte, unter Verwendung der gängigsten Munition. Allein das macht es schwierig bis unmöglich, einen Schuldigen zu bestimmen. Zudem geschah die Tat an einem Samstagmorgen zwischen fünf und sieben Uhr. Sie wissen selbst, dass zu dieser frühen Stunde bereits erste Jägertrupps unterwegs sind. Wir haben einen von ihnen befragt, der sich nachweislich in der Nähe des Plateaus aufgehalten hat, aber laut einhelliger Aussage haben die Jäger nicht vor halb acht begonnen.«

»Hat denn keiner dieser Männer die Schüsse gehört?«

»Angeblich nicht.«

»Und es gibt auch sonst keine Zeugen? Ich kann mir nicht vorstellen, dass die ganze Knallerei unbemerkt geblieben ist.«

»Die Stelle liegt in unbewohntem Gebiet. Außerdem sind Gewehrfeuer in der Jagdsaison nichts Ungewöhnliches. Dafür unterbricht niemand seinen Schlaf.« Erneut zwinkerte er mehrmals hintereinander. »Eine Jagd wegen einer kurzfristigen Menüplanänderung … So etwas Verrücktes, der Braut hätte ich was erzählt, das können Sie mir glauben. Aber die jungen Herren haben doch tatsächlich ihre Gewehre geschultert, um Mademoiselle Pabion den Gefallen zu tun.«

Ja, das war in der Tat verrückt. Pierre nahm sich vor, Marie-Laure zu fragen, wie sie auf die aberwitzige Idee gekommen sei, das Festessen in letzter Minute auf den Kopf zu stellen. Wäre ihr Bruder ohne die Planänderung noch am Leben? Oder hätte der Mörder auf eine andere Gelegenheit gewartet, um ihn umzubringen?

Er holte sein Merkheft hervor und notierte diesen Gedanken. »Sie nehmen also an, dass jemand die tödlichen Schüsse während der Wildschweinjagd abgefeuert hat?«, fragte er Fichot.

»Ja. Wir wissen, dass die Party entgleist ist. Die Befragten waren selbst am nächsten Tag noch deutlich alkoholisiert.«

»Demnach kommt nur einer der Feiernden infrage?«

»Das ist zumindest wahrscheinlich. Die jungen Männer waren gar nicht mehr in der Lage, angemessen zu reagieren. Etwas hat sich im Busch bewegt, sie hielten es für ein Wildschwein und …« Er zielte mit dem Zeigefinger in die Luft. »Buuummmm. Verstehen Sie, was ich meine?«

Pierre schüttelte den Kopf. »Laut diverser Aussagen war zum

Wettstart die Jagd doch längst beendet.« Er blätterte in den Unterlagen. »Hier steht, dass die Waffen verschlossen im Wagen lagen.«

»Ehrlich gesagt glaube ich, dass die Wette nur ein Vorwand war, um vom eigentlichen Geschehen abzulenken.«

»Damit stellt sich wieder die Frage, warum das Opfer nackt war.«

»Hören Sie, Monsieur Durand, es gibt keinerlei Beweise, daher bleibt alles reine Spekulation. Weder die Herren der Jagdgemeinschaft noch die von dem Junggesellenabschied konnten oder wollten uns dazu etwas sagen, das uns weitergebracht hätte.«

»Wirklich keiner der Befragten hatte ein Motiv?«

»Jedenfalls nichts, was einen Mord rechtfertigen würde. Die meisten von Ihnen hatten Franck Pabion seit Jahren nicht gesehen, er wohnte ja ein ganzes Stück entfernt in Saumane. Und die Zeiten, als es noch Folter gab, um Dinge aus Menschen herauszupressen, sind ja gottlob vorbei. Selbstverständlich haben wir alle Waffen beschlagnahmt und eingehend untersucht. Aber da man bei Schrotkugeln nur schwer das dazugehörige Gewehr ermitteln kann, bleibt uns gar nichts anderes übrig, als den Fall ad acta zu legen, so gerne wir das ändern würden.«

Pierre traute seinen Ohren nicht. »Das ist alles? Damit geben Sie sich zufrieden?«

»Was sollen wir denn Ihrer Meinung nach noch machen?«

»Zum Beispiel die Wohnung des Opfers nach Hinweisen durchsuchen oder Freunde und Nachbarn fragen, ob ihnen etwas aufgefallen ist.«

»Das haben wir längst getan. Es gibt weder Zeugen noch weiterführende Spuren. Soweit wir bislang Einsicht nehmen konnten, auch keine ungewöhnlichen Kontobewegungen. *C'est ça.*«

»Was ist mit den Erben? Immerhin war Franck Pabion Inhaber eines Holz- und Imprägnierwerks.«

»Er war hoch verschuldet. Gewiss wird sich niemand darum reißen, das Erbe anzutreten. Selbstverständlich werten wir derzeit noch weitere Unterlagen aus und warten eine angemessene Zeit, ob sich doch noch Zeugen melden. Aber das ist eher unwahrscheinlich. Das Waldgebiet ist riesig, da kann man unbehelligt ganze Schlachten führen. Nein, ich befürchte, in dem Fall wird sich nicht mehr viel tun.«

Der *Capitaine* lehnte sich zurück und verschränkte die Arme hinter dem Kopf. Pierre gab ein unwilliges Schnauben von sich.

»Ich kann Ihre Unzufriedenheit sehr gut verstehen«, fuhr Fichot fort. »Aber solange wir keine Beweise haben, die einen Mordverdacht rechtfertigen, liegt für uns dieser Fall klar auf der Hand: Franck Pabions Tod ist ein tragisches Versehen. In Frankreich werden jährlich fünfzig bis sechzig Menschen Opfer von Jagdunfällen. Das ist leider traurige Realität. Erst vor wenigen Monaten hat jemand irrtümlich einen Gärtner erschossen, der am Waldsaum seine Pflanzen versorgte. Und im vergangenen Jahr hat sich ein Jäger sogar selbst umgebracht, weil die am Baum lehnende Waffe ins Gras gefallen war.« Er schüttelte den Kopf. »Wer sich im Morgendunst durch die Wälder bewegt, wird allzu leicht Opfer von einigen sehbehinderten oder alkoholisierten Schützen, die auf alles zielen, was ihnen im dichten Gebüsch vor die Flinte kommt. Manch einer merkt da noch nicht einmal, dass jemand zu Schaden gekommen ist.«

»Ich denke, Sie machen es sich zu einfach.«

»Ach was! Glauben Sie mir, ich habe da so meine Erfahrung. Selbst wenn es keine Verwechslung war, gibt es hundert andere Gründe, tödlich getroffen zu werden. Viele Menschen sterben an nicht kalkulierbaren Querschlägern, was inmitten der Gebirgsformationen, wo der Tote lag, noch viel wahrscheinlicher ist. Jetzt mal ehrlich, wenn man bedenkt, dass Gewehrkugeln mehrere hundert Meter weit fliegen können, grenzt es schon an ein

Wunder, dass nicht mehr passiert. Wen sollen wir anklagen? Den Wald, weil statt der Bäume ein Mensch die Kugel gebremst hat? Die Waffenhersteller, weil ihre Flinten eine zu große Feuerkraft haben? Wie wollen wir nachweisen, dass es die Schuld eines Einzelnen war, wenn der Schütze noch nicht einmal wusste, dass seine Schrotladung getroffen hat?«

Pierre sah auf die Aktenkopie. »Wie ich dem Bericht entnehme, war die Entfernung zum Opfer gering genug, um Letzteres auszuschließen.«

»Nicht, wenn man sturzbetrunken ist.« Fichot beugte sich vor, hob Hände und Schultern, verzog den Mund zu einer Grimasse. »Nein, wir können nichts weiter tun«, sagte er. »Hier sind die Politiker gefordert, endlich zu handeln, damit nicht jedem wild um sich schießenden Hobbyjäger eine Lizenz erteilt wird. Aber die haben Angst, dafür ist die Lobby nämlich viel zu groß.«

Er zwinkerte wieder heftig, und Pierre merkte, dass er bereits ungeduldig darauf gewartet hatte.

»Wir konnten daher nichts weiter tun, als eine Verwarnung wegen Verstoßes gegen die Jagdordnung auszusprechen, da die jungen Herren Schrot für Schwarzwild verwendet und mehrere Stunden vor Sonnenaufgang mit dem Schießen begonnen hatten. Sollten sich im Laufe des Verfahrens doch noch Verdachtsmomente ergeben, dann entfällt trotzdem jeglicher Tötungsvorsatz. *Aberratio ictus* – Mensch statt Wildschwein. Damit bekommen Sie keinen vernünftigen Haftbefehl.«

Pierre nickte und musste sich zwingen, den Blick von den erneut zwinkernden Augen seines Gegenübers abzuwenden. Er überflog das mehrseitige Dossier, das sehr ordentlich geführt war und sämtliche Details zum Tatortsbefund, der gerichtsmedizinischen und ballistischen Untersuchung sowie den Befragungen enthielt, außerdem die Personalien sämtlicher Zeugen und Auskunftspersonen und nicht zuletzt die Art der Waffen.

Unter den Personalien der Jäger, die knapp zwei Stunden nach dem Unglück in der Nähe des Tatorts gewesen waren, waren neben Serge Oudard, dem Besitzer des Krämerladens und eines äußerst schlagbereiten Regalbretts, und Guy Wozniak, einem polnischstämmigen Künstler, auch ein weiterer Name, der Pierre aufmerken ließ: Frédéric Pabion, der Vater des Opfers und von Marie-Laure.

Er tippte auf die Zettel. »Darf ich die mitnehmen?«

»Selbstverständlich. Allerdings muss ich Sie bitten, mich als leitenden Ermittler stets über neue Erkenntnisse zu informieren, und zwar bevor Sie mit jemand anderem darüber sprechen. Vor allem wenn sich Ihre Annahme erhärtet, dass es sich tatsächlich um einen Mord handelt.« Er zwinkerte ihm zu, nun schien es wieder diese freundliche, zustimmende Geste zu sein. »Schlussendlich bin ich derjenige, der vor dem Präfekten dafür geradestehen muss.«

Pierre stand auf und schüttelte ihm die Hand. »Das werde ich tun«, antwortete er. »Und vielen Dank für Ihre Kooperationsbereitschaft.«

7

Tief in Gedanken versunken, stieg Pierre wieder in sein Auto.

Aberratio ictus – der Mann hatte Nerven!

Das Gespräch hatte ihn nur noch misstrauischer gemacht, als er es vorher schon gewesen war. Aber zumindest wollte man ihn gewähren lassen. Was es ihm leichter machte, über den Schwachsinn, den *Capitaine* Fichot soeben von sich gegeben hatte, hinwegzusehen.

Als Erstes wollte er mit dem Bräutigam sprechen. Sébastien Goussard arbeitete in einer Bank im Zentrum von L'Isle-sur-la-Sorgue. Da er für die Zeit nach seiner geplanten Hochzeit sicher frei genommen hatte, fuhr Pierre geradewegs zu der Adresse, an der er laut Dossier der Gendarmerie seit zwei Jahren gemeinsam mit Marie-Laure Pabion wohnte.

Fünf Minuten später parkte er den Wagen in der *Allée des Ormeaux* vor einem hübschen kleinen Haus mit blau gestrichenen Fensterläden und großen Oleanderbüschen, von denen einer noch in voller Blüte stand.

Kaum dass er ausgestiegen war und auf das Tor zuging, klingelte sein Handy. Es war Arnaud Rozier. Der hatte ihm gerade noch gefehlt! Abgesehen davon, dass Pierre noch immer sauer auf ihn war, sah es der Bürgermeister nicht gerne, wenn man ihn nicht umgehend über alles informierte, erst recht, wenn man sich ohne vorherige Absprache an andere Polizeikräfte wandte. Für einen kurzen Moment zögerte Pierre, dann dachte er, dass er es besser rasch hinter sich bringen sollte, und nahm ab.

»*Bonjour*, Arnaud.«

»Mein lieber Pierre, wo steckst du eigentlich?«, sagte Rozier mit einem verdächtigen Singsang. »Luc hat etwas von einer Fahrt nach L'Isle-sur-la-Sorgue erzählt …«

»Ich bin gerade auf dem Weg zu Sébastien Goussard«, erklärte Pierre. »Seine Verlobte war bei mir auf der Wache und hat mich gebeten, den Tod ihres Bruders näher zu untersuchen. Ich komme gerade von *Capitaine* Fichot von der zuständigen Brigade, er ist darüber informiert.«

Hatte Pierre erwartet, der Bürgermeister würde sich nun über die mangelnde Kommunikation zwischen ihnen beschweren, so erwies sich das als ein Irrtum. Stattdessen schien er bester Laune, zumindest gab er es vor.

»Ach, die liebe Marie-Laure, zielstrebig wie immer. Frédéric Pabion ist gerade bei mir, ihr Vater. Er ist vollkommen außer sich, der Verlust seines Sohnes trifft ihn schwer.« Eine kurze Pause entstand, dann raschelte es, und als Rozier wieder sprach, klang er leise und dumpf. »Ich habe ihn noch niemals so die Contenance verlieren sehen.«

»Das tut mir leid.« Pierre überlegte, ob er dem Bürgermeister davon erzählen sollte, dass Pabion sich nur wenige Stunden nach dem Mord am Unglücksort aufgehalten hatte, behielt es aber für sich. Noch wusste er diese Information nicht einzuschätzen.

»Die Gendarmerie geht davon aus, dass es ein Unfall war«, fuhr Rozier fort. »Was hältst du davon, bist du derselben Ansicht?«

»Dazu kann ich noch nichts sagen. Ich habe mir den Bericht ausdrucken lassen und werde mal sehen, was ich herausfinden kann.«

»Dann willst du deine Drohung also nicht wahr machen?«

Irrte er sich, oder klang Rozier tatsächlich ein wenig ängstlich? »Was meinst du?«

»Na, du hast doch gesagt, dass ich mir einen neuen *Chef de police* suchen soll. Ich meine, wegen dieser Sache mit der Burgruine …«

Das hatte Pierre nicht erwartet. Er grinste und kostete den Moment kurz aus, bevor er antwortete. »Nein, Arnaud, das werde ich nicht tun. Mir gefällt mein Posten. Noch. Trotzdem müssen wir eine Lösung finden. Ich kann es mir finanziell nicht leisten, bis zum Sommer mit dem Einzug zu warten.«

»Das verstehe ich ja. Aber Alain Partouche ist auf alte Denkmäler spezialisiert, das macht sonst kaum einer im näheren Umkreis. Kannst du nicht eine andere Baufirma beauftragen?«

»Ich habe es versucht. Es gibt nur leider niemanden, der so kurzfristig einspringen kann. Jetzt mal im Ernst, Partouche wird doch wohl mehr als ein Bauvorhaben gleichzeitig bewältigen können. Warum arbeitet er nicht einfach mit weiteren Handwerkern zusammen, es gibt sicher einige, die sich über Aufträge freuen.«

»Du meinst Subunternehmer?«

»Genau. Sicher kennt er ein paar Betriebe, die in Frage kommen. Sprich du mit Partouche, bei mir geht er nicht ans Telefon.« Pierre schmunzelte. »Oder die nächste Gehaltsrunde wird dich teuer zu stehen kommen …«

»Du kannst mich doch nicht für dein Problem verantwortlich machen. Immerhin geht es hier um das Allgemeinwohl.«

»Du meinst, es geht um die Zufriedenheit von einem gewissen Schweizer Unternehmer, der dir im Nacken sitzt. Tu etwas, oder ich nehme es persönlich.«

Rozier schnalzte mit der Zunge. Aber als er fortfuhr, klang er irgendwie erleichtert. »Na gut. Wir werden sicher eine Lösung finden. Ich rede mal mit Partouche.«

Die Glocke klang volltönend, beinahe wie der Ton einer Klangschale. Pierre musste mehrmals läuten, bis Sébastien Goussard ihm öffnete, blass und irgendwie unscheinbar. Das dunkle Haar zerzaust, Jogginghose und Shirt vollkommen zerknittert, sah er aus, als habe er gerade geschlafen. Nichts erinnerte an den adretten Bräutigam, der noch vor wenigen Tagen am Arm seiner Frau über die *Place du Village* geschritten war.

»Ich hoffe, ich störe nicht«, sagte Pierre, nachdem er sich vorgestellt hatte. »Aber ich möchte Ihnen gerne einige Fragen stellen.«

»Geht es um Franck?«

»Ja.«

»Marie-Laure ist nicht hier.«

»Ich möchte gar nicht mit ihr, sondern mit Ihnen sprechen. Darf ich reinkommen?«

Goussard atmete mit einem lauten Stöhnen aus, hob die Schultern und ließ Pierre eintreten.

»Ich hatte mich gerade ein wenig hingelegt«, meinte er und ging voraus in das ungelüftet riechende Wohnzimmer, räumte Wolldecke und Kopfkissen vom Sofa und bat Pierre, Platz zu nehmen. Dann verschwand er in der Küche, um etwas zu trinken zu holen.

Während Pierre dem Klappern von Wasserflaschen lauschte, unterdrückte er den Impuls, zum Fenster zu gehen und es aufzureißen. Dieser Geruch nach Schlaf war ihm unangenehm, er gab ihm das Gefühl, viel zu tief in eine Privatsphäre gedrungen zu sein, die ihn nichts anging.

Er sah sich um. Das Zimmer war offenbar mit Sorgfalt eingerichtet worden, wenn auch ein wenig zu verspielt für Pierres Geschmack. Die Kommode neben dem Fenster quoll über von Bildern, die vornehmlich glücklich lachende Menschen zeigten, eingezwängt in silberne Rahmen. Vorhänge, Kissen und die Blumen auf dem Couchtisch waren in hellen, aufeinander abgestimmten Rosatönen gehalten, die modernen Möbel glänzten weiß und türkis. Das Ambiente erinnerte eher an ein Puppenhaus als an das eines künftigen Ehepaars. Was noch erstaunlicher war: Obwohl Marie-Laures Vater sich als Antiquitätenhändler einen Namen gemacht hatte, gab es nicht ein einziges altes Möbelstück.

Pierre erhob sich und betrachtete die Fotos. Es waren vorwiegend Familienbilder: Eltern, Großeltern, in Grüppchen mit oder ohne Kinder. Sébastien und Marie-Laure in einem Café, im Urlaub unter Palmen, hübsch zurechtgemacht für eine Feier. Und immer fröhlich.

Ein attraktives Paar, dachte Pierre, scheinbar ebenbürtig. Anders, als er es empfunden hatte, als die beiden durch die Demonstranten auf die *mairie* zugingen, ihrer Trauung entgegen. Da war sie eindeutig die Dominantere gewesen, während er an ihrem Arm gehangen hatte wie ein Angeklagter auf dem Weg zum Schafott. Es mochte jedoch Ausdruck seines Katers gewesen sein, den er sich durch das Trinkgelage vom Vorabend eingehandelt hatte.

»Wasser mit oder ohne Kohlensäure?« Sébastien Goussard war wieder hereingekommen und hielt ein Glas und zwei Flaschen in den Händen.

»Ohne bitte«, sagte Pierre und nahm wieder Platz. Als er sah, dass Goussard direkt aus der nur halb vollen Flasche trank, nachdem er ihm eingeschenkt hatte, wünschte er, er hätte den Sprudel gewählt.

»Also gut«, meinte Goussard endlich und ließ sich auf den gegenüberstehenden Sessel fallen. »Worum geht es?«

Pierre schob sein Wasserglas weit von sich. »Ich möchte, dass Sie mir noch einmal den Abend schildern, an dem Ihr künftiger Schwager erschossen wurde.«

»Ich dachte, die Polizei hätte den Fall längst abgeschlossen?«

»Zumindest vorläufig. Ihre Verlobte hat mich allerdings darum gebeten, die Todesumstände ihres Bruders noch einmal genauer zu untersuchen.«

»So? Hat sie das?«

Das Ganze war einfach grotesk. Da kam die Schwester des Toten hereingeschneit und verlangte nach Aufklärung, und ihr Zukünftiger wusste noch nicht einmal, dass sie das überhaupt vorhatte.

»Sagen Sie, reden Sie beide überhaupt noch miteinander?« Die Frage war Pierre herausgerutscht. Aber inmitten all der fröhlich lachenden Menschen auf den Fotos wirkte Goussard nun wie ein Fremdkörper. Und das, so ahnte Pierre, schien nicht daran zu liegen, dass gerade jemand verstorben war.

»Natürlich tun wir das. Gehören solche Fragen auch zu Ihren Ermittlungen?« Er verzog den Mund.

»Jedes irritierende Detail ist für den Fall von Bedeutung.«

Der junge Mann strich sich über das Haar. »*Bon*, Sie haben Recht. Marie-Laure und ich haben uns seit Samstag nicht mehr gesehen.«

Erstaunt hob Pierre die Brauen und wartete auf eine Erklärung.

»Kaum hatten wir die Nachricht von Francks Tod erhalten, hat Marie-Laure sich komplett von mir zurückgezogen«, fuhr Goussard leise fort, und in seiner Stimme schwang Bitterkeit. »Sie wollte sich noch nicht einmal von mir trösten lassen.« Er schwieg. Betrachtete die Bildersammlung. »Wir waren glücklich, sehr sogar. Aber seit Franck sich eingemischt hatte, gab es nur Ärger.«

»Wollen Sie mir davon erzählen?«

Goussard fuhr sich wieder mit der Hand über den Kopf. »Wissen Sie, *Monsieur le policier*, meine Verlobte stammt aus schwierigen Familienverhältnissen. Nach außen halten die Pabions fest zusammen und mimen den glücklichen Familienclan, in dem alles so läuft, wie es eben sein muss. In Wahrheit streiten sie sich die ganze Zeit.«

»Um Geld?«

»Nein, um Anerkennung. Seitdem Franck sich geweigert hat, ins väterliche Antiquitätengeschäft einzusteigen, war das Verhältnis massiv gestört. Selbst als er das Imprägnierwerk übernahm, blieb sein Vater vollkommen unbeeindruckt. Wahrscheinlich hätte Franck machen können, was er wollte, der Bruch wäre geblieben. Für Frédéric Pabion war sein Sohn aus erster Ehe seither nichts weiter als der Balg seiner abtrünnigen Frau. Marie-Laure hingegen …« Er brach ab und trank von dem Wasser in großen, hörbaren Schlucken. »Sie war seine Prinzessin.«

»Was ist mit Ihnen?«

»Solange ich sie auf Händen trage, bin ich der Prinz.«

»Tun Sie das denn?«

Sébastien Goussard sog die Luft ein. »So gut es mir möglich ist. Aber Marie-Laure ist nicht leicht zufriedenzustellen. Ganz ehrlich, in den letzten Wochen ist sie mir schon ziemlich auf die Nerven gegangen mit ihrem Vorbereitungsfimmel.« Er rollte die Augen. »Nein, mein Schatz, das Hemd hat einen viel zu großen Kragen«, äffte er sie mit übertrieben hoher Stimme nach. »Du willst doch nicht ernsthaft mit diesen Fingernägeln vor den Altar treten. Kümmerst du dich darum, dass der DJ ja nicht diese fürchterlich altmodischen Chansons spielt? Sieh mal, das Papier von den Umschlägen passt überhaupt nicht zu den Einladungen.«

Goussard leerte die Flasche und stellte sie unsanft auf dem Boden ab. »Das war so unnötig! Als sie dann auch noch einen Tag vor der Trauung statt der bestellten Rebhühner ein *sanglier rôti* wollte, da bin ich ausgeflippt. Einen Wildschweinbraten! Können Sie sich das vorstellen? Was sollen wir denn jetzt mit dem ganzen Federvieh machen? Etwa wegwerfen?«

»Wie ist Marie-Laure eigentlich darauf gekommen, das Menü von einem Tag auf den anderen umzuändern? Das ist höchst ungewöhnlich. Vor allem, wenn man seit Wochen jedes Detail akribisch plant.«

»Ach, was weiß denn ich, was Madame da auf einmal querlag.« Er sprang auf und begann mit den Händen in der Luft herumzufuchteln. »Sie ist total verzogen. Da stimmen Sie mir doch sicher zu, das geht zu weit. Für ihren Bruder war das natürlich *die* Gelegenheit, sich einzuschleimen. Wenn sein Schwesterherz ein Wildschwein möchte, dann bekommt sie eins. *C'est ça* – so einfach ist das bei den Pabions. Da habe ich natürlich nicht nein gesagt, oder hätte ich Franck diesen Triumph etwa lassen sollen?«

»Sie beide haben sich wohl nicht so gut verstanden?«

Er lachte auf. »Das ist weit untertrieben. Franck konnte es nicht lassen, seiner Schwester die Hochzeit auszureden. Ich sei nicht der richtige Mann für sie.«

»Demnach hatten Sie einen Grund, ihn töten zu wollen.«

Für einen Moment dachte Pierre, Goussard würde in sich zusammensinken. Er ließ die Schultern hängen, ebenso den Kopf. »Ich bringe doch niemanden um, nur weil er mich wegbeißen will«, flüsterte er.

Es hat schon viel schlechtere Motive gegeben, dachte Pierre. Noch konnte er sein Gegenüber nicht richtig einschätzen. »Erzählen Sie mir von dem Abend.«

Goussard nickte und ließ sich wieder in den Sessel fallen. »Wir hatten den Junggesellenabschied im Weinkeller der *Domaine* gefeiert. Dort gibt es einen Bereich, in dem sonst Weinproben stattfinden, den hat man für den Anlass eingedeckt. Waren Sie schon einmal dort?«

»Ja, nicht nur einmal …«, murmelte Pierre und dachte an seinen letzten Fall, als der Dorfcasanova in besagtem Weinkeller tot in einem der Stahltanks geschwommen war, neben einem Rezept für *coq au vin*.

»Eine tolle Atmosphäre da unten, nicht wahr?«

Pierre nickte nur.

»Sie haben uns das Essen *à la carte* aus dem Restaurant gebracht, alles war perfekt vorbereitet. Wir hatten wirklich großen Spaß, bis Mademoiselle Berg hereinkam und mich beiseitenahm. Sie versicherte mir, sie habe wirklich alles versucht, aber so kurzfristig ließe sich der Wunsch meiner Zukünftigen leider nicht umsetzen.«

»Es war kein Wildschwein zu bekommen?«

»Zumindest kein ganzes. Die meisten Jäger zerlegen die Tiere, solange sie noch warm sind. Niemand packt ein ganzes Schwein auf Vorrat ins Kühlfach.« Er lächelte matt. »Ich für meinen Teil wäre mit Filets zufrieden gewesen oder mit den bereits gekauften Rebhühnern. Wie schon gesagt, ich fand es unmöglich von Marie-Laure, so kurz vor der Hochzeit das Menü noch mal zu ändern. Für Franck dagegen war die Sache klar. Der Wunsch seiner Schwester war ihm wichtiger als mein Junggesellenabschied. Eine weitere Gelegenheit, mir zu zeigen, wie wenig er mich als künftigen Schwager akzeptierte. Natürlich habe ich dagegen protestiert. Er meinte, dann erlege er das Wildschwein eben selbst, ob es mir nun passe oder nicht. Die anderen waren sofort Feuer und Flamme. Na ja, da habe ich auch mitgemacht.«

»Sie wollten sich keine Blöße geben.«

»So war es. Heute denke ich, ich hätte mich endlich einmal auflehnen sollen. Gegen den Wunsch meiner Zukünftigen und gegen Franck.« Er machte eine Faust, öffnete sie wieder und schlug mit der flachen Hand auf die Armlehne. »Jedenfalls haben wir ein paar Flaschen Wein und einen *Chartreuse verte* eingepackt und uns mit Thierrys Transporter auf den Weg zum Wald gemacht.«

»Sie hatten alle getrunken …«

Goussard nickte nur, und Pierre nahm sich vor, wieder verstärkt Alkoholkontrollen durchzuführen.

»Wo war Ihre Verlobte zu diesem Zeitpunkt?«

»Sie war mit ein paar Mädels essen.«

»Wissen Sie zufällig, wo das war?«

»Ja, im *Chez Albert*.«

»Während Ihre Verlobte sich mit ihren Freundinnen amüsierte, sind Sie mit Ihren Kumpels in den Wald oberhalb von Sainte-Valérie marschiert, um ihr ein Wildschwein zu schießen. Wo hatten Sie die Waffen her?«

»Drei meiner Freunde stammen aus dem Dorf: Vincent, Thierry und Raphaël. Die sind mit der Jagd quasi groß geworden, wie die meisten hier. Wir sind zu denen nach Hause gefahren und haben die Ausrüstung geholt.«

»Darunter auch eine Flinte. Obwohl Sie eigentlich wissen sollten, dass Schrot für eine Wildschweinjagd vollkommen ungeeignet ist.«

»Das stimmt. Aber ehrlich gesagt war ich froh darüber, weil ich dachte, dass damit nichts schiefgehen kann. Ich bin kein sehr guter Schütze, wissen Sie? Ich hatte keine Ahnung, dass Wildschweine eine so dicke Schwarte haben und man sie mit einem einzelnen Schrotschuss eher ärgert als tötet …«

»Was geschah dann?«

»Wir sind bis zu dem großen Parkplatz gefahren, der nordwestlich vom Dorf liegt, und von dort weiter in den Wald. Franck war solch ein Idiot! Er hat aufgedreht, als gelte es, eine ganze Horde Säbelzahntiger auszulöschen. Als ich ein Wildschwein, das die anderen mir zugetrieben hatten, nicht tödlich getroffen habe, ergab ein Wort das andere. Ich wollte ihm beweisen, dass ich sehr wohl gute Augen habe. Nachdem wir endlich ein Tier erlegt hatten, sind wir diese blödsinnige Wette eingegangen.«

»Gab es auch einen Wetteinsatz?«

»Die Ehre. Nicht mehr und nicht weniger. Tja, wir haben wohl beide verloren, irgendwie.«

Während er sprach, starrte er unentwegt auf die Blumen auf dem Tisch, und Pierre fiel auf, wie unglücklich er aussah, nahezu paralysiert.

»Bereuen Sie es?«

Goussard sah auf. »Was? Die Wette?« Er lachte trocken. »Nein. Aber das, was daraus entstanden ist. Irgendwie hat es dieser Hurensohn am Ende doch noch geschafft, Marie-Laure und mich auseinanderzubringen. Selbst im Tod.«

»Sie haben sich getrennt?«

Sébastien Goussard nickte, ehe er lautlos zu weinen begann. Pierre wartete ruhig, bis er sich wieder gefangen hatte, und dachte über das Gesagte nach. Die besondere Tragik dieser Situation ließ ihn nicht unberührt.

»Marie-Laure gibt mir die Schuld«, sagte der junge Mann schließlich und wischte sich mit dem Handrücken über das Gesicht. »Sie glaubt, ihr Bruder würde noch leben, wenn ich mich nicht hätte provozieren lassen.«

Aus einem Impuls heraus stand Pierre auf, ging neben dem Sessel in die Hocke und legte eine Hand auf Goussards Schulter. »Wenn der Täter gefasst ist, wird sie das sicher anders sehen«, sagte er. »Wer Franck Pabion töten wollte, der hätte es sicher auch bei anderer Gelegenheit getan.«

»Sie glauben, es war wirklich Mord?«

»Zumindest möchte ich es nicht ganz ausschließen.«

Woher Pierre diese Gewissheit nahm, wusste er selbst nicht. Aber in diesem Moment war in ihm ein Feuer entzündet, das hell aufloderte. Die Witterung war aufgenommen. Und er würde alles tun, um herauszufinden, ob er mit seiner Vermutung Recht hatte.

8

Als Pierre das Haus wieder verließ, war er hoch konzentriert. Er stieg nicht in seinen Wagen, holte nur die Akte aus dem Kofferraum und ging weiter in Richtung Kanal.

Er musste nachdenken.

Arnaud Rozier hatte gesagt, Frédéric Pabion komme mit dem Tod seines Sohnes nicht klar, bei dessen Beinahe-Schwiegersohn hingegen hatte es geklungen, als habe ihm nicht sonderlich viel an Francks Wohlergehen gelegen. War das nun ein Fall von zu spät erkannter Vaterliebe oder steckte mehr dahinter? Dabei war es wichtig herauszufinden, warum Pabion am Tag der Hochzeit seiner Tochter noch jagen gegangen war. Ausgerechnet in jenem Gebiet, in dem sein eigener Sohn erschossen wurde. Irgendwie mochte Pierre nicht an einen Zufall glauben.

Und welche Rolle spielte Marie-Laure in diesem Drama? Warum hatte sie sich in der Trauerphase von dem Mann getrennt, mit dem sie nur einen Tag zuvor den Bund fürs Leben schließen wollte? Die Antwort, die ihm Goussard darauf gegeben hatte, erschien Pierre fadenscheinig, zumindest streifte sie offenbar nur die Oberfläche. Hatte Marie-Laure Sébastiens Geschichte womöglich nicht geglaubt und hielt ihren eigenen Verlobten für den Täter?

Die Gelegenheit hätte er durchaus gehabt. Der künftige Schwager, der ihn oft genug bis aufs Blut reizt und seiner Schwester sogar die Hochzeit ausreden will, läuft ihm vor die Flinte. Niemand, der ihm Vorsätzlichkeit unterstellen könnte …

Pierre rieb sich die Stirn. Nein, das passte alles nicht zusammen. Das Opfer war nackt gewesen, so lief man nicht im Wald herum, wenn man jagte. Die Aussage mit der Wette war stimmig, sie erklärte diesen Tatbestand. Das Wildschwein lag zu diesem Zeitpunkt bereits tot im Wagen, warum sollte Goussard also eine Waffe bei sich haben, als sie diesen vorpubertären Wettkampf machten? Genau hier hakte die Theorie von *Capitaine* Fichot. Sie ergab keinen Sinn. Es sei denn, die Sache wäre ganz anders gelaufen und die Wette wäre Teil eines größeren Plans gewesen, den Sébastien und seine Freunde ausgeheckt hatten, um Franck Pabion zur Strecke zu bringen.

Dann hätten sie alle gelogen. Nur wo war das Motiv?

An der steinernen Brücke, welche über die Sorgue in die Altstadt führte, blieb er stehen und sah auf das klargrüne Wasser. Ein paar Kinder hatten sich die Hosenbeine hochgekrempelt und wateten im Fluss umher, lachend und kreischend vor Vergnügen, bis eine ältere Dame sie herbeirief und ihnen schimpfend mit einem Tuch die Füße abtrocknete. Für einen Moment ließ Pierre sich von dem Geschehen ablenken, dann wandte er den Blick ab und überdachte das soeben geführte Gespräch.

Im Grunde glaubte er nicht an einen kollektiv geplanten Mord, auch wenn er diese Möglichkeit nicht ganz ausschließen konnte. Sébastien Goussard tat ihm leid. Pierre bezweifelte, dass der junge Mann die tödlichen Kugeln abgefeuert hatte. Eher wirkte er, als sei er von der Situation total überfordert; überrollt von den Ereignissen und wohl auch von der Emotionalität, die sowohl Marie-Laure als auch Franck Pabion auszeichnete. Jeden auf seine Weise.

Nachdenklich zog er den Notizblock aus der Tasche und schrieb seine Gedanken auf. Dann zeichnete er ein paar Spalten und versah die erste mit der Überschrift MÖGLICHE TÄTER. Darunter schrieb er Goussards Namen, versehen mit einem dicken Fragezeichen. Daneben die weiteren Teilnehmer des Junggesellenabschieds, dem Bericht zufolge insgesamt vier Männer, drei davon aus Sainte-Valérie. Zuletzt noch Frédéric Pabion, obwohl es momentan nur eine blasse Vermutung war.

Wer kam noch in Frage?

Pierre sah auf die Aktennotizen, die ihm der *Capitaine* ausgedruckt hatte, und studierte sie aufmerksam.

Franck Pabion war mit Neun-Millimeter-Schrotkugeln getötet worden, was der Größe der Munition entsprach, mit der auch auf das Wildschwein geschossen worden war. Die Schrotdichte im Körper des Opfers war gering gewesen. Da die Lage der Patronenhülsen im Verhältnis zu den Randschüssen in den Baumstämmen einen Abstand des Schützen von ungefähr zwölf Metern vermuten ließ, schloss man auf eine Waffe ohne Laufverengung, bei der die Schrotgarbe mehr streute. Insgesamt waren fünf Schüsse abgefeuert worden, mindestens vier davon hatten den Körper des jungen Mannes getroffen und ihn Stück für Stück zerfetzt.

Laut Untersuchungsbericht entsprach die Schrotflinte, die die Teilnehmer des Junggesellenabschieds mitgeführt hatten, dem gesuchten Profil, allerdings fehlte noch ein verbindliches Gutachten, ob es sich dabei auch um die Tatwaffe handelte.

Die Flinte sei ausschließlich von Goussard verwendet worden. Die anderen hätten sich zunächst darauf geeinigt, das Wild aus den Büschen auf den Bräutigam zuzutreiben. Schließlich sei Franck Pabion das Gemetzel leid gewesen, und er habe das Wildschwein mit einem gezielten Schuss aus einem Repetierer zur Strecke gebracht. Daraufhin hätten sie sämtliche Waffen zusammen mit dem toten Eber in Thierrys Transporter verstaut und ihn verschlossen, bevor Sébastien mit der »Menschenjagd« beginnen sollte, wie einer der Beteiligten die Wette makaber genannt hatte. Ziel dabei sei es gewesen, Franck Pabion allein mit Hilfe der Sinne zu orten, also nur mittels Lauschen, Beobachten und Spüren.

Bedauerlicherweise hatten sie in ihrem Alkoholrausch vollkommen vergessen, einen Zeitpunkt auszumachen, an dem das Spiel vorbei sein sollte, um den Sieger zu ermitteln. Als Sébastien, von heftigem Unwohlsein befallen, zum Ausgangsort zurückkehrte, bevor die Wette gewonnen war, waren auch alle anderen ausgeschwärmt – ergebnislos.

Irgendwann hatten sie aufgegeben und waren mit einem offenbar völlig verkehrsuntüchtigen Thierry als Fahrer ins Hotel zurückgekehrt. Ohne Franck Pabion. Seine Kleidung hatten sie einfach neben der Informationstafel liegen lassen, wo sie die Beamten später auch gefunden hatten. Sorgen hätten sie sich um den Vermissten nicht gemacht, so die einhelligen Beteuerungen. Ganz im Gegenteil seien sie der Meinung gewesen, dass ihm ein wenig Abkühlung ganz guttäte – so stand es zumindest im Bericht.

Auch die Aussagen der Jäger stimmten überein. Sie hätten erst nach Sonnenaufgang mit dem Jagen begonnen, das war gegen halb acht gewesen. Dabei seien sie zwar in die Nähe des Plateaus gekommen, wo man später die Leiche gefunden hatte, aber nicht so dicht, dass einer der Hunde angeschlagen hätte.

Der Einzige von ihnen, der eine Schrotflinte besaß, war Guy Wozniak. Ein Hobbyjäger, wie Pierre vermutete, denn welcher passionierte Schütze würde einen derartigen Kugelhagel auf Tiere niedergehen lassen, die er später noch verzehren wollte? Die meisten Jäger waren mit einem ganzen Arsenal gut geölter Gewehre ausgestattet, das jedem Infanteristen alle Ehre gemacht hätte. Pierre hatte sich selbst davon überzeugen können, denn kaum hatte die Jagdsaison begonnen, holten die Männer Fotos von ihren Waffen hervor und verglichen bei einem gepflegten *bière pression* Repetierer und Drillinge wie andere ihre Pin-up-Sammlungen.

Wozniak würde Pierre auf jeden Fall noch einmal befragen müssen. Den polnischstämmigen Künstler, der seine Bilder teuer an Touristen verkaufte, hatte er mehr als einmal wegen Verkehrsdelikten verwarnen müssen. Ansonsten war er ein geschätzter Bürger von Sainte-Valérie, der sich rege am Gemeindeleben beteiligte und sogar sonntags in die Kirche ging. Aber das hatte bekanntlich nicht viel zu sagen.

Pierre ließ den Untersuchungsbericht sinken und dachte nach. Entweder versuchten sowohl die Beteiligten des Junggesellenabschieds als auch des Jägertrupps mit ihrer Aussage einen vorsätzlichen Mord zu vertuschen, oder derjenige, der die tödlichen Schüsse abgegeben hatte, tauchte in dem Protokoll nicht als Verdächtiger auf. Nur wer konnte das sein?

Er entschied, mit demjenigen zu beginnen, der den Toten gefunden hatte und dessen Aussage sehr knapp gehalten war: Christophe Rousset, der Feldhüter, der am Samstagabend die ganze *Bar du Sud* mit seiner Version der Geschichte unterhalten hatte. Vorher wollte er noch schnell Luc darüber informieren, dass er heute nicht mehr in die Wache kommen würde, daher zückte er sein Handy.

»*Police municipale* Sainte-Valérie, Luc Chevallier. Was kann ich für Sie tun?«

Pierre seufzte. Sah der Mann denn nie aufs Display, um zu sehen, wer anrief?

»Ich bin's, Pierre. Hör zu, wir haben einen neuen Fall. Ganz offiziell. Wir ermitteln im Tod von Franck Pabion, und dazu muss ich …«

»Wir dürfen so richtig ermitteln?« Luc lachte wie ein kleiner Junge, dem die Oma ein Eis versprochen hatte. »Das ist fein, endlich mal ein wenig Abwechslung!«

Noch immer stand Pierre auf der Brücke. Ein Touristenpaar stellte sich neben ihn und betrachtete das in der Sonne funkelnde Wasser, bat dann einen Passanten, Fotos von ihnen zu machen.

»Ja«, antwortete Pierre gedehnt, während er sich umdrehte und die Altstadt wieder hinter sich ließ, »zumindest begleitend. Ich will mich ein wenig umhören. Vielleicht kannst du inzwischen herausfinden, wer Franck nahestand und uns etwas über seine letzten Tage erzählen kann.«

»Der Mann hatte keine Freunde. Und wenn, müssten sie echt einen Knall haben. Oder masochistisch veranlagt sein.«

»Na schön. Dann finde heraus, wer mit ihm aneinandergeraten ist. Vielleicht hat ja einer der Dorfbewohner gesehen, ob jemand am frühen Samstagmorgen zwischen fünf und sieben Uhr unterwegs war. Das ist die Zeit, in der er erschossen worden ist.«

»Sicher, Chef, wird erledigt. Und was hast du so vor?«

»Ich fahre zum Unglücksort und mache mir selbst ein Bild vom Tathergang. Vielleicht kann mir der *Garde champêtre* zeigen, wo die Stelle ist.«

Er beendete das Gespräch und wählte die Telefonnummer von Christophe Rousset, die in der Akte vermerkt war. Der *Garde* wirkte überrascht, dass sich nun noch jemand der Sache annahm, und nannte ihm als Treffpunkt einen Parkplatz, von dem aus man aus südlicher Richtung in die Wälder gelangte. Von dort aus seien es nur noch wenige Minuten bis zur Fundstelle.

Ein plötzliches Gefühl der Vorfreude breitete sich in Pierre aus, als er wenig später in seinen Wagen stieg. Es ging wieder los. Endlich! Nein, er war kein Typ für die Überwachung von Verkehrsregeln oder die Bearbeitung von Papierkram. Er war Ermittler mit Leib und Seele, er liebte es, Fälle zu klären, komplex erscheinende Situationen so lange in ihre Bestandteile zu zerlegen und von jeder nur möglichen Seite zu betrachten, bis der rote Faden offen lag. Noch während er das Auto an den Kanälen und Wasserrädern der Altstadtinsel vorbeilenkte, waren seine Gedanken bereits beim Unglücksort, dessen Besichtigung vielleicht ein erstes Licht auf das undurchsichtige Knäuel an Hinweisen werfen würde, das es zu entwirren galt.

Die Straße, die sich in steilen Kurven zum Parkplatz hinaufschlängelte, war eng und bot gerade einmal Platz für ein Auto. Als Pierre gerade erst aus Paris gekommen war, hatte er jedes Mal schweißnasse Hände bekommen, wenn ihm auf einer dieser Strecken ein Wagen entgegengekommen war. Anfangs hatte er sich in unbeholfenen Manövern rückwärts in die nächste Haltebucht drängen lassen, bis er sich angewöhnt hatte, es den Provenzalen gleichzutun und so lange zu hupen, bis der andere Fahrer ihm laut schimpfend Platz machte. Mit den Jahren war er in diesen Dingen gelassener geworden, und so lächelte er auch nur mild, als ihm auf der Hälfte des Berges eine Schafherde den Weg versperrte. Er stellte den Motor ab und wartete, während Hund und Hirte versuchten, die Tiere auf ein Stück Brachland seitlich der Straße zu treiben.

Es war warm geworden im Auto. In aller Ruhe trank Pierre ein paar Schlucke Wasser und legte die leere Plastikflasche zu den anderen im Fußraum vor der Rückbank. Dann öffnete er die Fahrertür und zog seine Uniformjacke aus. Dabei blickte er ins Tal. Die Nachmittagssonne schien auf einen nahen Weinhang, der in den schönsten Farben leuchtete: rot, orange, gelb. Ein Stück weiter unten Ballen abgeernteten Korns, in goldenes Licht getaucht. Fast wie in einem Stillleben von Van Gogh. Dazwischen das Grün der Bäume und immer wieder Zypressen, die obeliskengleich aus der Landschaft emporragten.

Endlich war die Straße wieder frei, und Pierre setzte seinen Weg fort, bis er schließlich beim Parkplatz ankam, wo bereits der Dienstwagen des *Garde champêtre* stand. Daneben noch sieben, acht weitere Autos, einige davon mit ausländischem Kennzeichen. Zumeist Deutsche, deren Wanderleidenschaft hierzulande berüchtigt war. Kein Provenzale würde mit derben Stiefeln und Funktionsjacke einen Marsch von mehreren Kilometern machen, wenn auf dem Weg nicht mindestens ein Gasthaus lag. Es sei denn, man verband den Ausflug mit einem Ereignis wie dem Pilzesammeln – oder dem Jagen.

Pierre hatte kaum den Motor abgestellt und die Tür geöffnet, als Christophe Rousset auch schon ausstieg und ihm entgegenkam. Das heißt, als Erstes begrüßte ihn ein kleiner, runzeliger Hund in der Größe eines Herrenschuhs, der unentwegt an ihm hochsprang und dabei versuchte, seine Hand zu schnappen.

»Aus, Poupée! Nicht!«, rief der Feldhüter, der seinem Hund, zumindest was die Runzeln anging, in frappierender Weise ähnelte. Obwohl der Kläffer nicht folgte, tätschelte er ihm den Kopf, bevor er Pierre die Hand gab.

»*Bonsoir*, Monsieur Durand. Ich habe schon einiges von Ihnen gehört.«

Rousset klopfte ihm auf die Schulter, als sei er ein alter Bekannter. Er war Mitte, Ende fünfzig, vielleicht auch jünger. Das Alter anderer zu schätzen fiel Pierre seit jeher nicht leicht. Je nachdem, wie oft sein Gegenüber sich Sonne und Witterung aussetzte oder dem Wein zusprach, konnte es erheblich variieren. Und dieser Mann sah aus, als würde er beides im Übermaß tun. Nachdenklich betrachtete Pierre das gebräunte Gesicht, die rotgeäderten Wangen, als er merkte, dass Rousset ihn eindringlich ansah. Hatte der *Garde* ihn etwas gefragt?

»Wie bitte? Entschuldigen Sie, ich war gerade in Gedanken ganz woanders«, beeilte er sich zu sagen.

»Warum möchten Sie den Unfallort sehen?«, wiederholte der Feldhüter. »Die Untersuchung ist meines Wissens abgeschlossen, außerdem liegt der Fundort doch gar nicht in Ihrem Distrikt.«

»Es interessiert mich eben«, meinte Pierre ausweichend und zeigte auf den noch immer an ihm hochspringenden Hund. »Was ist das für eine Rasse?«

»Keine Ahnung«, antwortete der Feldhüter mit einem Blick,

den Pierre nicht zu deuten vermochte. »Irgendeine wilde Mischung. Poupée ist ein Erbstück meiner Mutter und mindestens genauso eigenwillig wie sie. Ich selbst hätte einem meiner Hunde nie den Namen ›Püppchen‹ gegeben, schon gar nicht einem Rüden. Obwohl … der Name passt zu ihm.« Er grinste und klatschte in die Hände, woraufhin der Hund ein Kläffen von sich gab, das eher wie ein Quietschen klang und entfernt an eine Badeente erinnerte. Doch auch diese kurze Vorführung hielt ihn nicht davon ab, an Pierres Beinen auf und ab zu hüpfen.

Entnervt ging Pierre in die Knie und befand sich nun mit dem lebenden Flummi auf Augenhöhe. »Aus, Poupée!«, sagte er streng und hob dabei den Zeigefinger.

Der kleine Hund zeigte sich unbeeindruckt. Er kläffte freudig, wackelte mit dem ganzen Körper und kam mit stetig hechelnder Zunge Pierres Gesicht gefährlich nahe.

»Er mag Sie«, kam es von oben.

»Oder er will uns zeigen, wer hier das Sagen hat«, meinte Pierre und richtete sich wieder auf. »Der ist ja gar nicht zu bändigen.« Das war die Untertreibung des Jahrhunderts. Noch nie hatte er einen Hund gesehen, der so schlecht gehorchte.

Endlich, als sie den Parkplatz in Richtung eines breiten Forstweges verließen, schien Poupée sich eines Besseren zu besinnen. Winselnd und kläffend stürzte er sich in Wachholderbüsche und wilden Thymian, trieb Eidechsen aus ihren Verstecken und lief voraus, bis er kaum noch zu hören war.

Die Stille hatte etwas Wohltuendes. Nur noch das Rauschen der Blätter und vereinzelte Vogelstimmen waren zu hören. In der Ferne hämmerte ein Specht.

»Haben Sie keine Angst, dass er sich verläuft?«

»Der kommt schon wieder«, meinte Rousset trocken. Es hörte sich so an, als sei dies eine Tatsache, die ihn betrübte.

Der Weg führte durch einen Mischwald. Zuerst dominierten

Kiefern, dann kamen immer mehr Laubbäume hinzu. Nach einigen hundert Metern wurden die Wege zunehmend steiniger, bald gingen sie durch Macchialandschaft, an niedrigen Bruchsteinmauern vorbei.

»Das hier sind Überbleibsel der Pestmauer«, erklärte Rousset und blieb stehen. »Bei Cabrières-d'Avignon und Murs gibt es mehr davon, sogar noch einige vereinzelte Hütten der Wachtposten.«

»Pestmauer?«

»Ja. Sie galt als Schutz gegen die Ausbreitung der Epidemie. Man hat sie Anfang des achtzehnten Jahrhunderts erbaut, als ein aus Syrien kommendes Handelsschiff die Pest nach Frankreich brachte. Die Mauer war fünfundzwanzig Kilometer lang und zwei Meter hoch und wurde von tausend päpstlichen Soldaten bewacht.«

Das war in der Tat beeindruckend. »Und? Hat es geholfen?«

»Nein. Kaum war sie fertig, kam die Pest über die Rhône nach Avignon. Daraufhin haben die königlichen Soldaten die Bewachung übernommen, um den Süden zu schützen, wo die Epidemie bereits abgeklungen war.« Er wandte sich um, schirmte mit einer Hand die Augen ab, als suche er nach seinem Hund. Doch obwohl dieser nirgends zu sehen war, ging er weiter, ohne sich noch einmal umzudrehen oder zumindest nach ihm zu rufen.

Kurz vor einem Schild, das den Weg in Richtung *Fontaine de l'Oule* wies, einer zumeist ausgetrockneten Quelle, bogen sie ab und gingen wieder tiefer in den Wald. Durch das dichte Blätterdach drangen nur noch tanzende Lichtflecken, die Luft war merklich abgekühlt. Pierre, der ein kurzärmliges Hemd trug, dachte sehnsuchtsvoll an die Jacke, die er im Kofferraum seines Wagens zurückgelassen hatte. Sie folgten einem mit Tannennadeln bedeckten Weg unter einem Tunnel aus Pinien und Fichten, kurz darauf ging es weiter bergauf, einen unbefestigten Weg entlang, der nur noch aus kleinen Kalksteinen bestand. Gerade als Pierre bemerkte, dass er vollkommen außer Atem war, blieben sie endlich stehen.

Im Hintergrund hörte er ein leises Rauschen. Wenn er sich jetzt nicht täuschte, waren sie beim Plateau in der Nähe der Quelle, wo die Sorgue entsprang.

»Hier«, sagte Rousset und wies auf eine schmale Schneise zwischen knöchelhohem Gras und Leimkraut. Ein Trampelpfad, den vermutlich die Kriminalbeamten angelegt hatten, um die umliegenden Spuren nicht zu verwischen. Er führte Pierre bis zu einer Stelle, an der die Zweige der Büsche und Sträucher abgeknickt und niedergedrückt waren. An den Bäumen waren Einschusslöcher zu erkennen, alte wie auch neuere, und der Feldhüter zeigte Pierre einige Spuren entlang der Kalkfelsen, die alle mit farbigen Kreidestrichen markiert waren.

Pierre sah sich um und versuchte sich zu orientieren. Der Parkplatz unweit von Sainte-Valérie, von dem aus die Teilnehmer des Junggesellenabschieds losgelaufen waren, befand sich weiter östlich, hinter einem Buchenwäldchen.

»Der Tatort liegt ganz schön weit entfernt«, sagte er verwundert. »Vom Ausgangspunkt ist es bestimmt mehr als eine halbe, Dreiviertelstunde.«

»Der junge Mann hat die Wette wohl ziemlich ernst genommen, er muss gerannt sein, als ginge es um sein Leben.« Der Feldhüter blies Luft durch die Lippen und gab ein flatterndes Geräusch von sich. »Das ist ihm zum Verhängnis geworden.«

»Wie meinen Sie das?«

»Na, ja, wahrscheinlich hat einer der Jäger nur etwas herumflitzen sehen und ihn für ein Tier gehalten.«

»Sie glauben die Theorie von dem Unfall?« Pierre verschränkte die Arme. »Am Samstag haben Sie aber noch ganz anders geklungen.« Er sah sich um. Auch wenn er sich mit dem Jagen nicht auskannte, war es nur schwer vorstellbar, dass sich die Wildschweine bis hierher ins steinige Gebiet der *Monts de Vaucluse* verirrten.

»Ich weiß. Aber ich war aufgebracht, total durcheinander. Ich habe noch nie einen Toten gesehen. Dazu diese vielen Einschüsse an den Bäumen … Inzwischen weiß ich, dass die Kriminalisten von der Gendarmerie gute Arbeit geleistet haben. Ich war dabei, als die Spurensicherung hier war, und ihre Schlussfolgerungen waren durchaus nachvollziehbar. Es ist ja nicht das erste Mal, dass so etwas vorkommt.« Er schürzte die Lippen. »Ich habe wohl ziemlich viel Staub aufgewirbelt mit meiner Rede in der Bar, was?«

»Das können Sie laut sagen. Vor allem die Schwester des Toten klammert sich nun an den Gedanken, dass es vorsätzlicher Mord gewesen sein muss.« Pierre sah ihn an, forschte nach Unstimmigkeiten, doch der Blick des *Garde champêtre* war offen und interessiert. »Selbst wenn es nur ein Unfall war: Es wäre nicht richtig, wenn der Schütze ungestraft davonkäme.«

»Da haben Sie vollkommen Recht«, stimmte Rousset ihm zu. »Auch wenn ich glaube, dass es an keinem Menschen spurlos vorbeigeht, wenn er jemanden tötet, selbst wenn es bloß ein Versehen war.«

»Wie meinen Sie das?«

»Wenn der Täter ein Gewissen hat, dann wird es ihn quälen, darauf können Sie Gift nehmen. Auch das kann Strafe genug sein …«

In diesem Augenblick wurde das Kläffen wieder lauter, und Poupée sprang mit einem freudigen Quietschen aus dem Dickicht.

»Da bist du ja wieder!«, rief Rousset seltsam unbeteiligt aus und klatschte in die Hände. Er hob einen Tannenzapfen vom Boden und warf ihn zwischen die Baumstämme, sodass Poupée für ein paar Sekunden wieder verschwand. »Ich denke, wir haben alles gesehen«, sagte er an Pierre gewandt. »Wie wäre es mit einem Imbiss? Ich kenne da einen kleinen Gasthof, der auf keiner Wanderkarte eingezeichnet ist. Ein Familienbetrieb, dorthin gehen nur Einheimische. Das Essen ist«, er küsste Daumen und Zeigefinger mit einem vielsagenden Lächeln, »*merveilleux*!«

Pierre sah auf die Uhr. Um acht war er bei Charlotte zum Abendessen eingeladen. Jetzt war es kurz vor sechs. Er musste ja nicht so viel bestellen, nur eine Kleinigkeit. »Gerne«, sagte er. Es kam ihm gerade recht. Nicht nur, dass sein Magen sich bereits seit einiger Zeit unangenehm bemerkbar machte, er hatte noch unzählige Fragen an den *Garde*, und die ließen sich am allerbesten bei einer guten Mahlzeit besprechen.

Es stellte sich heraus, dass der sogenannte Imbiss aus mehreren Gängen bestand. Das Gasthaus war klein und abseits der Wanderwege gelegen, umrahmt von Feigen- und Maulbeerbäumen, im Rücken zerklüftete Felsen. Hätte Rousset ihm nicht erzählt, dass man hier hervorragend speisen könne, Pierre wäre wohl achtlos daran vorbeigegangen. Es gab kein Schild, das auf einen Restaurantbetrieb hinwies, keine Tische und Stühle auf dem steinigen Vorplatz und auch kein einladendes Entrée. Nur eine schlichte, grün getünchte Holztür, die ein wenig klemmte, als der *Garde* sie beherzt aufstieß.

Das Innere glich einer dunklen Bauernstube. Ein Wohnzimmer mit fünf Tischen, an denen Männer saßen und Karten spielten. Im Hintergrund tönte das Radio, irgendein Sender, dessen Moderator offenbar lieber in schnellem Stakkato über die neuesten Entwicklungen in Politik und Wirtschaft sprach, als Musik zu spielen.

Der Inhaber, ein etwa sechzigjähriger Mann mit Hosenträgern und beachtlichem Bauchumfang, begrüßte Christophe Rousset aufs Herzlichste. Sie hatten sich gerade am letzten freien Tisch niedergelassen, da stellte auch schon eine etwa gleichaltrige, nicht weniger korpulente Frau in Kittelschürze eine Karaffe Weißwein und zwei bauchige Gläser auf den Tisch. Pierres Bitte um einen Krug Wasser quittierte sie mit einem missbilligenden Schnalzen, aber er hatte höllischen Durst, und er musste noch fahren.

Wie Pierre sehr bald feststellte, gab es keine Speisekarte. Alle Gäste bekamen dasselbe, gegessen wurde, was auf den Tisch kam. Und das war eine ganze Menge. Nacheinander stellte die Frau Wildschweinwürste und *crudités* mit dicken Bohnen und Fenchel vor ihnen ab, dazu Olivenpaste, *rillettes* und saftiges Brot. Darauf folgten eine Entenleberterrine mit grünen Pfefferkörnern und kleine, glänzende *cornichons* als Beilage, laut Christophe Rousset *das* Traditionsgericht des Hauses.

Die *pâté* war köstlich. Pierre schmeckte neben Piment und Lorbeer auch einen ordentlichen Schwung Cognac heraus, der dem Gericht eine wunderbar herbfruchtige Note gab. Selig schob er sich noch eine Gabel samt aufgespießtem Gürkchen in den Mund und kaute mit geschlossenen Augen. Endlich, als sein Magen wohlige Zufriedenheit vermeldete, konnte er sich auch wieder auf den eigentlichen Grund dieses Beisammenseins konzentrieren, und er wandte sich Rousset zu, der bereits das dritte Stück Pastete verspeiste.

»Darf ich Ihnen eine Frage stellen?«

»Nur zu«, sagte der *Garde*, ohne den Blick vom Teller zu nehmen.

»Warum waren Sie am Samstag dort oben im Wald?«

Rousset zeigte auf den Hund, der unter dem Tisch lag und unentwegt mit dem Schwanz auf den Boden klopfte. »Spazieren.«

»Sie wohnen in Fontaine-de-Vaucluse. Das ist ziemlich weit vom Unfallort entfernt.«

»Poupée braucht nicht gerade wenig Auslauf. Sie haben ja gesehen, was für ein Energiebündel er ist.«

»Mehrere Kilometer?« Pierre dachte, dass Roussets Besorgnis um das Wohlergehen seines Hundes heute nicht besonders spürbar war. Zudem war der Weg teilweise sehr steil und steinig, was nicht gerade einen fröhlichen Spaziergang versprach. Aber diese Meinung behielt er für sich. »Ihr Anruf ist laut Bericht mittags eingegangen, um kurz vor zwölf«, stellte er stattdessen fest. »Darin steht, dass Sie den Toten kannten …«

»Ach, wissen Sie, Monsieur Durand, Franck Pabion war bei uns kein Unbekannter. Er hatte etwas eigenartige Vorstellungen von Gesetz und Verantwortung gegenüber Natur und Mitmenschen.« Der Feldhüter legte die Gabel beiseite und wischte sich mit der Serviette über den Mund. »Seit Kurzem haben wir hier Probleme mit verseuchten Böden. Proben haben ergeben, dass es sich um Chemikalien handelt, die man früher zur Imprägnierung von Holz verwendet hat: Arsensalz und Quecksilberchlorid. Ich bin mir sicher, dass es Altlasten aus Pabions Werk sind. Der Vorbesitzer hatte das Departement mit Strom- und Telegrafenmasten beliefert, die man in großen Trögen mit den giftigen Substanzen witterungsbeständig gemacht hat. Irgendwie hatte Pabion wohl Restbestände davon loswerden wollen, und zwar ausgerechnet in unserem Wald.«

»Wo genau ist der Boden kontaminiert?«

»Hinter Saumane, ungefähr fünf Kilometer vom Imprägnierwerk entfernt und nicht weit von der Grenze zum Naturschutzgebiet. Man muss die Böden komplett abtragen, die Umweltbehörde kümmert sich darum. Aber es ist eine Schweinearbeit! Die Kosten dafür soll die Gemeinde tragen, das ist doch nicht fair, oder?« Er schenkte sich von dem Wein nach und stürzte ihn herunter, als wolle er seine Wut ertränken.

Die Region um die Monts Vaucluse und den Luberon war bereits in den siebziger Jahren zum *Parc Naturel* erklärt worden. Eine derartige Verunreinigung in unmittelbarer Nähe war in der Tat eine Katastrophe.

»Was macht Sie so sicher, dass Franck Pabion der Verursacher ist?«

»Nur er kommt in Frage. Außer seinem Imprägnierwerk gibt es keine weiteren Betriebe im Umkreis, die ihre Holzerzeugnisse mit dem Zeug behandelt haben. Heutzutage verwendet man umweltschonendere Substanzen. Propiconazol oder Produkte auf Kupfer-Amin-Basis beispielsweise.«

Pierre nickte. »Es hätte sich aber auch um eine lang zurückliegende Verseuchung handeln können, von Pabions Vorgänger, oder?«

»Ausgeschlossen. Die Proben haben ergeben, dass die Giftstoffe erst kürzlich abgelassen worden sind. Außerdem hat ein pensionierter Arbeiter ausgesagt, dass genau an der Stelle, wo Pabion neue Lagerräume hat bauen lassen, früher eine Gifthütte stand, in der man die restlichen Chemikalien aufbewahrt hatte. Tonnen von Quecksilberkonzentraten, bis zur Decke gestapelt.«

»Das ist kein Beweis, er hätte sie auch auf einer Deponie entsorgen lassen können.«

»Auf welcher Seite stehen Sie eigentlich?«

»Auf keiner. Ich will nur die Wahrheit herausfinden. Mit Spekulationen ist niemandem gedient.«

Rousset schnaubte. »Pabion hat tatsächlich einige der Giftstoffe kostenpflichtig abtransportieren lassen. Aber die in den Unterlagen aufgeführten Mengen liegen weit unter den Angaben des Pensionärs.« Er sah Pierre mit zusammengekniffenen Augen an. Sein Blick war voller Verachtung. »Das ist eine weit verbreitete Methode. Die Entsorgung kostet eine Menge Geld. Also beseitigt man einen Teil legal, um sich abzusichern, und lässt den größten Dreck unter der Hand ab, in der Hoffnung, dass es unentdeckt bleibt. Hätte die Gemeinde an der Stelle nicht einen Rastplatz bauen wollen, wäre das sicher auch in zehn Jahren niemandem aufgefallen. Wir alle hätten uns bloß irgendwann gewundert, warum in unserer schönen Gegend die Fälle von Krebs und neurologischen Erkrankungen so sprunghaft angestiegen sind.«

Er goss den letzten Wein aus der Karaffe in sein Glas und fuhr erst fort, als auch dieses geleert war.

»Sie wissen, was das für die Umwelt bedeutet? Quecksilber ist ein starkes Nervengift, das lebensbedrohlich sein kann. Gelangt nur eine geringe Menge davon ins Grundwasser, ist eine Katastrophe vorprogrammiert. Der ganze Bereich des Vaucluse ist durchzogen von unterirdischen Flüssen und Seen, schon wenige Gramm könnten sämtliche Wasserorganismen vernichten. Wirbellose Wassertiere, Algen. Auch Fische. Stellen Sie sich nur mal vor, was geschieht, wenn es in Wildvögel gelangt oder in Kaninchen und Wildschweine, die davon trinken oder die Schadstoffe über kontaminierte Pflanzen aufnehmen. Da ist der Weg über die Nahrungskette bis zum Menschen nicht weit.«

»Wir werden krank …«

»Krank ist gar kein Ausdruck! Schon winzige Spuren davon können unheilbare Schäden hervorrufen. Quecksilberverbindungen sind Zellgifte, die Symptome reichen bis hin zu Sensibilitätsstörungen, Halluzinationen und Organversagen. Nur um einige wenige zu nennen. Meist merken die Erkrankten die Symptome erst viel später, der Stoff lagert sich in den Zellen ein und wirkt schleichend.« Er schlug mit der flachen Hand auf den Tisch, sodass Besteck und Gläser aneinanderklirrten. »Sie suchen jemanden, der, ohne mit der Wimper zu zucken, Menschenleben gefährdet? Da haben Sie ihn. Franck Pabion ist kein Opfer, ganz im Gegenteil. Am Ende bekommt jeder, was er verdient.«

Inzwischen hatte der Patron einen Rotwein auf den Tisch gestellt, von dem Pierre nun doch einen Schluck brauchte. Er füllte sein Glas und trank. Umweltverschmutzung war ein ernstzunehmendes Thema, selbst hier in der Provence, von der alle gerne nur die Postkartenidylle sahen. Dass jemand Altöl und Lacke, alte Fernseher oder sogar ausgediente Waschmaschinen im Wald entsorgte, inmitten der geschützten Natur, kam häufiger vor und war schlimm genug. Doch in den meisten Fällen mochten dabei Unwissenheit oder Ignoranz eine Rolle spielen. Aber hochtoxische Stoffe? Jeder, der damit zu tun hatte, kannte deren Wirkung.

»Soweit ich weiß, war Franck Pabion kein dummer Mensch, er wusste mit Sicherheit um die Konsequenzen.«

»Dazu braucht man nur ein gehöriges Quäntchen Skrupellosigkeit.« Rousset spießte noch ein *cornichon* auf. »Ich weiß nur, was wir herausgefunden haben. Die Beweggründe dieses feinen Herrn sind mir ehrlich gesagt vollkommen gleich.« Er biss in das Gürkchen und sah Pierre kauend an. »Auf jeden Fall hat er bekommen, was er verdient«, wiederholte er. »Nun, da der Umweltverschmutzer nicht mehr lebt, werden wir alle besser schlafen können.«

Wieder jemand, der seine Abneigung gegen den Toten offen äußerte. Noch dazu mit beinahe unverschämter Gelassenheit, so als wollte er damit kokettieren, dass auch er einen guten Grund gehabt hätte, die tödlichen Schüsse abzugeben.

»Wo waren Sie am Samstag zwischen fünf und sieben Uhr morgens?«

»Ich dachte schon, Sie fragen nie danach.« Der Feldhüter grinste breit. »Zu Hause. Ich habe noch geschlafen. Da meine Frau an dem Abend bei ihrer Mutter in Sault war, gibt es niemanden, der das bezeugen kann. Aber …« Er steckte den Rest des Gürkchens in den Mund, kaute und schluckte, bevor er fortfuhr: »Ich bin ein Mann des Gesetzes, wie Sie auch. Ich kenne meine Grenzen. Selbst wenn ich glaube, Pabion habe es verdient, würde ich niemals so weit gehen, ihn zu töten. Jetzt mal ehrlich:

Warum sollte ich gegen zwölf Uhr wiederkommen, um so zu tun, als hätte ich ihn gerade gefunden?«

»Vielleicht, um von sich abzulenken? Es ist nicht ungewöhnlich, dass ein Mörder an den Tatort zurückkehrt.«

»Schlau von Ihnen.« Rousset lachte und schnippte mit dem Finger, als habe Pierre gerade eine besonders zündende Idee gehabt. »Sie finden den Mörder, da bin ich mir sicher.«

Es klang ironisch, beinahe schon überheblich, daher holte Pierre sein Notizbuch hervor und fügte Roussets Namen deutlich sichtbar der Liste der möglichen Täter hinzu.

»Kennen Sie sonst noch jemanden, der ein Interesse an Monsieur Pabions Tod haben könnte?«, fragte er dann. Dabei setzte er ein freundliches Gesicht auf, als könne er kein Wässerchen trüben.

Wenig später hatte Pierre zwei weitere Namen notiert: Julien Bernard, der zuständige Förster, mit dem Pabion regelmäßig aneinandergeraten war, und Gustave Hulot, ein Pilzsammler, dessen Hund der Tote einst bei einer Jagd aus Versehen erschossen hatte.

»Den sollten Sie mal befragen«, meinte Rousset. »Das ist ein ganz harter Knochen, der merkt sich ganz genau, wer ihm an den Gartenzaun pinkelt. Er wohnt in dem Haus kurz hinter dem Ortschild, auf Höhe des *Chemin de la Sénancole*.«

Pierre kannte Gustave Hulot, wenn auch nicht besonders gut, da er sehr zurückgezogen lebte. Er war nicht nur Pilzsammler, sondern auch Hobbyzüchter, und verkaufte seine Ware an einen Gemüsebauern, der auf dem Markt einen Stand betrieb. Pierre hatte ihn schon öfter abmahnen müssen, da sich unter den angebotenen Zuchtpilzen immer wieder auch welche aus dem Wald befanden, deren Mitnahme nur für private Zwecke erlaubt war.

»Wie lange ist das her mit dem Hund?«

»Ein, zwei Jahre.«

»Warum sollte er sich erst jetzt an Pabion rächen?«

»Weil er nicht müde wird zu erzählen, dass Franck ihm nur vor die Flinte laufen solle, dann würde er Hackfleisch aus ihm machen.«

»Hunde, die bellen, beißen nicht.«

»Da kennen Sie Hulot schlecht. Der ist ein richtiger Terrier.«

Pierre sah auf seine Notizen. Die Liste der Verdächtigen wurde langsam länger.

In diesem Augenblick stellte die Frau des Patrons ein schwer beladenes Tablett auf dem Tisch ab. »*Et voilà*«, sagte sie und zeigte auf zwei Lammkeulen, die nach Rosmarin und Thymian rochen, dazu reichte sie riesige gedünstete Tomaten. Aus eigenem Anbau, wie Madame beteuerte. »*Bon appétit.*«

»Für mich bitte nicht. Ich bin noch zum Essen eingeladen«, protestierte Pierre und hob beide Hände.

Es half nichts. Madame schob ihm den Teller direkt vor die Brust und wartete mit verschränkten Armen, bis er davon probiert hatte.

»Wunderbar«, bestätigte er, und es entsprach der Wahrheit.

Es schmeckte so aromatisch, dass Pierre es nicht übers Herz brachte, den Braten liegen zu lassen. Zumindest nicht ganz. Erst, als er beinahe aufgegessen hatte, siegte die Vernunft.

»*Fini*«, stieß er aus, nachdem er den Teller weit von sich geschoben hatte.

Er blieb auch standhaft, als der Patron und Rousset gemeinschaftlich versuchten, ihm die abschließende *tarte tatin* schmackhaft zu machen.

»*Fini et basta!*«

9

Als Pierre nur wenig später – frisch geduscht und rasiert – bei Charlotte klingelte, war es bereits dunkel geworden. Sie öffnete ihm mit ihrem Sonnenlächeln, und während er ihre Wohnung betrat, konnte er schon den erdigen Duft von Trüffeln riechen. Im Hintergrund tönte leiser Chanson-Pop, vermutlich Zaz oder Sandrine Kiberlain.

»Ich habe mir etwas ganz besonders Leckeres für dich ausgedacht«, flüsterte sie zwischen zwei Küssen.

Pierre versuchte ein Lächeln. »Wegen mir musst du keinen so großen Aufwand betreiben«, sagte er und folgte ihr, den köstlichen Gerüchen entgegen. Noch immer war er pappsatt, das üppige Mahl von vorhin hatte seinen Appetit in die Flucht geschlagen.

Charlottes Küche war groß, ungewöhnlich für eine Wohnung in Sainte-Valérie. Die kleinen Häuser entlang des *Chemin des Murs* waren eher schmal gebaut. Doch der Vermieter hatte vor Jahren zwei Räume zusammenlegen lassen, und nun besaß Charlotte statt der obligatorischen Speisekammer eine herrlich große Kochstelle mit einer polierten Arbeitsfläche aus Akazienholz und einer gemütlichen, kissenübersäten Sitzgruppe.

Sie hatte den Tisch hübsch gedeckt, mit provenzalisch gemustertem Geschirr und einem Kerzenleuchter. Zwischen bunten Gläsern und einem Strauß Bauernrosen stand ein Korb mit kleinen, dick geschnittenen Brotscheiben, daneben eine Schale goldglänzende Butter mit dunkelgrünen Sprenkeln und ein kleines Töpfchen Salz.

»Bedien dich, ich bin gleich fertig«, sagte sie, drehte den Temperaturregler am Backofen herunter und legte einen Fleischstrang in eine Pfanne mit heißem Öl. »Möchtest du einen Aperitif?«

»Gerne.« Der Geruch von Gebratenem erfüllte den Raum. Pierre überblickte die Lage. Im Ofen bräunten kleine Blätterteigtaschen, eine Casserole stand neben der Pfanne auf dem Herd und entließ aromatischen Dampf. Daneben ein Sieb mit Feldsalat und eine abgedeckte Schale, in der er den Nachtisch vermutete. Leise Panik stieg in ihm auf, die er hastig herunterschluckte. »Hast du auch einen Digestif da?«

Charlotte hielt in ihrer Tätigkeit inne und sah ihn verwundert an. »*Vor* dem Essen? Bist du sicher?«

Mit entschuldigendem Gesichtsausdruck legte Pierre eine Hand auf seinen Bauch. »Ich glaube, ich brauche einen. Mein Magen ...«

»Vielleicht einen *Marc de Provence*? Ich habe einen, der hat acht Jahre im Eichenfass gelagert.« Sie wendete das Fleisch, dann schenkte sie ihm aus einer edel aussehenden Flasche mit rotem Siegel etwas in einen Cognacschwenker und sah ihn an, als wolle sie bis auf den Grund seiner Seele gucken.

Hastig trank er einen Schluck, ohne dem Inhalt des Glases auch nur eine Sekunde Aufmerksamkeit zu schenken, und hob dann die Hand. »Danke, alles gut. Wie war dein Tag?«

»Erholsam. Mein erster freier Tag seit langem. Hat Marie-Laure Pabion dich erreicht?«

»Allerdings.« Pierre nickte. »Ich werde mich der Sache annehmen.«

»Das freut mich. Sie tut mir leid.«

»Seltsamerweise hat sie gar nicht danach ausgesehen, als ob sie Mitleid nötig hätte.« Er griff nach einem der Brote, hielt kurz inne und legte es zurück. Stattdessen trank er noch einen Schluck von der goldgelben Flüssigkeit, die sich wohltuend in seinem Magen ausbreitete. »Eine Schauspielerin par excellence. Ich frage mich, was sie wirklich vorhat.«

»Was meinst du damit?«

»Sieh mal, kaum ist ihr Bruder tot, trennt sie sich von ihrem Verlobten.«

»Die beiden sind getrennt? Ich habe mich schon gewundert, warum ich immer nur Marie-Laure im Hotel sehe.«

Nun war es an Pierre, erstaunt zu sein. »Mademoiselle Pabion wohnt noch in der *Domaine*? Ich dachte, sie sei zu ihren Eltern gezogen.«

»Nein. Zumindest habe ich sie gestern noch aus ihrer Suite kommen sehen.« Für einen Moment richtete Charlotte ihre Aufmerksamkeit wieder auf das Fleisch, prüfte den Bräunungsgrad und legte es schließlich auf ein Backblech. Dann öffnete sie das Fenster und ließ frische Luft hinein. »Wenn ich es mir recht überlege, hat der Hoteldirektor sogar erwähnt, dass er ihr einen besonders günstigen Wochenpreis gemacht habe. Die *Domaine* sei momentan ohnehin nicht ganz ausgebucht.«

Das war eine interessante Neuigkeit. Pierre dachte an das morgendliche Gespräch und an Marie-Laures Gesicht, als er sie zu ihren Familienverhältnissen befragt hatte. Daran, wie sie, um Fassung bemüht, ihre Hände geknetet hatte. »Ich werde das Gefühl nicht los, dass sie mich um Hilfe gebeten hat, weil sie jemanden für den Mörder hält, der ihr nahesteht.«

»Du meinst, sie hat ihren Verlobten in Verdacht?« Charlotte lehnte sich gegen die Arbeitsplatte und verschränkte die Arme. »Oder sogar ihren Vater? Das wäre ja furchtbar. Den eigenen Sohn …«

»Zumindest scheint sie das zu vermuten. Ob es wirklich einer der beiden war, sei dahingestellt. Ihren Verlobten halte ich für unschuldig, es sei denn, er hat ein ähnlich schauspielerisches Talent wie Mademoiselle Pabion. Vor allem aber interessiert mich, welche Rolle ihr Vater in dieser Sache spielt.«

»Gibt es dafür einen konkreten Grund?«

»Bisher nicht«, antwortete Pierre. »Nur ein unbestimmtes Gefühl. Franck Pabion hat seinen Vater mit der Weigerung, den Familienbetrieb zu übernehmen, wohl in seiner Ehre verletzt. Nun, da er tot ist, scheint Frédéric Pabion den trauernden Vater zu mimen.« Pierre wiegte den Kopf. »Allein die Tatsache, dass er am Unglücksmorgen mit seinen Jägern im selben Waldstück unterwegs war, in dem man später den Toten gefunden hat, macht mich misstrauisch.«

»Er war jagen? Am Morgen vor der Trauung?«

»Genau. Irgendwie sind mir das zu viele Zufälle. Und dann noch diese seltsame Menüänderung mit dem Wildschwein.«

»Stimmt, das ist mir auch merkwürdig vorgekommen. Aber ich habe nicht weiter darüber nachgedacht. Es war ja nicht die erste Planänderung, und ich hatte alle Mühe, die Küche darauf einzustellen.«

»Wie hat Mademoiselle Pabion auf dich gewirkt, als sie das Essen für die Hochzeit umgeworfen hat?«

Charlotte hielt nachdenklich inne, schüttelte schließlich den Kopf. »Das kann ich dir leider nicht sagen. Dafür war ich viel zu beschäftigt. Allerdings war sie sehr energisch und hat jeglichen Einwand abgeschmettert.« Sie betrachtete das Brot, das noch immer unangetastet auf dem Tisch stand. »Das musst du unbedingt probieren. Selbstgebackenes Roggenwalnussbrot nach einem Rezept von meiner deutschen Großmutter. Dazu Olivenbutter und *fleur de sel* aus der Camargue.« Damit drehte sie sich um, öffnete den Ofen, dem ein herrlicher Duft entströmte, holte die krossen Blätterteigpäckchen heraus und schob das Blech mit dem Fleisch hinein.

Pierre nutzte die Gelegenheit, zwei der Brote zu bestreichen, unbemerkt in Taschentücher zu wickeln und einen Gang zur Toilette vorzugeben, um sie in seiner Jackentasche verschwinden zu lassen. Später würde er sie mit Genuss verzehren. Aber nicht jetzt.

Kaum saß er wieder an seinem Platz, stellte Charlotte zwei gut gefüllte Teller auf den Tisch. »*Voilà*, mit Trüffeln und Blätterteig umhüllte *Foie gras* auf einem Bett aus Feldsalat mit geröstetem Speck und Haselnussvinaigrette. Dazu gibt es einen *Sauternes*.«

Es schmeckte köstlich. Alle Bedenken, ob sein Magen weiteres Essen vertrug, verschwanden in dem Moment, als er die unglaubliche Kombination der butterzarten *Foie gras* mit der Trüffel und dem Aroma der Speckwürfel im Mund zergehen ließ. Was der fruchtige Weißwein hervorragend unterstrich. Pierre schloss die Augen, spürte den unterschiedlichen Geschmackseindrücken nach und öffnete sie schließlich mit wohligem Brummen.

»Das war wirklich wundervoll. Daran könnte ich mich gewöhnen.« Es war ein Abend ganz nach seinem Geschmack. Hätte er bloß nicht auf Rousset gehört …

»Warte ab, es wird noch besser.« Sie lächelte, räumte die Teller in die Spülmaschine und machte sich an den nächsten Gang.

Hastig und ohne den Blick von ihrem Rücken zu wenden, schenkte Pierre sich von dem Traubenbrand nach und stürzte ihn in einem Zug herunter. Nur wenig später trug Charlotte rosige Rehmedaillons auf, deren Fleisch durch das langsame Garen im Ofen wunderbar zart war. Dazu gab es gebratene Waldpilze, Kartoffel-Sellerie-Stampf und eine Rotweinreduktion mit in Honig karamellisierten Feigen, die dem Ganzen eine süßliche Note verliehen. Als Wein servierte sie einen *La Sommelière*.

»Der stammt von einem kleinen Weingut in der Nähe von Nimes. Ein Geheimtipp, mit unschlagbarem Preis.«

Pierre aß, bis er merkte, dass der Platz in seinem Magen für die gesamte Portion nicht ausreichte. Wenn er nur noch einen einzigen Bissen nahm, würde er platzen. Er legte das Besteck beiseite und bemühte sich um Ablenkung, begann vom Bauernhof zu erzählen und davon, dass er vergeblich versucht hatte, Alain Partouche zu erreichen.

»So langsam weiß ich nicht mehr, was ich machen soll«, sagte er, während er unschuldig das Gericht mit der Serviette bedeckte. »Sogar den Betonmischer haben sie wieder mitgenommen.« Er hob die Hand zum Mund und unterdrückte ein Aufstoßen.

Charlotte tat so, als habe sie nichts bemerkt. »Was, wenn du einige der Renovierungsarbeiten selbst übernimmst? Ich kann dir gerne helfen, ein wenig kenne ich mich damit aus. In Cavaillon gibt es einen Baumarkt, da bekommst du alles, was du brauchst.«

Pierre lachte auf. Dass Charlotte handwerkliche Fähigkeiten besaß, daran hatte er keinerlei Zweifel. Er hingegen schaffte es noch nicht einmal, einen vernünftigen Dübel zu setzen. »Wenn ich das selbst mache, können wir das Haus nachher gleich noch mal renovieren lassen«, antwortete er lakonisch. »Ich benutze zum Arbeiten lieber meinen Kopf.«

»Dann musst du dich wohl weiter gedulden.«

»Geht nicht!« Pierre seufzte und lehnte sich im Stuhl zurück. »Das Problem dabei ist, dass mein Geld langsam knapp wird. Ich kann nicht ewig Miete und Raten zahlen.«

»Hast du dir den Termin nicht vertraglich zusichern lassen? Soweit ich weiß, ist es üblich, bei Verzug Schadenersatz zu fordern. Davon könntest du die Miete bestreiten.«

»Schon, aber wenn der Bauträger nicht zahlt, muss man klagen, das ist enorm aufwendig.« So schön das Leben in der Provence auch sein mochte, in puncto Handwerker war der Süden Frankreichs eine absolute Katastrophe.

»Dann zieh doch für die paar Monate zu mir.«

Sie hatte es gesagt, als sei es selbstverständlich. Und diese

Selbstverständlichkeit rutschte nun seinen immer enger werdenden Hals hinab und legte sich gleich neben das noch unverdaute Rehmedaillon.

»Das ist lieb von dir, nur …« Er stockte. Sein Blick fiel unwillkürlich auf die Arbeitsplatte, die nicht im Mindesten danach aussah, als wäre hier gerade gekocht worden. Die Küche glänzte, alles lag an seinem Platz. »Hältst du das wirklich für eine gute Idee? Also, wir sind ja erst seit wenigen Tagen zusammen. So richtig, meine ich. Unsere erste Begegnung liegt gerade mal ein paar Wochen zurück. Wir kennen uns kaum. Was, wenn wir uns auf die Nerven gehen?«

Sie schmunzelte. »Du hast Angst«, sagte sie leichthin. »Hast du überhaupt schon einmal mit einer Frau zusammengewohnt?«

»Nicht so richtig.« Noch nie hatte er jemanden so nah an sich herangelassen. Nicht einmal Celestine. Sie hatten beide ihre Wohnungen behalten. »Man muss doch wissen, wohin man gehen kann, wenn man sich streitet.«

»Das stimmt. Es war ja bloß ein Vorschlag. Außerdem wäre es nur vorübergehend.« Es klang beiläufig, beinahe gelassen. Nichts deutete darauf hin, dass er sie verletzt hatte.

»Du bist wirklich eine hervorragende Köchin«, lenkte er ab. »Es war einfach köstlich!«

Charlotte blickte zweifelnd auf das Fleisch, das die Serviette kaum verdeckte. »Meinst du, ich soll den Nachtisch besser einfrieren? Es gibt Aprikosenbaiser mit Lavendelcreme und Mandelkrokant.«

Das war zu viel. Charlotte hatte sich so viel Mühe gegeben, da hatte sie die Wahrheit verdient. »Es tut mir leid«, sagte er. »Ich habe heute Abend bereits gegessen. Eine ganze Menge sogar.«

»Du wusstest doch, dass ich für uns koche.«

»Ja, es war dumm von mir, aber ich dachte, bis dahin hätte ich wieder Hunger. Weißt du, ich war mit dem Feldhüter am Tatort, und er hat mich in ein Restaurant in den Bergen geführt. Ich konnte einfach nicht widerstehen. Immerhin war es wichtig für die Ermittlungen, verstehst du?«

Sie nickte, sagte jedoch kein Wort.

Pierre beugte sich vor und strich ihr sanft über den Arm. »Wie wäre es mit einem kleinen Spaziergang? Sozusagen als Appetitanreger.«

Langsam zog sie den Arm zurück. Durch das geöffnete Fenster drang ein kühler Wind. Draußen hatten sich dichte Wolken zusammengeballt und trieben düster über den Nachthimmel.

»Bei dem Wetter?« Charlotte zog die Brauen zusammen. Ihr war anzusehen, was sie dachte, der Ausbruch stand kurz bevor.

Abrupt stand Pierre auf und schenkte sich von dem Digestif nach, stürzte ihn erneut in einem Zug herunter. Vehement schüttelte er den Kopf. »Hör zu, es war keine böse Absicht, ich bin eben auch nur ein Mensch. Ich fühle mich schon schlecht genug. Da brauche ich nicht auch noch Vorwürfe, weil ich einen Teller ausnahmsweise mal nicht leer kratze.«

Charlotte kniff die Augen zu schmalen Schlitzen zusammen. Dann stand sie auf, ganz langsam, nahm seinen Teller und kippte das Essen in den Müll. »Fühlst du dich jetzt besser?«, fragte sie mit gefährlich leiser Stimme.

Es war ein Fehler gewesen, sie so anzufahren, das wusste er in dem Moment, als er es getan hatte, doch dieses Gefühl der Enge war unerträglich. Er musste raus hier. Sofort. Noch bevor die Situation eskalierte.

»Es tut mir leid, Charlotte, wirklich«, presste er hervor, während er das Gefühl, aufstoßen zu müssen, zu unterdrücken versuchte. »Aber ich kann das alles nicht.«

»Was meinst du damit? Pierre, sag mir bitte, was ist mit dir los?« Sie sah mit einem Mal unendlich traurig aus.

Er hob die Hand, strich ihr über die Wange, schüttelte den

Kopf. »Ich weiß es doch selbst nicht«, murmelte er. Dann griff er nach seiner Jacke. Die Luft stieg ihm bereits die Kehle hinauf.

Ohne ein weiteres Wort lief er hinaus auf die Straße. Fast hätte er dabei einen Jungen umgerannt, der trotz der späten Stunde noch Prospekte austrug.

Erst als er um die Ecke gebogen war, erlaubte er sich, die aufgestaute Hitze in einem lauten und befreienden Rülpsen entweichen zu lassen.

»*Oh, là, là*, da hat jemand sein Essen wohl allzu hastig heruntergeschlungen.«

Erschrocken fuhr Pierre herum und blickte direkt in Carbonnes lustig blinzelnde Augen.

»Das kenn ich«, meinte der alte Uhrmacher und klopfte auf seinen flachen Bauch, den er betont nach vorne wölbte. »Kommst du mit auf einen Absacker in die *Bar du Sud*? Du könntest mir ein Bier spendieren. Und ein saftiges *fougasse*.«

Der gute Carbonne. Er war, wie er war, nahm das Leben, wie es kam. Aber er stellte keine dummen Fragen.

»Gute Idee«, brummte Pierre. »Wenn du magst, kannst du auch meine Walnussbrote mit Olivenbutter aufessen.«

Sofort streckte Carbonne die Hand aus und strahlte über das ganze Gesicht, als Pierre die eingewickelten Scheiben hineinlegte.

Erste Tropfen fielen herab, wandelten sich schnell in einen dichten Regenschleier.

Ja, ein wenig Ablenkung würde ihm guttun. Doch als Pierre wenige Stunden und einige Verdauungsschnäpse später die Tür zu seiner Wohnung aufschloss, fühlte er sich nicht einen Deut besser.

10

Heftiges Prasseln drang an sein Ohr. Schlich sich in seinen Traum, trieb das Adrenalin durch seine Adern. Er fuhr auf, sah auf den Wecker und stellte fest, dass er kaum geschlafen hatte.

Leise, um niemanden zu wecken, stellte er die Füße auf den steinernen Boden und verließ das Schlafzimmer.

Es war eine furchtbare Ahnung, die ihn seit Tagen in Unruhe versetzt hatte, und nun war diese Ahnung zur Gewissheit geworden.

Er ging ins Wohnzimmer, zog die Vorhänge zurück und spähte hinaus. Die Welt war trüb, ein grauer Morgen. Doch der Regen hatte nachgelassen.

Ich habe gesehen, was du getan hast.

Er zwang sich, ruhig zu atmen, nicht zu hyperventilieren. Verdammt, was sollte er jetzt tun? Er musste unbedingt Ruhe bewahren, sonst war alles umsonst. Vielleicht war es nur eine Finte. Jemand versuchte ihn aus der Reserve zu locken, wartete darauf, dass ihm ein Fehler unterlief. Vielleicht war es sogar dieser Polizist, der so eifrig nach Spuren suchte und keine fand.

Nein, er würde keinen Fehler machen, er würde nicht zeigen, dass es ihn nervös machte. Nur wachsamer sein und warten, bis er wusste, wer ihm diesen Brief in die Post geschoben hatte.

Und dann?

Dann würde er nicht zögern, entsprechend zu antworten.

Noch einmal ließ er die vergangenen Tage Revue passieren, fragte sich, ob er vielleicht etwas übersehen hatte. Versuchte sich an die Gespräche zu erinnern, die er seitdem geführt hatte, ohne zu einem Ergebnis zu kommen. Nein, er hatte nichts getan, was ihn verraten hatte. Aber wer zum Henker …?

Er tastete nach dem Brief, den er in seiner Panik ganz oben auf den Schrank gelegt hatte, lauschte in die Dunkelheit und zog ihn schließlich zu sich herab. Ein gefütterter Umschlag mit Wasserzeichen, keine gängige Marke aus dem Supermarkt. Einer, wie man ihn für besondere Anlässe hernahm, ein wenig zu förmlich für einen Drohbrief.

Hastig zog er sich an, steckte den Brief in seine Jackentasche und verließ das Haus. Die feuchtkalte Morgenluft raubte ihm für einen Moment den Atem. Er blieb stehen, hustete das bedrohliche Gefühl von der Lunge und eilte weiter, bis er vor den Müllcontainern der neuen Mehrfamilienhäuser vor den Toren von Sainte-Valérie stehen blieb. Mit einer schnellen Bewegung holte er den Umschlag hervor, setzte an, ihn zu zerreißen, als ein spontaner Gedanke ihn innehalten ließ. Noch einmal betrachtete er das Kuvert.

War es wirklich Zufall, dass es aus dem Prospekt gerutscht war?

Je länger er auf das Papier starrte, desto sicherer war er, dass jemand den Brief absichtlich hatte ausliefern lassen, um nicht selbst in Erscheinung treten zu müssen. Jemand, der einen unauffälligen Boten benutzte, um aus dem Hinterhalt agieren zu können.

Nicht mit ihm!

Den Schreiber zu ermitteln dürfte nicht allzu schwer sein; er kannte den Jungen, der im Dorf die Werbung verteilte.

Ein Lächeln schlich sich auf seine Lippen.

Na warte, dachte er, du weißt nicht, wozu ich fähig bin.

II

Der Morgen begann dunstig und kühl. Pierre hielt seine Kaffeetasse fest umklammert und sah aus dem Küchenfenster über die Stadtmauer hinweg zum Tal. Dort, wo sonst Eichen und Buchen in buntem Herbstlaub standen, waren nun schemenhafte Gerippe, die Blätter fahl und grau. Tiefe Wolken hingen über Tannenwäldern und Wiesen, als wollten sie die Ebene des Luberon vollständig verschlucken.

In einem Zug stürzte Pierre den starken *café noir* herunter, der seine Lebensgeister weckte, ebenso wie die frische Luft, die durch das offene Fenster drang.

Er hatte schlecht geschlafen, war bereits um fünf Uhr aufgewacht und hatte sich bis um halb sechs hin und her gewälzt. Nachdem er seine schwermütigen Gedanken zum gestrigen Abend erfolgreich verdrängt hatte, beschäftigten ihn Roussets Aussagen, allerdings ohne zu einem brauchbaren Ergebnis zu kommen. Also war Pierre aufgestanden, hatte den Computer hochgefahren und nachgesehen, was über das Holz- und Imprägnierwerk zu finden war. Die Informationen waren sehr dürftig, außer der Adresse gab es nur eine Angabe über die Anzahl der Angestellten. Damit konnte man nichts anfangen.

Um halb sieben hatte er mit Luc telefoniert, der heute die Marktaufsicht übernommen hatte, und war mit ihm den Fall noch einmal durchgegangen. Auch wenn sein Assistent nichts dazu beigetragen hatte, so vermittelte ihm das laute Reflektieren der Fakten mehr Erkenntnisse als das bloße Blättern in den

Aufzeichnungen. Je mehr er über die Angelegenheit sprach, desto stärker wurde ihm deutlich, wie wenig er – trotz Marie-Laures Ausführungen – über das Opfer wusste und wie dringend er mit Pabion über dessen Verhältnis zu seinem Sohn sprechen musste. Ebenso über die Tatsache, dass der Alte in der Nähe der Stelle gewesen war, an der das Opfer gelegen hatte.

Um kurz vor sieben hatte er Frédéric Pabion angerufen. Er werde auf ihn warten, hatte der Antiquitätenhändler gesagt, aber er solle sich beeilen.

Pierre schloss das Fenster, stellte seine Tasse in die Spüle und warf einen Blick auf das übliche Chaos. Er dachte an Charlotte und an ihre blitzblanke Küche.

»Du weißt nicht, was du dir damit antust«, sagte er laut, als stünde sie direkt vor ihm. »Das kann nicht gutgehen …«

Hastig schlüpfte er in seine Jacke, griff nach dem Schlüssel und warf, kurz bevor er die Tür öffnete, einen Blick auf das Telefon.

Nach einigem Zögern wählte er ihre Nummer. Sie nahm nicht ab, stattdessen schaltete sich der Anrufbeantworter ein.

»Charlotte, es tut mir leid, dass der Abend so verlaufen ist. Wirklich.« Verdammt, es machte keinen Spaß, mit einer Maschine zu reden. Es war irgendwie unwürdig. »Natürlich hätte ich vorher nicht so viel essen dürfen, auch wenn es im Zuge der Ermittlungsarbeit war, aber ich bin eben nicht fehlerlos. Das heißt noch lange nicht, dass ich dich nicht mag. Oder dein Essen. Ganz im Gegenteil. Ich … weißt du, ich meine …«

Pierre hielt inne, überlegte, ob er noch etwas sagen sollte, und legte auf. Er hoffte, dass Charlotte anders war als seine Verflossenen, die ihn allesamt hatten umerziehen wollen, jede auf ihre Weise. Wenn sie ihn wirklich liebte, dann würde sie ihn mögen, wie er war. Mit all seinen Macken. Zu denen gehörte eben auch der Wunsch, unabhängig bleiben zu wollen und nicht jeder Erwartung zu entsprechen. Egal wie sehr er lieben mochte.

Als er ins Freie trat, fiel sein Blick auf ein Papier, das aus dem Briefkasten ragte, ein Prospekt vom *Bricomarché* in Cavaillon. Er zog es heraus und betrachtete auf dem Weg zu seinem Dienstwagen die Vorderseite, auf der anlässlich des fünfunddreißigjährigen Bestehens des Marktes ein klappbares Baugerüst für siebenundachtzig Euro angeboten wurde.

Ein Wink des Schicksals?

Je mehr er darüber nachdachte, desto verlockender erschien ihm die Idee, beizeiten den Baumarkt aufzusuchen und sich mit allerlei Gerätschaften und Materialien einzudecken. Wenn er weder mittellos werden noch irgendwo unterschlüpfen wollte, musste er eben selbst aktiv werden. Natürlich, er war alles andere als ein begnadeter Handwerker. Aber es konnte ja wohl nicht so schwer sein, ein paar Tapeten abzureißen oder Wände zu spachteln.

Anpacken statt herumjammern!

Pierre faltete den Prospekt und legte ihn auf den Beifahrersitz. Aufmerksam lenkte er den Renault an den Fußgängern vorbei, die der *Place du Village* entgegenstrebten, auf der jeden Dienstag ein kleiner Markt aufgebaut war. Dort boten Bauern frisches Obst und Gemüse an, daneben gab es Stände mit Wurstwaren, Käse, Honig, Oliven, Kräutern und Gewürzen. Sogar Kittelschürzen konnte man kaufen. Altmodische zwar, aber ein beliebter Artikel bei den reiferen Damen des Ortes.

Langsam und mit Rücksicht auf den regennassen Asphalt nahm Pierre die steilen Kurven, die von Sainte-Valérie hinabführten. Der Antiquitätenhändler wohnte ein Stück unterhalb des Dorfes, Pierre hätte den kurzen Weg also auch zu Fuß gehen können, doch es erschien ihm ratsamer, ganz offiziell vorzufahren. Erfahrungsgemäß machte es einen gewichtigeren Eindruck, vor allem bei Männern wie Frédéric Pabion.

Das Haus lag am Ende einer Stichstraße mit Zugang zu einem

künstlich angelegten Badeteich. Es war eines jener Objekte, bei denen jeder Immobilienmakler ins Schwärmen geriet. Ein sogenanntes *maison de maître*, ein Herrenhaus, mit gepflegtem Vorplatz und kleinen schmiedeeisernen Ausstiegen vor den bodentiefen Fenstern im oberen Stockwerk.

Frédéric Pabion, ein großer Mann in einem adrett-schwarzen Anzug, stand bereits in der Tür und sah missbilligend auf die Uhr. Dabei verrutschten einige der Strähnen, die er sich über seine Halbglatze gekämmt hatte, um selbige zu verdecken.

»Sie kommen spät!«

»Es ist noch nicht einmal acht«, gab Pierre zur Antwort. Bei aller Eile, der Kaffee war wichtig gewesen, er musste sich konzentrieren können.

Pabion schnalzte mit der Zunge und lud ihn mit einer Geste ein, das Haus zu betreten. »Na schön, bitte fassen Sie sich kurz, ich muss zur Arbeit.«

»Warum haben Sie sich nicht frei genommen? Immerhin ist Ihr Sohn gerade verstorben.«

»Wollen Sie mir vorschreiben, wie ich zu trauern habe?« Pabions zusammengekniffene Lippen erinnerten entfernt an Marie-Laures Schmollmund. »Meine Kunden sind internationale Sammler. Die interessieren persönliche Belange nicht. Nun kommen Sie schon, ich habe nicht ewig Zeit.«

Großartig. Dieser Mann war ihm auf Anhieb unsympathisch. Wäre er jetzt der *Commissaire* in einem Schundroman, wäre an dieser Stelle klar, dass der Mörder vor ihm stand. Reich, schmierig, arrogant. Sogar die obligatorische schwarze Kleidung stimmte. Aber halt – natürlich, sein Gegenüber war ja in Trauer.

Pierre folgte Pabion kopfschüttelnd ins Haus. Es war groß, vom Flur gingen zahllose Türen ab, die zum Wohnzimmer stand offen. Kostbare Möbel, wohin man blickte. Standuhr, Konsole, Spiegel, Bilder – lauter Antiquitäten, ein wenig zu überladen, fand Pierre. Es roch nach Bohnerwachs, vom oberen Stockwerk drang das Geräusch eines Staubsaugers.

»Yvonne!«, rief Pabion die Treppe hinauf. Und noch einmal lauter: »Yvonne, mach das verdammte Ding aus!«

Das Sauggeräusch blieb davon unbeeindruckt.

»Wir gehen in den Wintergarten«, sagte er sichtlich verärgert, als auch das dritte Brüllen ungehört blieb. Er führte Pierre zu einem rückwärtig liegenden Anbau mit Panoramafenstern, von dem man einen unerwartet guten Blick auf das Dorf hatte, auf die Stadtmauer, die sich in den Fels schmiegte.

Es hatte etwas Erhabenes. Die Turmspitze der *Église Saint-Michel* überragte die rostbraunen Dächer der Häuser, vorne der Aussichtsplatz der *Rue du Pontis*, an dessen Brüstung sich gerade eine Gruppe Touristen aufstellte. Durch den sich auflösenden Dunst erblickte Pierre Finger, die gestikulierend in die Luft gereckt wurden, Fotoapparate, sogar eine Filmkamera, groß wie ein Ghettoblaster, die über die Landschaft schwenkte und das Anwesen dabei zu streifen schien. Er fragte sich, ob er von dort oben jemals Pabions Haus bemerkt hatte, einer der vielen bunten Flecken inmitten der Landschaft. Aber er konnte sich nicht daran erinnern.

»Ein großartiger Blick auf Sainte-Valérie«, murmelte er.

Der Antiquitätenhändler nickte schweigend, schaute erneut auf die Uhr, machte eine ungeduldige Geste in Richtung der Sitzgruppe, die um einen Glastisch stand. Geräuschvoll zog er einen der Korbstühle zurück und nahm selbst Platz. Nun verstummte auch der Staubsauger und hinterließ eine unangenehme Stille.

Pierre überging die deutliche Aufforderung, trat ans Fenster und sah durch die blanke Scheibe noch einmal hinauf zum Dorf, dessen Aussichtsplatz sich inzwischen geleert hatte. Dann wandte er sich Pabion zu. »Wie Sie sicher bereits wissen, werde ich den

Fall in Zusammenarbeit mit der Gendarmerie von L'Isle-sur-la-Sorgue noch einmal genauer untersuchen.«

»Rozier hat es erwähnt. Meine Tochter kann ziemlich hartnäckig sein, wenn sie etwas will, nicht wahr?« Er sagte es mit unverkennbarem Stolz. »Stellen Sie meinetwegen Ihre Fragen. Aber um Himmels willen setzen Sie sich endlich.«

In diesem Moment betrat eine Frau den Raum, deren attraktives Erscheinungsbild nicht so ganz zu ihrem schlichten Hauskleid passen wollte. Sie mochte um die fünfzig sein und trug eine Frisur mit eingefärbter Strähne, die Pierre bekannt vorkam, jedoch wusste er nicht, wo er sie einordnen sollte. In den Händen hielt sie ein Tablett mit einer Silberkanne und Kaffeegeschirr, das sie auf dem Tisch abstellte, bevor sie ihm die Hand reichte.

»Ich bin Yvonne Pabion«, sagte sie mit leiser, wohlklingender Stimme. »Wir haben uns, glaube ich, noch nicht kennengelernt.«

»Ja, das stimmt«, sagte Pierre.

Die Ähnlichkeit mit Marie-Laure war unverkennbar. Dennoch wirkte diese Frau seltsam fehl am Platz, als sei das Haus nicht ihr Eigen und der Antiquitätenhändler nicht ihr Mann. Für einen kurzen Moment suchte Pierre in seinen Erinnerungen, hatte wieder eines der Bilder auf der Kommode im Haus ihres künftigen Schwiegersohns vor Augen. Die Yvonne Pabion auf dem Foto hatte gestrahlt, wirkte glücklich. Wie viel davon war echt gewesen? »Sehr erfreut. Pierre Durand, *Chef de police municipale.*«

Ihr Händedruck war kraftlos. Pierre registrierte eine gewisse Melancholie, die sich tief in ihr Gesicht gegraben hatte. Mit einem Mal fiel ihm auch wieder ein, wo er diese Frisur schon einmal gesehen hatte: bei Madame Duprais.

»Der *Policier* wollte gerade mit mir reden«, kam es unfreundlich von der Seite. »Mach endlich und lass uns dann alleine.«

Sie nickte und wischte ihre Hände mit hektischen Bewegungen an ihrem Kleid ab, bevor sie die Tassen füllte. Pierre setzte sich und bedankte sich, wie es sich gehörte. Am liebsten hätte er Pabion für seinen Tonfall den heißen Kaffee über den Anzug geschüttet, aus Versehen selbstverständlich, aber er ließ es sein, er brauchte die Informationen.

»Vielen Dank, dass Sie sich die Zeit nehmen, mir noch ein paar Fragen zu beantworten«, begann er, nachdem Madame Pabion wieder in den Tiefen des Hauses verschwunden war. »Momentan ist noch davon auszugehen, dass der Tod Ihres Sohnes ein Unfall war, für einen Mord fehlen konkrete Beweise. Dennoch möchte ich nichts ausschließen und alle Möglichkeiten untersuchen.«

»Kommen Sie zum Punkt. Was wollen Sie von mir?«

Pierre musste unwillkürlich grinsen. Was für ein aufgeblasener Idiot! »Ich bin noch einmal die polizeilichen Unterlagen durchgegangen, und dabei ist mir aufgefallen, dass Sie am Morgen vor der Trauung jagen waren.«

»Und? Ist das ein Verbrechen?«

»Es macht mich hellhörig.«

»Was wollen Sie damit sagen?« Pabion durchbohrte Pierre mit strengem Blick.

»Wie erwähnt, ich möchte vor allem die Zusammenhänge begreifen.« Er sagte es mit ruhiger Stimme und vergaß dabei nicht, verbindlich zu lächeln. »Wenn Sie nichts zu befürchten haben, sollten Sie meine Fragen besser beantworten. Es sei denn, der Tod Ihres Sohnes lässt Sie kalt.«

Pabions Gesichtsfarbe vertiefte sich, äußerlich blieb er gelassen. »Also gut. Sie wollen wirklich wissen, warum ich lieber jagen gehe, als mich auf ein Ereignis einzustimmen, dessen Vorbereitungen vor allem das weibliche Geschlecht in Ekstase versetzt?« Er beugte sich vor. »Waren Sie überhaupt schon einmal jagen?«

Pierre verneinte.

»Dann will ich Ihnen jetzt mal etwas sagen. Die Jagd ist nicht irgendein Ereignis, das sich in einen Terminkalender pressen lässt, vor allem nicht zwischen rosarot gefärbtes Tamtam. Es ist die Befriedigung eines uralten Instinkts. Jagen ist wie Sex.« Er bleckte die Zähne. »Nur schöner. Es gehört zu den Grundbedürfnissen eines jeden Mannes. Wer einmal dabei war, der kommt nicht wieder davon los. Der Duft nach mulchigem Gras im Morgengrauen, die dampfende Erde. Dann das Aufspüren des Wildes, der erfolgreiche Schuss. Das ist der Grund, warum ich auch am Morgen vor der Hochzeit nicht darauf verzichten wollte. Nicht mehr und nicht weniger.« Er trank einen Schluck Kaffee und lehnte sich zurück, ehe er fortfuhr. »Seltsam, nicht wahr? Wäre ich einfach nur joggen gewesen, hätte es niemanden interessiert.«

»Glauben Sie mir, wenn Sie mit einer Schrotflinte zum Plateau gejoggt wären, hätte ich Sie gleich verhaften lassen.«

Pabion gab sich unbeeindruckt. »Ich besitze keine Schrotflinte. Das ist etwas für Anfänger.«

»Sie hätten sich eine ausleihen können. Dieser Künstler, Guy Wozniak, hatte eine dabei.«

»Sie sind ja verrückt!« Er lachte trocken. »Sie glauben wirklich, ich hätte meinen Sohn auf dem Gewissen.«

»Ich gehe nur möglichen Spuren nach.«

»Die sollten Sie lieber bei diesen sogenannten Umweltschützern suchen. Franck hat sich ständig mit denen angelegt. Eine Demonstration vor dem Firmentor soll sogar in einer blutigen Schlägerei geendet haben.«

»Wann war das?«

»Woher soll ich das denn wissen?«, knurrte Pabion, »irgendwann Anfang des Jahres. Ich habe seit Ewigkeiten nicht mehr mit meinem Sohn gesprochen. Aber Franck war seit jeher Ziel von Aktivisten, er hat nie einen Hehl daraus gemacht, was er von diesen Ökofritzen hält. Sie tun sich zusammen, sobald sie ein Verbrechen an Tier und Natur wittern. Aber in Wahrheit geht es denen vor allem um den Kick.« Er schnaubte. »Prügeln im Namen der Gerechtigkeit. Erinnern Sie sich an die Straßenschlachten in Nantes im vergangenen Jahr? Die sind doch zu Tausenden aufmarschiert, nur um sich mit der Bereitschaftspolizei zu schlagen.«

»Ja, ich habe davon gehört«, meinte Pierre, dem dieses Schwarz-Weiß-Denken gegen den Strich ging. »Natürlich gibt es immer wieder militante Aktionen, die der eigentlichen Botschaft schaden. Davon abgesehen ist es damals nicht nur um rohe Gewalt gegangen. Immerhin war es ursprünglich eine friedliche Demonstration gegen die Erbauung eines Flughafens im geschützten Sumpfgebiet. Und gegen die geplante Enteignung der dort lebenden Bauern.«

»Sehen Sie, was ich meine? Alle militant!«

»Vor allem sehe ich, dass Sie alles und jeden über einen Kamm scheren. Nicht jeder Umweltschützer ist ein blutrünstiger Schläger.«

»Es reicht einer, der austickt und tötet.« Pabion sagte es mit einer Entschiedenheit, als sei für ihn längst klar, wer seinen Sohn auf dem Gewissen hatte.

Sicher, es war ein Motiv, das es zu untersuchen galt. Aber die selbstherrliche Arroganz, mit der dieser Mann diese Schlussfolgerung vortrug, gefiel Pierre ganz und gar nicht. Er spürte, dass er sich zusammenreißen musste, wenn er jetzt keine Giftpfeile abschießen wollte, die jede weitere Kooperation verhindern würden.

»Es ist ein Unterschied, ob man sich für die Umwelt einsetzt oder ob man einen Menschen erschießt«, erwiderte er nüchtern.

»*Bof!* Sie haben diese Aktivisten doch am Samstag selbst erlebt. Ein falsches Wort, und das Ganze eskaliert. Wissen Sie, wo das eigentliche Problem liegt? Die Kerle fühlen sich im Recht.

Gleiches mit Gleichem. Auge um Auge, Zahn um Zahn. Der Jäger wird gejagt. Denken Sie nur mal an die vielen Anschläge, die diese Idioten bereits auf unser Hab und Gut verübt haben. Das ist kein Spaß mehr, wenn das Auto mitten in der Wildnis plötzlich vier zerstochene Reifen hat.« Pabion schien sich warmgelaufen zu haben, denn als er weiterredete, begann sein Gesicht wieder zu glühen. »Die denken, wir würden die Tiere nur so zum Spaß töten. Die haben doch keine Ahnung! Das ist alles derart scheinheilig, da bekomme ich das kalte Grausen. In Wahrheit sind die Jäger die wahren Tierschützer.«

»Was meinen Sie damit?«

»Wenn man isst, was man selbst erlegt hat, schließt sich der Kreislauf der Natur. Das wollen diese Schwachköpfe natürlich nicht verstehen, sie nennen uns Mörder und kaufen sich dann im Supermarkt Wurst von Masttieren.«

»Das trifft sicher nicht auf alle zu. Die meisten sind Vegetarier.«

»Glauben Sie das wirklich? Wie viele der Pöbelnden, die bei der Demonstration auf der *Place du Village* gegen die Jagd gehetzt haben, ernähren sich Ihrer Meinung nach fleischlos?«

Pierre zuckte mit den Schultern. »Vielleicht siebzig, achtzig Prozent?«

»Sie irren sich. Ich sage Ihnen, es ist nicht einmal die Hälfte. Diese Burschen haben nicht im Mindesten verstanden, dass die Jagd einer der natürlichsten Wege ist, um an Nahrung zu kommen. Ich persönlich esse ausschließlich Fleisch, das auf diese Weise geschossen wurde. Tiere, die bei mir auf den Teller kommen, müssen sich nicht über Monate auf engstem Raum quälen, bevor sie geschlachtet werden. Verstehen Sie? Jagen ist der wahre Tierschutz!« Aus jedem seiner Worte sprach satte Zufriedenheit.

Es war eine müßige Diskussion. Sicher gab es auch andere Gründe, warum Tierfreunde gegen die Jagd demonstrierten, aber

Pierre steckte nicht drin. Das war ein Thema, mit dem er sich zu wenig auskannte. Auf einmal schoss ihm ein ganz anderer Gedanke durch den Kopf.

»Haben *Sie* Marie-Laure gesagt, sie solle das Menü ändern?«

Die Überraschung, mit der Pabion ihn ansah, schien echt zu sein. »Nein. Das heißt, zumindest nicht direkt. Aber sie kennt meine Meinung zu Zuchtvieh.« Er lächelte stolz. »Sie meinen, meine Tochter hat das Wildschwein schießen lassen, um mir zu gefallen?«

Da war sie wieder, die Prinzessin. Vom Vater geliebt und auf einen Thron gehoben. Wenn man den Aussagen von Sébastien Goussard glauben wollte, hatte auch Franck seine Schwester vergöttert. So sehr, dass er darauf bestanden hatte, ihren Wunsch zu erfüllen. Eigentlich seltsam. Immerhin war sie seine direkte Konkurrentin im Kampf um die Gunst des Vaters.

»Wie würden Sie Ihr Verhältnis zu Franck beschreiben?«

Pabion stieß hörbar die Luft aus. »Als nicht existent. Seit er in Saumane lebt, haben wir uns kaum noch gesehen. Es war seine Entscheidung, von hier fortzugehen. Ich hätte ihm die Türen weit aufgemacht, aber er hat meine Fürsorge nicht wertgeschätzt, sondern mit Füßen getreten.«

»Weil er den Antiquitätenhandel nicht weiterführen wollte?«

»Was würden Sie sagen, wenn sich Ihr Sohn weigern würde, die Familientradition aufrechtzuerhalten? Man kann ein so ehrenwertes Unternehmen doch nicht einfach dem Untergang weihen, nur weil man irgendwelche Flausen im Kopf hat.«

»Hat Ihre Tochter kein Interesse daran?«

»Marie-Laure? Das ist nichts für eine Frau, sie soll lieber für den Fortbestand unserer Sippe sorgen.«

Pierre runzelte die Stirn. Wenn Eltern endlich aufhören würden, ihre Kinder zu den Erfüllungsgehilfen ihrer eigenen Träume zu machen, wäre die Welt mit Sicherheit um einiges friedlicher. »Ihr Sohn hat jahrelang versucht, Ihre Anerkennung auf seine Art zu erlangen.« Er sagte es behutsam, dabei hätte er es am liebsten gebrüllt.« Sie hätten seine Wahl akzeptieren können. Auch das wäre ein Zeichen von Wertschätzung gewesen.«

»Spielen Sie hier bloß nicht den Psychologen.« Pabion beugte sich wieder vor, die über die Glatze gekämmte Strähne rutschte noch ein Stück weiter in Richtung Stirn. Eine Weile ruhte sein Blick auf Pierre, taxierend, streng. Als er sprach, war seine Stimme leise, doch es lag eine unüberhörbare Schärfe darin. »Es ist nicht wirklich um die Antiquitäten gegangen, sondern darum, dass wir keine fünf Minuten im selben Raum sein konnten, ohne uns zu streiten. Deswegen habe ich ihn aber noch lange nicht umgebracht. Ich war nicht dabei, als er starb. Meine Jagdkollegen und ich sind erst gegen sieben losgefahren und waren eine halbe Stunde später am Waldparkplatz.«

»Die Tatzeit war zwischen fünf und sieben Uhr morgens. Angenommen, die tödlichen Schüsse wären gegen fünf, halb sechs gefallen, dann wäre es kein Problem gewesen, rechtzeitig zurückzukehren.« Pabions Überheblichkeit ärgerte Pierre. So sehr, dass er die Giftpfeile nicht länger zurückhalten konnte. »Ihr Sohn war nicht der Typ Mensch, der sich mit offener Ablehnung arrangiert. Angenommen, er wollte es Ihnen heimzahlen. Angenommen, Franck hätte damit begonnen, sich für die jahrelange Zurückweisung zu rächen, indem er sich einen Punkt gesucht hat, an dem Sie verwundbar sind. Etwas, das Sie nachhaltig schädigt. Hätten Sie wirklich nichts unternommen? Oder hätten Sie nicht eher versucht, ihn davon abzuhalten?«

Es war nur ein flüchtiger Gedanke, eine Vermutung, die sich nun, einmal ausgesprochen, als Volltreffer erwies.

Pabions Gesichtsfarbe wechselte ins Tiefrote. Der Antiquitätenhändler sah aus, als sei er kurz vor dem Platzen. Hektisch sprang er auf, um ein paar Schritte zu gehen, ehe er vor seinem

Stuhl stehen blieb. Als er weiterredete, schien er seine Emotionen vollkommen im Griff zu haben.

»Mit Verlaub, *Monsieur le policier*, ich habe noch nie einen größeren Unsinn gehört. Sie können mir eines glauben: Ich habe meinen Sohn geliebt. Trotz allem. Sein Tod hat mich zutiefst erschüttert, auch wenn man es mir nicht ansehen mag. Wenn Sie einen in Tränen aufgelösten Mann erwartet haben, kann ich Ihnen leider nicht dienen.« Er atmete schwer, dann blickte er demonstrativ auf die Uhr. »Sind wir jetzt endlich fertig?«

Eine großartige Vorstellung, einzig die Verbeugung vor dem Vorhang fehlte. Dieser Mann war der perfekte Bösewicht. Ein Mörder *par excellence.* Das Leben schrieb wahrlich die seltsamsten Drehbücher, warum nicht auch einmal das schlichte eines Groschenromans?

In diesem Augenblick klingelte Pierres Handy, den ersten vier Ziffern nach eine Telefonnummer aus dem Bereich Cavaillon oder L'Isle-sur-la-Sorgue.

»Ja, ich denke, ich habe alles«, erwiderte er mit Blick auf das Display.

»Sie können ruhig rangehen«, sagte Pabion und machte einen Schritt in Richtung Tür. »Meine Frau wird Sie hinausbegleiten.«

Pierre nickte und sah ihm nach, bis er im angrenzenden Flur verschwand. Dann nahm er das Gespräch an.

Zu spät, der Anrufer hatte bereits aufgelegt.

Er würde sich darum kümmern, wenn er wieder alleine war. Zuerst sollte er sich noch schnell ein paar Notizen machen, bevor sich die Gedanken wieder verflüchtigten.

Pierre holte sein Merkheft hervor, notierte Pabions Aussagen und las die bisherigen Aufzeichnungen noch einmal durch. Sie waren recht dürftig, nichts, woran man sich wirklich festbeißen konnte. Nach wie vor wollte er den Antiquitätenhändler als Täter nicht ausschließen. Auch die Umweltverschmutzung war ein handfestes Motiv. Allerdings noch nicht tragfähig, da brauchte er dringend weitere Informationen. Er würde Gisèle bitten, mehr über das Holz- und Imprägnierwerk herauszufinden. Außerdem musste er mit dem Jugendlichen sprechen, den er am Samstag auf der Demonstration erkannt hatte, diesem Jérôme Menessier. Soweit er wusste, war der Junge gerade erst achtzehn geworden. Seit dem Schulabschluss war er arbeitssuchend und lebte in einer kleinen, von seinen Eltern finanzierten Wohnung im Dorf. Sollte er oder einer der anderen Umweltaktivisten etwas mit dem Mord zu tun haben, bliebe die Frage, wie sie von der Planänderung mit dem Wildschwein und der darauffolgenden Gelegenheit erfahren hatten. Pierre nahm sich vor, noch einmal mit Marie-Laure darüber zu reden, und machte sich eine entsprechende Notiz.

Konzentriert nippte Pierre an seinem Kaffee, der inzwischen kalt war, doch er registrierte es nicht.

Waren diese wenigen Szenarien wirklich schon alles? Wieder blätterte er durch die Seiten und musste sich eingestehen, dass er das, was er bisher eilig zu Papier gebracht hatte, nur mühsam entziffern konnte.

»Den Pilzsammler befragen, dem Förster einen Besuch abstatten«, murmelte er. Ein letztes Mal überflog er die Einträge und klappte das Heft zu, dann schloss er die Augen und überlegte die nächsten Schritte. Während Luc sich nach Zeugen umhörte, würde er selbst am besten gleich mit Gustave Hulot sprechen, der laut dem *Garde champêtre* nur auf eine Gelegenheit gewartet hatte, Franck Pabion ins Himmelreich zu schießen, um den Tod seines Hundes zu rächen. Auch wenn das Motiv für Pierres Geschmack das Verfallsdatum deutlich überschritten hatte, würde er den Mann zumindest befragen wollen.

»Möchten Sie noch etwas Kaffee?«

Pierre fuhr herum. Yvonne Pabion stand neben ihm, das Tablett in einer Hand. Er hatte sie nicht kommen hören, als sei sie ein Schatten, unmerklich, aber immer da. Er sah auf seine Tasse, sie war noch randvoll.

»Danke, ich habe noch welchen. Möchten Sie sich vielleicht zu mir setzen? Ich hätte noch ein paar Fragen an Sie.«

Yvonne Pabion zögerte, wischte die freie Hand am Hauskleid ab, folgte dann jedoch seiner Aufforderung.

»Frédéric meint es nicht so«, sagte sie unvermittelt, während sie das Tablett abstellte. »Er ist kein schlechter Mensch.«

Sie hatte es mit Überzeugung gesagt, fast schon vehement. Pierre betrachtete ihr Gesicht. In die feinen Züge war eine Traurigkeit eingegraben, die ihn rührte. Die Schultern waren nach vorne gezogen, als sei sie es gewohnt, sich zu ducken.

»Ist er gut zu Ihnen? Ich meine, bekommen Sie seine Härte manchmal auch körperlich zu spüren?«

Sie zuckte zusammen, beinahe unmerklich, presste die Lippen aufeinander und schwieg. Pierre wusste, er war mit seiner Frage zu weit gegangen, doch sie hatte ihm auf der Zunge gelegen, und nun war es zu spät.

»Er hatte eine schlimme Kindheit«, antwortete sie ausweichend. »Sein Vater hat ihn darauf gedrillt zu funktionieren. Emotionen hatten da keinen Platz. Wenn er nicht hörte, wurde der Gürtel gezückt, und zwar ohne lange zu fackeln. Das hat ihn hart gemacht.« Sie atmete schwer. »Aber glauben Sie mir, dahinter steckt ein sehr weicher Kern.«

So etwas hörte Pierre nicht zum ersten Mal. Wie viele Frauen versuchten vergeblich, einen Täter zu kurieren, indem sie ihn zum Opfer machten … »Hatte Ihr Mann gegenüber Franck einen ähnlichen Erziehungsstil?«

»Ja, aber Franck hat es nicht lange mit sich machen lassen. Soviel ich weiß, hat er sich schon früh gegen Frédérics Autorität aufgelehnt. Der Konflikt verstärkte sich, als seine Mutter auszog und ihn mit dem Vater alleine ließ. Damals war er gerade einmal acht. Bald darauf hat Frédéric mich kennengelernt, und alles ging sehr schnell. Unsere Hochzeit, die Geburt von Marie-Laure … und zwischendrin dieser Junge, der sich verzweifelt nach einem Platz im Herzen seines Vaters gesehnt hat.« Sie rieb sich mit den Händen über die Knie. »Ich habe versucht, ihm ein Zuhause zu geben, aber was er wirklich brauchte, ist ihm bis zuletzt versagt geblieben.«

Eine traurige Geschichte, dachte Pierre. Umso mehr, als Yvonne lediglich eine Lücke füllte, die Pabions erste Frau hinterlassen hatte, als sei sie einer Art Stellenbeschreibung für fleißige Ehefrauen gefolgt.

»Wie war Franck als Jugendlicher?«

»Rebellisch. Schwierig. Er hatte eine ganze Menge Unsinn im Kopf und ist überall angeeckt. Ich habe ihn mehr als einmal von der Schule abholen müssen und immer zu Gott gebetet, dass sein Vater nichts davon mitbekommt. Das ist natürlich nicht immer gut gegangen.« Sie griff nach der halb gefüllten Kaffeetasse ihres Mannes und nippte daran.

»Welche Rolle hat Marie-Laure in dieser Familienkonstellation gespielt? War Franck nicht eifersüchtig auf seine kleine Schwester?«

»Nein.« Ihre Augen begannen zu leuchten. »Die beiden waren ein Herz und eine Seele. Marie-Laure hat ihren Bruder bewundert, obwohl er so rebellisch war. Oder vielleicht sogar genau deshalb. Irgendwann, da war sie vielleicht sieben, begann sie damit, sich vor ihn zu stellen, wenn Frédéric anfing zu wüten.« Sie lächelte versonnen. »Den schien ihr Verhalten zu beeindrucken. Denn jedes Mal, wenn sie sich einmischte, wurde Frédéric sanft wie ein Lamm.«

»Hat sie sich auch vor Sie gestellt, wenn Ihr Mann Sie angegangen ist?«

Das Lächeln verschwand aus Yvonne Pabions Augen. »Marie-

Laure hat eine starke Persönlichkeit. Ohne sie wäre ich längst untergegangen. Sie ist ein Engel, unser aller Anker.«

»Wie ist es jetzt, da sie nicht mehr zu Hause wohnt?«

Madame Pabion seufzte. »Ich komm zurecht. Irgendwie.« Sie straffte die Schultern. »Manchmal wünschte ich mir, ich wäre so stark wie sie.«

Prinzessin und Jeanne d'Arc in Personalunion. Pierre fragte sich, inwieweit es Marie-Laures Leben bestimmt hatte, der Familie den notwendigen Kitt zu geben. Nach außen hin alles harmonisch erscheinen zu lassen, während im Inneren eine Schlacht tobte. Er musste wieder an die Bilder auf der Kommode denken. Wie viel Sinn hatte eine Lebensaufgabe, die darin bestand, etwas zu polieren, das längst voller tiefer Risse war?

Sébastien hatte allem Anschein nach die größten Probleme mit dieser Fassade gehabt. Unwillkürlich fragte sich Pierre, ob der junge Bankangestellte der Richtige für jemanden wie Marie-Laure war, die sich über eine selbst gewählte Rolle definierte und offenbar ein Faible für Rebellen hatte. Und was war mit Franck? Hatte seine Vergangenheit Auswirkung auf die Wahl seiner Freundinnen gehabt?

»In den Akten steht, dass Ihr Stiefsohn allein gelebt hat …«

»Ja, die letzte Beziehung ist vor einem Jahr auseinandergegangen.«

»Aus welchem Grund?«

Yvonne Pabion zuckte mit den Schultern. »Seine Freundinnen sind nie lange geblieben. Irgendwann hat er immer angefangen, sie zu ignorieren.«

Es klang beinahe beiläufig, sie seufzte wieder, als belaste sie das Gespräch. Ein Klingeln ließ sie zusammenfahren.

»Das wird der Pfarrer sein.«

»Eine letzte Frage noch. Können Sie mir sagen, wann Ihr Mann am Samstag aufgestanden ist?«

»Um kurz nach halb sieben. Das weiß ich ganz sicher. Ich war viel zu aufgeregt wegen der Hochzeit, um schlafen zu können.«

Es klingelte noch einmal, dieses Mal anhaltender. Sie lächelte entschuldigend, aber sichtlich erleichtert, und stellte rasch die benutzten Kaffeetassen auf das Tablett.

Es war bereits das zweite Mal an diesem Tag, dass ein Klingeln seine Befragungen störte. Doch er hatte vorläufig genug gehört.

Pierre griff nach seinem Notizbuch und steckte es ein. »Vielen Dank für Ihre Offenheit. Ich melde mich, wenn ich weitere Fragen haben sollte.«

12

Sonnenstrahlen schlugen funkelnde Bahnen durch die Bäume, die Luft war inzwischen spätsommerlich warm. Als Pierre das Dorf in Richtung *Chemin de la Sénancole* umrundete, war der Dunst gewichen, und das Laub leuchtete wieder in herbstlichen Farben.

Geistesabwesend und in Gedanken noch immer beim Gespräch mit Frédéric Pabion, lenkte Pierre den Wagen gleich nach dem Ortsschild auf den Seitenstreifen und schaltete den Motor aus. Ganz offensichtlich hatte der Antiquitätenhändler von etwas ablenken wollen, indem er den Verdacht auf die Naturschützer lenkte. Trotzdem: Dass diese ein Motiv hatten, war nicht von der Hand zu weisen. Vielleicht führte die Spur ja ins Nichts, doch er sollte sie zumindest überprüfen.

Das Haus von Gustave Hulot lag nach hinten versetzt. Ein etwa hundert Meter langer Weg führte an Kastanien und Pinien vorbei zu einem von Oleanderbüschen umrahmten Gebäude, dessen Fensterläden geschlossen waren. Beim Näherkommen sah Pierre, dass hier ein Mann wohnte, der nicht nur gerne Pilze zu sammeln schien, sondern auch allerhand alte Dinge, deren Nutzen sich selbst nach genauerem Hinsehen nicht erschloss. Schubkarren ohne Rad, rostige Ölfässer sowie Kanister aus gelbem und blauem Plastik standen neben Körben mit gerissenem Flechtwerk.

Altes, wertloses Gerümpel, befand Pierre, obwohl Carbonne ihn einmal darüber aufgeklärt hatte, dass Gerümpel nie wertlos war. Sondern ein Schatz, der nur darauf wartete, mit ein wenig

Geduld und Politur restauriert zu werden und in neuem Glanz zu erstrahlen. Wenn man Zeit dafür hatte. Und genau hier lag das Problem. Bei der Menge an ausgedienten Dingen, die Pierre überall an Hauswänden und Garagen liegen sah, während die Besitzer im Schatten eines Baumes dösten, konnte man meinen, dass Zeit ein enorm dehnbarer Begriff sei.

Obwohl der Hof verlassen wirkte, ließ Pierre den altmodischen Türklopfer mehrmals auf das Holz herabsausen. Ohne Ergebnis. Hulot schien nicht da zu sein. Er wandte sich gerade zum Gehen, da hörte er ein Geräusch aus Richtung des hinteren Grundstücks, das klang wie das Zuschlagen einer Tür. Entschlossen umrundete er das Haus, hinter dem sich ein umzäunter Garten erstreckte, vom Hellbraun verschiedenster Pilzsorten gesprenkelt, die sich über Gras, Holzstämme und Baumwurzeln ausgebreitet hatten. Auf einem Sandplatz neben dem Schuppen stand ein weißer Peugeot Hybrid. Aufmerksam blickte Pierre sich um, bemerkte, dass auf der rückwärtigen Seite alle Fensterläden weit geöffnet waren, als sich plötzlich die Tür zu einem Kelleraufgang öffnete und ein junger Mann erschien, das Gesicht von einer weißen Staubschutzmaske bedeckt. Es war der Lockenkopf. Kaum dass er den *Policier* sah, zuckte er zusammen und schob die Maske nach oben.

»Was wollen Sie hier?«, fragte er. Der Schreck stand ihm ins Gesicht geschrieben.

»Dasselbe möchte ich gerne von Ihnen wissen.«

»Ich … ich helfe hier aus.«

»Sie arbeiten für Gustave Hulot?«

»Ja, das heißt nein. Ich kümmere mich um die Zuchtpilze, solange er nicht da ist.« Die Gesichtszüge des jungen Mannes entspannten sich zunehmend und machten wieder jenem selbstsicheren Ausdruck Platz, der Pierre schon bei der Demonstration aufgestoßen war.

»Wo finde ich Monsier Hulot?«

»Mein Onkel ist auf der *Fête du champignon* in Saint-Trinit.«

Von diesem Fest hatte Pierre viel gehört, er hatte es schon immer selbst einmal besuchen wollen. In den baumreichen Gebieten rund um den Mont Ventoux gab es zahllose Pilze: Erdritterlinge, Steinpilze, Totentrompeten. Während man in etlichen Städten des Landes den Trüffelpilz mit einer *Fête de la truffe* ehrte, hatten vor achtzehn Jahren die Bewohner des kleinen Dorfes Saint-Trinit auf dem Plateau d'Albion beschlossen, auch dessen weniger wertvollen Verwandten zu huldigen. Seither hatten die Waldpilze ihr eigenes Fest. Es gab eine Ausstellung mit bis zu hundert verschiedenen Sorten, deren Besonderheiten von Mykologen erklärt wurden. Züchter boten ihre Ware an, neben Handwerkern und Bauern. Natürlich waren auch einige Gastronomen vertreten, die die vielfältigsten Pilzgerichte zauberten. Man speiste unter freiem Himmel und lauschte musikalischen Darbietungen, während man den direkten Blick auf den Berg genoss, dessen Kalkspitze einen daran erinnerte, dass der erste Schnee in den Alpes-de-Haute-Provence nicht mehr allzu fern war.

In Saint-Trinit also hielt sich Gustave Hulot auf, und der junge Mann, der vor Pierre stand, hatte ihn als Onkel bezeichnet.

»Sie sind sein Neffe? Können Sie sich ausweisen?«

»Jetzt fangen Sie nicht wieder so an, das mit dem Ausweis hatten wir doch erst.« Sein Lächeln war jetzt beinahe unverschämt. Mit übertriebener Geste hob er beide Hände. »Ich bin unschuldig, ganz egal, was Sie mir nun schon wieder vorwerfen.«

Pierre blieb unbeeindruckt. »Momentan werfe ich Ihnen gar nichts vor. Allerdings ist es sehr eigenartig, wenn ich Monsieur Hulot einen Besuch abstatten möchte und stattdessen jemand, dessen Namen ich nicht kenne, vermummt aus einem Haus kommt, das einen unbewohnten Eindruck macht. Ich kann Ihnen nicht sagen, wie viele Erklärungen mir dazu einfallen. Versuchter Einbruch ist noch die harmloseste Variante. Hätten Sie jetzt endlich die Freundlichkeit, sich auszuweisen?«

»Also gut, ich kann Sie ja verstehen, Sie machen auch nur Ihren Job.« Der Lockenkopf griff in seine Hosentasche, zog ein Portemonnaie hervor und reichte Pierre seine *carte d'identité*.

»Dennis Hulot, geboren am sechsten Mai neunzehnhundertneunundachtzig, wohnhaft in Lagnes«, las Pierre laut und verglich das Passbild mit seinem Gegenüber.

Der junge Mann nickte.

Pierre wies mit dem Kopf in Richtung Tür, hinter der eine Treppe hinab ins Dunkel führte. »Dort unten ist also die Pilzzucht?«

»Ja. Kommen Sie, ich zeige es Ihnen.«

Dennis Hulot lief ihm voran über in Stein gehauene Stufen in einen Vorraum, von dem zwei Türen abgingen. Zuerst stieß er die rechte auf. Er schaltete das Licht ein und trat einen Schritt in den Kellerraum, dessen hohe Luftfeuchtigkeit Pierre unwillkürlich flach atmen ließ. Ein feiner Sprühnebel hing in der Luft, ausgestoßen aus kleinen Düsen, die in regelmäßigen Abständen an einem von der Decke hängenden Rohr angebracht waren.

»Die Pilze brauchen eine Luftfeuchtigkeit von neunzig bis fünfundneunzig Prozent bei einer Temperatur um die dreiundzwanzig Grad«, erklärte Hulot und zeigte auf die Zinkregale, in denen etliche Kästen mit gehäckseltem Weizenstroh standen. Darin braungraue Köpfe in großen Büscheln, dachziegelartig übereinanderliegend.

»Das sind Seitlinge. Früher hat mein Onkel sie in Strohballen gezüchtet, draußen im Schuppen. Aber sie sind ihm ständig eingegangen, weil die Temperaturschwankungen zu groß waren. Seit er den alten Weinkeller umgebaut hat, sind die Erträge größer geworden.«

Pierre wollte näher herangehen, doch der junge Mann hielt ihn zurück. »Bleiben Sie besser hier stehen. Die Sporen dieses Pilzes sind extrem aggressiv. Wenn Sie dagegen allergisch sind, kann es übel ausgehen.«

»Inwiefern?«

»Es kann zu Atemnot, Husten und Fieber kommen. Wenn wir in diesem Raum arbeiten, tragen wir das hier.« Er klopfte auf die weiße Maske, die ihm wie ein Häubchen auf dem Kopf saß, und sprach dabei in gelangweiltem Tonfall, als halte er bereits den x-ten Vortrag vor einer Horde Schulkinder. »Im anderen Raum sind Champignons, die sind harmlos. Wollen Sie die auch sehen?«

Pierre winkte ab. Der feuchtwarme Raum löste eine ungewohnte Beklemmung in ihm aus.

»Seit wann ist Ihr Onkel in Saint-Trinit?«, fragte er, als sie endlich wieder im Freien standen.

»Seit Freitagmittag.«

»Und Sie? Wann waren Sie nach seiner Abreise zum ersten Mal hier?«

»Am Samstag.«

»Wann genau?«

Der junge Mann stöhnte auf. »Keine Ahnung. Kurz vor unserem kleinen Spektakel vor der *mairie*.«

»Dann könnte Ihr Onkel theoretisch auch erst am Samstagmorgen losgefahren sein.«

»Nein.«

Hulot sah ihn grinsend an, als sei es nun wieder an Pierre, das Gespräch in Gang zu halten. Ganz offensichtlich fand er Gefallen daran, sich jedes einzelne Wort aus der Nase ziehen zu lassen, aber Pierre hatte keine Lust mehr auf das Spielchen.

»Monsieur Hulot, ich benötige eine konkrete Auskunft über den Verbleib Ihres Onkels und schlage vor, sie antworten in ganzen Sätzen. Woher wollen Sie wissen, dass er wirklich schon am Freitag gefahren ist?«

»Wir haben am Freitagabend miteinander telefoniert. Er übernachtet bei Verwandten, ich habe ihn dort angerufen. Sie können es nachprüfen, die Familie heißt Thual. Roland Thual. War Ihnen das vollständig genug?«

»Allerdings.« Pierre holte sein Notizbuch hervor und schrieb den Namen auf. »Haben Sie vielleicht auch die Nummer von Monsieur Thual?«

»Nicht hier. Sie steht im Telefonbuch. Liegt etwas gegen meinen Onkel vor?«

»Ein Mann ist erschossen worden, deshalb werden nun alle befragt, die damit in einem Zusammenhang stehen könnten.«

»Ach so, es geht um Franck Pabion. Er hat den Hund meines Onkels auf dem Gewissen, wussten Sie das?« Dennis Hulot funkelte ihn herausfordernd an.

»Ja«, sagte Pierre, überrascht von der Offenheit des Mannes.

»Sehen Sie, und trotzdem kann es mein Onkel nicht gewesen sein. Er hat ein Alibi.« Er zog die Maske vom Haar und fuhr sich durch die Locken.

»Was ist mit Ihnen? Wo waren Sie vergangenen Samstag zwischen fünf und sieben Uhr?«

»Was soll diese Frage?«

»Sie setzen sich für den Naturschutz ein. Da liegt es nahe, im Besitzer eines Imprägnierwerks, der sich nicht im Mindesten um die Umwelt schert, einen Gegner zu sehen.«

»Das ist ja absurd.«

»Wirklich? Waren Sie nicht auch bei den Kundgebungen vor Monsieur Pabions Werk dabei?«

»Nein. Sie irren sich, wenn Sie annehmen, ich wäre einer von diesen Krawallaktivisten. Das ist nicht meine Marschrichtung. Meine Aufmerksamkeit gilt vor allem dem Schutz der Tiere und dem Kampf gegen Menschen, die eine Bedrohung für sie darstellen. Wie Ihr Bürgermeister zum Beispiel.«

»Haben Sie etwas mit der *Force Animaux* zu tun?«

Dennis Hulot verschränkte die Arme. »So, das war's. Ab sofort werde ich keine weiteren Fragen beantworten. Ich kenne meine Rechte.«

Das Gesicht des jungen Mannes nahm einen verschlossenen Ausdruck an. Pierre wusste, dass er an diesem Punkt nicht weiterkam, aber er hatte vorerst genug gehört. Wenn sich die Behauptungen des Neffen von Gustave Hulot bestätigen sollten, würde er zumindest den Namen des Pilzzüchters aus seinen Überlegungen streichen können.

13

Die Polizeiwache war unbesetzt. Pierre nahm das Schild mit dem Notfallhinweis auf das Bürgermeisteramt von der Tür und schaltete als Erstes seinen Computer ein.

Auf der Website der *Force Animaux* entdeckte er einen Artikel über den Anbau von Mais zur Produktion von Biokraftstoffen, die Kultivierung von Futterpflanzen wie Luzerne und Rüben sowie den Schaden, den Waldrodung und Wiesenumwidmung für Tier und Natur hervorbrachten. Der Verfasser wies auf das Problem der damit verbundenen steigenden Population von Wildschweinen hin, die das Landwirtschaftsministerium billigend in Kauf nehme, und rief zu Protestaktionen gegen die Wahl von Arnaud Rozier zum Vorsitzenden des Jagdverbandes auf. Offenbar wollte sich Sainte-Valéries Bürgermeister für die Einführung eines sogenannten Saufangs aussprechen, um sich der überschüssigen Tiere auf einen Schlag zu entledigen. Dabei locke man die Wildschweine mit Futter in einen umzäunten Bereich, lasse ein Falltor herunter und gebe die eingesperrten Tiere dann zum Abschuss frei. Ein unvergleichliches Massaker, fern jeglichen Tierschutzes, das es zu verhindern galt.

Dem konnte Pierre nur zustimmen, allerdings glaubte er nicht, dass der Bürgermeister so etwas zulassen, geschweige denn einfordern würde. Arnaud mochte geltungsbedürftig sein, manchmal auch ein wenig oberflächlich. Aber ein Tierquäler war er nicht, dessen war Pierre sich sicher.

Unter dem Artikel fand sich ein Link zur Umweltschutzorganisation *France Nature Environnement*, auf deren Seite jedoch weder die Tierschützer noch deren Aufruf erwähnt wurden.

Vergeblich suchte Pierre im Impressum nach einem aussagefähigen Kontakt. Darin stand jedoch nur ein Verweis auf einen Rechtsanwalt, der dafür bekannt war, als Mittelsmann aufzutreten, um personenbezogene Daten im Netz anonym zu halten. Die Gruppierung schien im Verborgenen agieren zu wollen. Vielleicht verständigten sie sich telefonisch über anstehende Aktionen. Oder über geschlossene Chaträume. Möglichkeiten gab es im Zeitalter des Internets ja genug.

Pierre speicherte beide Seiten im Browser als Lesezeichen und rief dann Gisèle an, um den nächsten Punkt auf seiner Liste abzuhaken.

»Ich brauche nähere Informationen zum Imprägnierwerk von Franck Pabion. Könnten Sie das bitte für mich erledigen?«

Es war noch immer ungewohnt, ohne eigene Sekretärin zu arbeiten, und eigentlich war es auch nicht vorgesehen, dass die Empfangsdame des Bürgermeisters ihn bei seinen Ermittlungen unterstützte. Umso erleichterter war Pierre, als sie zusagte, ihm zu helfen.

»Aber sicher«, antwortete sie. »Ich werde sehen, was ich herausfinden kann.«

»Danke. Ich benötige die Namen und Adressen der Angestellten, alles über die Probleme mit den Umweltbehörden und über die Demonstranten, die vor dem Werk protestiert haben sollen. Wenn möglich auch einen Hinweis, ob es sich dabei um Mitglieder der *Force Animaux* gehandelt hat oder ob es von anderen Gruppierungen ausgegangen ist. Von der *France Nature Environnement* beispielsweise. Vielleicht können Sie dabei auch gleich noch herausfinden, wer hinter dieser Tierschutzorganisation steckt.«

»Sehr gerne. Haben Sie schon mit Dennis Hulot gesprochen?

Ich dachte, ich hätte ihn auf dieser Kundgebung gesehen, am Samstag.«

Pierre lachte auf. »Sie kennen ihn?«

»Aber sicher. Das ist der Neffe von Gustave Hulot. Na ja, kennen ist ein wenig übertrieben. Er ist ja nicht von hier, aber Monsieur Hulot erzählt oft und gerne von ihm, wenn wir uns begegnen. Das kommt nicht häufig vor, eigentlich nur im Herbst. Wissen Sie, ich kaufe ihm manchmal ein paar von seinen Pilzen ab. Die sind wesentlich günstiger als auf dem Markt oder im Krämerladen von Oudard.« Sie ließ ein missbilligendes Schnalzen hören. »Der ist wirklich enorm teuer geworden, man könnte meinen, er sei Apotheker. Haben Sie auch bemerkt, dass Waschpulver inzwischen fast ein Viertel mehr kostet als letztes Jahr?«

»Nein, ich kaufe so etwas im Supermarkt, dem *E. Leclerc*. Was erzählt Monsieur Hulot denn so alles über seinen Neffen?«

Pierre vermied es tunlichst, allzu sehr auf ihre Frage einzugehen. Gisèle neigte dazu, sich vom Hölzchen zum Stöckchen zu plaudern und dabei ohne Punkt und Komma zu reden, ohne sich von derart profanen Dingen wie Termindruck nervös machen zu lassen.

Den Gleichmut, Dinge fern jeden Zeitgefühls auszudiskutieren, hatte sie mit den meisten Dorfbewohnern gemein. Wer es sich auf einem der schattigen Plätzchen auf der *Place du Village* bequem machte, konnte ganze Gespräche bestreiten, ohne dabei etwas anderes zu tun, als ab und an zu nicken, »Ist nicht wahr!« auszurufen oder die Stirn zu runzeln. Am Ende des Tages verfügte man über ein ganzes Sammelsurium an Informationen. Zum Wetter, zur Qualität der aktuellen Olivenernte und zur Politik. Oder zum dörflichen Klatsch, je nach Interessenlage.

Tiefer gingen diese Gespräche nur selten. Die wirklichen Interna blieben Pierre zumeist verborgen, das hatte er gestern Abend in der Bar wieder einmal zu spüren bekommen. Vertrauliches blieb bei aller Geschwätzigkeit unberührt, ebenso Dinge, die zur Erhellung des Falles vielleicht wichtig gewesen wären. Niemand schien an einer Aufklärung interessiert zu sein.

Mit Gisèle hingegen konnte man sich hervorragend über Essentielles austauschen. Man musste sich nur vorsehen, dass sie nicht abschweifte oder das Thema auf die ebenso zahllosen wie unsinnigen Neuerungen der Technik lenkte, die einen verzweifeln ließen. Etwas Moderneres als der Telefonapparat aus den Neunzigern würde auf ihrem Schreibtisch niemals Einzug halten – trotz der unlängst vollzogenen Renovierung der gesamten *mairie*. Immerhin verfügte das betagte Modell schon über – stets entstaubte – Wahltasten.

Nein, Pierre hatte momentan nicht die Geduld, sich über die guten alten Zeiten zu unterhalten, in denen Lebensmittel noch in Centimes bezahlt worden waren. Ihn interessierten nur die Dinge, die ihn ermittlungstechnisch weiterbrachten.

Gisèle steckte unterdessen im Geiste noch ganz beim Problem der Waschmittelbeschaffung.

»Im *E. Leclerc*?«, fragte sie erfreut. »Dann können Sie mir beim nächsten Mal ja etwas mitbringen. Sie wissen doch, als Empfangsdame verdient man nicht allzu viel. Und ich besitze kein Auto …«

»Sicher, das mache ich gerne. Der Neffe …«

»*Ah, bon!*« Gisèle klang kurz irritiert, fing sich aber rasch wieder. »Richtig, der Neffe. Monsieur Hulot ist sehr stolz auf ihn. Dennis hat als Einziger der Familie studiert, Forstwirtschaft. Er war Jahrgangsbester.«

Das erklärte die differenzierte Ausdrucksweise des jungen Mannes. Ein wenig zu selbstbewusst, jedoch gut informiert und offenbar gewohnt zu argumentieren. »Scheint ein kluger Bursche zu sein.«

»Oh ja, das ist er. Er arbeitet als Forstingenieur beim *Office Na-*

tional des Forêts unter Julien Bernard. Sie kennen doch unseren Förster, oder?«

»Ich habe von ihm gehört.« Pierre atmete tief durch. Obwohl er bereits seit mehr als drei Jahren hier lebte, gab es immer noch Menschen, deren Namen er keinem Gesicht zuordnen konnte. Allerdings war Bernard kein direkter Bewohner von Sainte-Valérie.

»Laut Christophe Rousset, dem *Garde champêtre*, sind Franck Pabion und der Förster aneinandergeraten. Ist Ihnen darüber etwas bekannt?«

»Nein. Aber es wundert mich nicht. Die Sache mit der Quecksilberentsorgung ist wirklich unglaublich. Wer weiß, was da noch so alles hochkommt.«

Pierre runzelte die Stirn. Das ganze Dorf hatte sich offenbar längst darüber ausgetauscht, während er selbst gerade erst davon erfahren hatte. »Woher wissen Sie davon?«

»Von meiner Freundin aus der Gemeindeverwaltung von Saumane. Sie hatte den Papierkram zu erledigen, als die Umweltbehörde den Fall untersuchte. Auch wenn die Behörde zu verhindern wusste, dass der Vorfall an die Öffentlichkeit gelangte, hat er dennoch für viel Aufregung gesorgt. Es gab wohl niemanden im Verband der *Pays des Sorgues et des Monts de Vaucluse*, der ihm nicht die Pest an den Hals gewünscht hätte.«

»Christophe Rousset beispielsweise?«

»Genau.«

»Auch der Förster?«

»Ihn hat es ganz besonders getroffen. Monsieur Bernard gilt als sehr gewissenhaft, der Wald ist sein Heiligtum. Sein Gebiet ist groß und zieht sich über mehrere Gemeinden. Er arbeitet sogar am Wochenende, um seinen Aufgaben nachzukommen. Ich kann ihm nicht verdenken, dass er Franck Pabion aus tiefem Herzen gehasst hat, aber mehr traue ich ihm nicht zu. Er ist ein sehr netter, zurückhaltender Mann, dafür redet seine Frau umso mehr. Ich treffe sie manchmal auf dem Markt. Soll ich einen Termin für Sie vereinbaren?«

Pierre lachte auf. Die Tatsache, dass Gisèle Madame Bernard als redselig bezeichnete, ließ Schlimmes befürchten. »Danke, damit würden Sie mir sehr helfen.«

»Das mache ich gerne. Wissen Sie, ich mag Marie-Laure. Wenn ich mithelfen kann, Licht ins Dunkel dieses grauenhaften Mordes zu bringen, gibt mir das ein gutes Gefühl.«

»Sie glauben auch, dass es Mord war?«

»Na, das steht doch außer Frage, oder etwa nicht?«

Er musste schmunzeln. »Meine liebe Gisèle, wenn alle Bewohner unseres Dorfes so mitarbeiten würden wie Sie, hätte ich es wesentlich einfacher. Danke für Ihre Unterstützung.«

Es war förmlich zu spüren, wie sie strahlte, denn als sie weiterredete, drang der Stolz aus jeder Silbe.

»Es ist mir ein Vergnügen«, sagte sie und hielt dann inne. »Sie haben es nicht leicht mit der Dorfgemeinschaft, nicht wahr? Mauern die Leute noch immer?«

»Ja, das tun sie. Selbst der alte Carbonne, der mich vermutlich nur deshalb ins Herz geschlossen hat, weil ich zu einer seiner Nahrungsquellen avanciert bin.« Pierre überlegte. »Nein, ganz so stimmt es nicht, es gibt durchaus jemanden, der nahbar ist: Farid. Aber der ist ja momentan nicht da.«

»Ich hoffe, Sie nehmen mir die Bemerkung nicht übel. Vielleicht liegt es ja daran, dass *Sie* sich nicht so integrieren?« Gisèles Stimme klang sanft, beinahe mütterlich.

»Wie meinen Sie das?«

»Na ja, haben Sie schon mal daran gedacht, sich ein wenig provenzalischer zu geben?«

»Ich bin, wie ich bin«, brummelte Pierre. »Und ich tue alles dafür, nicht als ehemaliger Pariser aufzufallen. Aber ich kann doch jetzt nicht auf Biegen und Brechen versuchen, mich anzupassen. Das wirkt albern.«

»Finden Sie? Ich meine, dass es eine schöne Geste wäre.«

»Na ja«, erwiderte er zweifelnd. »Arnaud nehmen die Leute doch sicher auch nicht ab, dass er den provenzalischen Dialekt gelernt hat, weil es ihn so brennend interessiert.«

Sie schwieg kurz, ehe sie mit hörbarem Seufzen sagte: »Es muss ja nicht der Dialekt sein. Vielleicht interessieren Sie sich für Pétanque? Oder irgendetwas anderes, das die Dorfbewohner regelmäßig zusammenbringt, beispielsweise *Belote.* Haben Sie das jemals mit den anderen gespielt?«

»Wenn meine dörfliche Integration davon abhängt, ob ich mich auf dem Bouleplatz herumtreibe oder bis nachts um zwei in der Bar Karten spiele, dann muss ich wohl oder übel für den Rest meines Lebens ein Fremder bleiben.« Pierre sagte es trotzig, obwohl er ahnte, dass Gisèle im Grunde genommen Recht hatte.

»Soll ich mal mit den Leuten reden? Ich meine, ich weiß nicht, ob ich viel ausrichten kann, aber zumindest bei den Frauen kann ich ein gutes Wort einlegen.« Sie zögerte kurz. »Die Damen verfolgen Ihre Geschichte aufs Genaueste. Ganz unter uns, seit Madame Duprais Sie und Mademoiselle Charlotte auf dem Burgturm … ich meine … Also, wir würden uns freuen, wenn Sie eine Frau an Ihrer Seite hätten.«

Pierre sog die Luft ein. Das fehlte ihm gerade noch. Charlotte und er als Mittelpunkt einer dörflichen Soap-Opera! *Plus belle la vie* in Sainte-Valérie.

Rasch und ohne weiter auf das Gesagte einzugehen, beendete er das Gespräch. Er hatte genug zu tun, die Zeit drängte.

Gerade wollte sich Pierre einen Kaffee machen, als Luc die Wache betrat. Kauend, in der Hand eine ganze Salami. Er wirkte nervös, beinahe aufgeregt.

»Du wirst nicht glauben, was ich herausgefunden habe«, sagte er mit halb vollem Mund. Er drängte sich an Pierre vorbei in dessen Büro und nahm auf dem Besucherstuhl vor dem Schreibtisch Platz. »Du wolltest doch, dass ich die Leute befrage, ob sie jemanden im Morgengrauen der Tatnacht gesehen hätten«, begann er, noch bevor sich Pierre wieder gesetzt hatte. »Als ich eben auf dem Markt war, habe ich mich ein wenig umgehört. Und tatsächlich.«

Er biss erneut ab, schluckte nach nicht einmal drei Kaubewegungen und fuhr mit ungebremstem Enthusiasmus fort. »Ich sage dir, wir sind ganz nah dran! Unser polnischer Künstler Guy Wozniak hat etwas gesehen. Er wunderte sich an dem Morgen und meinte, es sei viel zu früh für den Jagdausflug. Er war gerade aufgestanden, zum Pinkeln, und sah durchs Klofenster, wie sein Kumpel bereits den Wagen belud und in Richtung Waldgebiet davonfuhr. Da war es nicht einmal halb sechs. Und nun rate mal, wer das war.« Er fuchtelte mit der Salami herum, als wäre sie sein verlängerter Zeigefinger, und fuhr fort, bevor Pierre überhaupt eine Chance hatte zu antworten: »Serge Oudard!«

Der Krämer. Das war ein wichtiger Hinweis, aber ob er ernst zu nehmen war, blieb fraglich. Mehr als einmal hatte Pierre es erlebt, dass gute Freunde sich entzweiten und dem anderen das Schlimmste wünschten, ein Knastaufenthalt fiel da eher in die Kategorie »harmlos«.

»Haben die beiden sich gestritten?«

Luc ließ den Mund offenstehen und sah ihn verständnislos an. »Was meinst du damit?«

»Na, du weißt schon. Irgendein Disput beim Boule, eine geklaute Kirsche über den Gartenzaun hinweg, ein untergeschobener Billigtrüffel – irgendetwas in der Art? Es ist schon sehr ungewöhnlich, dass jemand seinen Jagdkumpan verpfeift und ihm damit quasi einen Mord anhängt.«

»Du glaubst, Wozniak lügt?«

»Zumindest weckt seine Behauptung mein Misstrauen. Niemand in dieser Gemeinschaft durchbricht freiwillig den Zusammenhalt. Hast du ihn angesprochen, oder ist er auf dich zugekommen?«

»Nun ja, er hatte wohl gehört, dass ich die Leute befrage …« Luc begann mit der Salami zu wackeln, was trotz seines fassungslosen Gesichtsausdrucks eine gewisse Komik barg. Er tat es eindringlich und bemerkte nicht, dass sich dabei ein Stück Pelle löste und auf den Tisch segelte. »Ich bin mir sicher, er hat es nur gemacht, um sein Gewissen zu erleichtern. Ganz bestimmt. Du glaubst doch nicht, dass er mich anschwindelt, oder etwa doch?«

Seufzend kramte Pierre in der Schublade nach einem Taschentuch, nahm damit die Wurstpelle auf und ließ sie in den tütenverkleideten Papierkorb fallen. Dann schlug er sein Notizbuch auf. Wenn es wirklich stimmte, was Wozniak zu berichten hatte, dann ließ es den Tathergang in einem völlig neuen Licht erscheinen.

»Also gut, der Krämer Serge Oudard. Nur warum hätte er das tun sollen? Was hatte er mit Franck Pabion zu schaffen?«

»Das werde ich herausfinden«, rief Luc. »Darf ich?«

Pierre überflog seine Notizen. Die Liste der Namen verlängerte sich zusehends. Der Krämer, der Förster, der *Garde champêtre*, der Lockenkopf sowie Jérôme Menessier, dessen jugendlicher Mitstreiter aus dem Dorf. Und natürlich der Antiquitätenhändler Frédéric Pabion. Alle mit Motiven, denen es nachzugehen galt. Nicht zu vergessen Sébastien Goussard, dessen Aussage vor allem von den übrigen Teilnehmern des Junggesellenabschieds gestützt wurde, seinen besten Freunden.

Ihm rauchte der Schädel, er hatte das Gefühl, sich zu verzetteln. In Paris hatte er immer einen ganzen Stab an Inspektoren um sich gehabt, die ihn bei seinen Ermittlungen unterstützten. Hier waren es nur Gisèle und Luc, sein übereifriger Assistent.

Nun ja, besser als nichts. Er würde die Arbeit verteilen müssen, und er musste noch einmal mit *Capitaine* Fichot reden. Der Fall war ernst zu nehmen. So ging es nun wirklich nicht weiter.

»In Ordnung. Du sprichst mit Oudard. Finde heraus, wohin er am Samstagvormittag gefahren ist. Jérôme Menessier könntest du ebenfalls übernehmen, du erinnerst dich sicher, er war auch auf der Demonstration. Er wohnt in der *Rue du Vallon*. Frag ihn nach seinem Alibi. Vielleicht war er ja sogar damals bei der Kundgebung vor dem Imprägnierwerk dabei…«

Eine SMS blinkte auf. Charlotte. Mit zunehmendem Kloß im Hals überflog Pierre die Nachricht.

Kann so nicht weitermachen. Wir müssen reden.

»Alles in Ordnung?« Luc reckte den Kopf und schielte auf das Display. Dabei machte er ein Gesicht, als wäre er der Empfänger.

»Nichts, was sich nicht klären ließe«, brummte Pierre. Hastig schaltete er sein Handy aus und nahm sich vor, das Anzeigen von Kurznachrichten in den Einstellungen zu ändern.

»Sag mal, Luc, du kommst doch auch hier aus der Gegend. Sprichst du eigentlich provenzalisch?«

»*Òc, naturalament*«, sagte er und schob dabei den Unterkiefer nach vorne. »Das heißt: *Oui*, *naturellemen*t – natürlich.«

»Und wie sagt man, wenn man sich für etwas bedanken möchte? *Merci bien* beispielsweise …«

»*Mercé ben.*« Luc grinste. »Seit wann interessierst du dich denn für so etwas?«

»Na ja … Ich dachte, es sei an der Zeit, mich ein wenig anzupassen.«

»Gute Idee! Willst du wissen, was Idiot heißt?« Sein Grinsen wurde breiter. »*Colhon.* Ich schwöre dir, wenn du das draufhast, kannst du bei jedem Boulespiel punkten.«

»Oder dir eine Faust abholen …«

»Nein, wirklich, das sagen sie alle, das gehört dazu. Soll ich dir noch mehr beibringen?«

»Ein anderes Mal vielleicht.«

»Na schön.« Luc erhob sich. »Ach übrigens, vorhin hat dieser *Capitaine* Fichot angerufen. Du sollst dich bei ihm melden. Am besten auf dem Handy. Warte, ich habe die Nummer aufgeschrieben.« Er kramte in seiner Hosentasche.

»Wann war das?«

»Ungefähr vor einer Stunde.«

»War es denn dringend?«

»Keine Ahnung. Er sagte, er sei auf dem Weg zum Imprägnierwerk.«

Pierre sprang auf. »*Merde!* Das hättest du mir gleich sagen müssen.« So ein verdammter Mist. Er ärgerte sich, dass er die Nummer nicht gleich zurückgerufen hatte. Es war sicher Fichot gewesen, irgendetwas musste geschehen sein. »Komm, gib schon her!«

Endlich waren Lucs Bemühungen erfolgreich. Voller Stolz reichte er Pierre einen Zettel, der von Fettflecken übersät war. »Ich geh dann mal Hände waschen«, sagte er trocken und verließ den Raum.

Kopfschüttelnd besah Pierre die verschmierten Ziffern und griff nach dem Hörer. Noch während er auf das Freizeichen wartete, zog er sich die Jacke über. Er hatte das Gefühl, dass der Fall allmählich Fahrt aufnahm.

14

Der Renault preschte über die platanengesäumte Landstraße, die Monts de Vaucluse hinauf in Richtung Saumane. Pierre hatte Fichot nur bruchstückhaft verstanden, immer wieder war die Verbindung abgerissen. Aber das Wichtigste hatte er begriffen: Im Imprägnierwerk war eingebrochen worden.

Auf Höhe der Abzweigung nach Fontaine-de-Vaucluse musste er kurz hinter einer Biegung scharf abbremsen. Ein Chevrolet mit dem Signet einer Leihwagenfirma tastete sich die enge Straße hinauf und blieb in den Kurven fast stehen. Am Steuer ein Mann mit Schirmmütze, wohl ein Tourist, der sich nebenher die Landschaft besah.

Einen kurzen Moment ließ Pierre ihn gewähren, bis er einsah, dass dieses Schneckentempo nicht an der Schönheit der Umgebung, sondern am Unvermögen des Mannes am Steuer lag. Er begann zu hupen, was den Fahrer jedoch nur zu noch mehr Langsamkeit animierte. Ungeduldig ließ Pierre das Fenster herunter und gab dem Vordermann Zeichen, einen der seitlichen Ausweichplätze zu benutzen. Die von Buschwerk und Kiefern umrahmten Schotterspuren boten alle paar hundert Meter Gelegenheit, schnellere Autos vorbeizulassen oder einfach nur die Aussicht zu bewundern.

Davon unbeeindruckt zuckelte der Tourist weiter entlang des eng verflochtenen Astwerks der Macchie, immer in sicherem Abstand zu den Bruchsteinmauern, die die Vegetation rechts der Straße befestigten.

So würde er nie überholen können!

Pierre fluchte, stellte die Sirene an und zog, als der Chevrolet endlich mitten auf der Straße zum Stehen kam, in einem halsbrecherischen Manöver an ihm vorbei. Dabei ignorierte er das gut hörbare Kratzen von Kreuzdorn und Stechwinde, die den Lack touchierten. Damit hatte der Wagen eben einige Spuren mehr. Wen störte das schon, er war hier in der Provence, wo die Menschen ebenso leidenschaftlich wie unaufmerksam fuhren und man die Neuwagen oft nach wenigen Monaten nicht mehr von den altgedienten unterscheiden konnte.

Das Holz- und Imprägnierwerk lag außerhalb des *Parc naturel régional du Luberon*, an der Verbindungsstraße zwischen Saumane und L'Isle-sur-la-Sorgue. Eine Schneise inmitten der Natur, eingefasst von Pinien und Wacholder. Ein massives Stahltor versperrte den Blick auf das Areal, bis auf einen schmalen Spalt, den der *Capitaine* ihm offen gelassen hatte. Pierre stellte den Wagen auf der Zufahrt davor ab und schob sich durch die Lücke auf den Hof des Firmengeländes.

Als Erstes fiel ihm der süßlich-harzige Geruch auf, der über allem lag und der in der zunehmenden Schwüle beinahe beißend war. Eine Wellblechhalle gleich am Eingang des Geländes reflektierte die Sonnenstrahlen und blendete ihn. Pierre hob die Hand schützend vor die Augen und versuchte sich zu orientieren.

Links befand sich ein Ablageplatz mit mehreren Stapeln aufgeschichteter Stämme, einige davon bereits geschält, überall Sägespäne, Rindenstücke und Holzabfälle. Daneben die Wellblechhalle mit Rolltor, durch dessen Plexiglasscheiben er aufgetürmte Bretter und Pfähle sowie ein langgezogenes Tauchbecken erkennen konnte. Weiter hinten stand ein Bagger mit Greifarmen im Schatten eines Gebäudes, an dessen Außenwand Röhren und ein Kompressor angebracht waren.

Alles war ruhig, beinahe friedlich. Nichts deutete darauf hin, dass hier ein Verbrechen geschehen war.

Mit schnellen Schritten ging Pierre auf das Bürogebäude rechts des Tores zu, vor dem der Wagen der Gendarmerie parkte. Die Tür war verschlossen, auf sein Klopfen hin öffnete *Capitaine* Fichot, hinter ihm eine Kollegin.

»*Bonjour*, Monsieur Durand. Wie schön, Sie wiederzusehen.« Fichot zwinkerte ihm zu und gab ihm die Hand, wobei er strahlte, als sei Pierre ein alter Freund. »Das hier ist *Lieutenante* Casgrain, sie unterstützt mich bei den Ermittlungen.«

»Sehr erfreut.«

Die junge Frau lächelte scheu und sah aus, als würde sie gleich einen Knicks machen.

»Danke, dass Sie mich sofort angerufen haben«, sagte Pierre an Fichot gewandt, »ich bin mir bewusst, dass das abseits der Vorschriften ist …«

»Na ja, die Reglements haben wir bei diesem Fall ohnehin schon sehr weit ausgelegt. Außerdem wollte ich mich mit Ihnen abstimmen, wie weit Sie mit Ihren Ermittlungen gekommen sind.« Fichot sah ihn auffordernd an. Noch immer lächelte er, aber seine Augen blickten wachsam. »Wie ich von Mademoiselle Pabion hörte, haben Sie bereits einige Befragungen durchgeführt. Sie sollen den Fall ein ganzes Stück vorangetrieben haben und kurz vor dem Abschluss stehen.«

Pierre konnte ein Lachen nicht unterdrücken. »*Das* hat sie gesagt? Wie kommt sie denn darauf?«

»Dazu hat sie sich nicht näher geäußert. Sie hat es mir lediglich am Telefon quasi als Triumph entgegengeschleudert. Ich hätte diese unglaubliche Nachricht allerdings lieber von Ihnen persönlich erfahren.«

»Das hätten Sie längst, wenn es so wäre, aber Mademoiselle Pabion neigt zur Übertreibung. Sie wird erfahren haben, dass ich bei ihren Eltern war und dass sich mein Assistent Luc Chevallier ein wenig im Dorf umgehört hat.« Er schüttelte den Kopf. Marie-Laure wurde langsam zur Nervensäge. Pierre nahm sich vor, ihr bei Gelegenheit ein paar Takte zur Polizeiarbeit zu erzählen. Kollegen untereinander auszuspielen gehörte mit Sicherheit nicht dazu. »Ich wollte mich ohnehin bei Ihnen melden. Bislang habe ich nur wenig herausgefunden, doch es gibt durchaus einige Verdächtige.«

»Wirklich? Wen haben Sie denn im Visier?«

»Frédéric Pabion beispielsweise, den Vater des Ermordeten. Außerdem unseren Krämer Serge Oudard, den jemand Samstag früh dabei beobachtet hat, wie er das Dorf in Richtung Wald verließ. Und insbesondere den Tierschützer Dennis Hulot …«

Fichot grinste und zwinkerte. »Sieh an. Ehrlich gesagt habe ich Sie unterschätzt.«

»Ach, wirklich? Inwiefern?«

»Das werde ich Ihnen gleich erklären.« Fichot wandte sich an seine Kollegin und wies sie an, draußen auf die Spurensicherung zu warten und das Tor zu öffnen, wenn die Kollegen denn endlich einträfen. Dann bat er Pierre, ihm ins Büro zu folgen.

Im Inneren herrschte absolutes Chaos, nichts lag mehr an seinem vorbestimmten Platz. Schränke waren umgeworfen worden, Schubladen herausgezogen und geleert. Überall Papiere und Akten, dazwischen zersplittertes Glas von der eingeschlagenen Scheibe des rückwärtigen Fensters, ein Poster, Pflanzen, Blumenerde. Das Auffälligste war allerdings eine Botschaft, die jemand in roten Buchstaben an die Wand gemalt hatte:

Tod den Umweltsündern!

»Mademoiselle Pabion hatte zumindest in einem Punkt Recht«, kommentierte Fichot zwinkernd. »Alles sieht nach einem Mord aus. Und ganz offensichtlich war die Tat mit einer Botschaft verbunden.«

»Sie glauben, dass beides zusammenhängt?«

»Es ist zumindest sehr wahrscheinlich. Sicher wissen Sie nicht, dass der Ermordete einen Großteil seines Giftmülls im Wald entsorgt hat.« Fichots Lächeln hatte etwas Selbstsicheres, beinahe Triumphierendes.

»Doch, doch, bin längst im Bilde.«

Pierre machte ein paar Fotos mit seiner Handykamera und stieg über die herumliegenden Gegenstände, um sich die Wandbemalung aus der Nähe anzusehen. Irgendetwas an der Sache gefiel ihm nicht. Hatten die Umweltschützer bislang noch zu seinen Hauptverdächtigen gehört, so war ihm die Sache nun, mit dieser plakativ angebrachten Todesdrohung, viel zu offensichtlich. Warum sollte der Mörder auf sich aufmerksam machen, indem er das Motiv für die Tat direkt auf dem Silbertablett servierte? Andererseits waren Überzeugungstäter oft die gefährlichsten und skrupellosesten von allen, weil sie glaubten, die Wahrheit für sich gepachtet zu haben.

»Das ist quasi ein Bekennerschreiben«, setzte der *Capitaine* hinzu, als habe er Pierres Gedanken gelesen. »Die Täter wollen, dass man ihr Anliegen ernst nimmt. Bislang konnte der Gemeindeverband die Presse daran hindern, den Umweltskandal öffentlich zu machen. Wenn jedoch einer der Journalisten erfährt, dass Franck Pabion und sein Tod damit in Zusammenhang stehen, dann ist es mit dem Frieden hier vorbei. Wir haben einen Ruf zu verlieren.«

»Wie meinen Sie das?«

»Dieses Departement war eines der ersten, die das Thema Umwelt ernst genommen haben. Schon Ende der Siebziger wurden weite Teile des Luberon zum Naturschutzgebiet erhoben, das die UNESCO im Jahr 1997 wegen seines ungewöhnlichen Artenreichtums zum Biosphärenreservat ernannt hat. Soll das alles mit einem Schlag in Frage gestellt werden?«

Pierre stutzte. So lief das also. Jetzt wurde ihm einiges klar.

»Es war den Behörden ganz recht, dass bisher alles auf einen Jagdunfall hingedeutet hat, nicht wahr? Das war etwas, worüber sich niemand mehr groß aufregte, kaum eine Meldung wert. Ein Mord hingegen hätte Fragen aufgeworfen, und die Sache mit der Bodenverschmutzung wäre durch alle Medien gegangen.«

Fichot zwinkerte ihm zu. »Wir alle hier leben vom Tourismus. Ein Giftskandal kann den Glauben an die Unberührtheit der Natur mit einem Schlag zerstören. Wer will schon seinen Urlaub in einer Gegend verbringen, in der er Gefahr läuft, ernsthaft zu erkranken?«

»Hätten Sie denn Bewohner wie Touristen sehenden Auges ins Messer laufen lassen?«

»Natürlich nicht, die Umweltbehörde hat glücklicherweise hinter den Kulissen offiziell Entwarnung gegeben«, widersprach Fichot. »Es gibt keinerlei Hinweise auf weitere Vorfälle oder Verseuchungen. Damit war alles in bester Ordnung. Wir hätten die Sache lautlos und sicher in den Griff bekommen, aber diese Aktivisten wollen natürlich nicht, dass das geheim bleibt. Der anonyme Anrufer, der den Einbrecher beim Überwinden des Tores gesehen haben will, war mit Sicherheit auch einer von denen.« Mit ausgestrecktem Arm wies er auf die Schrift. »Diesen Einbruch verstehen wir als deutliche Mahnung. Es wird wohl nicht mehr lange dauern, und Bilder dieser Szenerie werden in den Redaktionen sämtlicher Medien liegen und im Internet kursieren.«

Ja, so würde es vielleicht kommen, stimmte Pierre dem Kollegen in Gedanken zu, doch seine Überlegungen waren bei einem anderen Punkt hängen geblieben, der ihn mehr wurmte, als er es sich eingestehen wollte. »Seit wann sind Sie der Ansicht, Pabion sei ermordet worden, um dem Umweltschutz ein Denkmal zu setzen?«

»Von Anfang an.«

»Also haben Sie nur vorgegeben, den Fall ad acta zu legen.«

»So ist es«, schmunzelte der *Capitaine.* »Nach außen hin sollte Ruhe bewahrt werden, aber selbstverständlich hatten wir intern die Ermittlungen längst aufgenommen.«

Pierre dachte an Christophe Rousset. Nun ergab es einen Sinn, dass der Mann sich korrigiert hatte. Während er in der *Bar du Sud* noch lauthals die laschen Ermittlungen angeprangert hatte, wollte er nur wenige Tage später nichts mehr davon wissen. »Was ist mit dem *Garde champêtre*? Ist er eingeweiht?«

»Wir haben ihn gebeten, die verdeckten Ermittlungen nicht unnötig zu gefährden. Da war es allerdings schon zu spät.«

»Mademoiselle Pabion hatte sich eingemischt«, konstatierte Pierre.

»Genau. Kurz darauf standen *Sie* auch schon vor meinem Schreibtisch. Da habe ich eine Entscheidung getroffen. Ich hielt es für besser, Ihnen die Akten mitzugeben.«

»Sagen Sie jetzt nicht, sie wollten mich nur elegant loswerden. Sie hätten es mir auch einfach verbieten können.«

»Hätten Sie sich denn davon abhalten lassen?« Fichot lächelte. »Sie hätten trotzdem weitergemacht, oder etwa nicht? Ihr Ruf eilt Ihnen voraus, werter Kollege. So wusste ich zumindest, auf welcher Basis Sie Nachforschungen anstellen würden.«

Inzwischen konnte Pierre dieses ewige Lächeln und Zwinkern nicht mehr ertragen. »Sie hätten mich ins Vertrauen ziehen können. Dann hätte ich jetzt nicht dieses unangenehme Gefühl, nur Ihr Hampelmann gewesen zu sein.« Noch klang Pierre ruhig. Aber er spürte, wie ihm die Wut den Hals hinaufstieg.

»Sie müssen nicht denken, dass Sie keinerlei Funktion hatten. Mademoiselle Pabion hatte gedroht, sich an die Presse zu wenden, falls nichts geschähe. Diese junge Dame ist zu allem fähig, wenn sie sich etwas in den Kopf gesetzt hat. Seitdem Sie mit Ihren Ermittlungen begonnen hatten, Monsieur Durand, war sie beruhigt.« Wieder dieses Zwinkern, sogar zweimal hintereinander. Pierre unterdrückte ein Augenzucken. Das war ja richtiggehend ansteckend.

»Es freut mich«, fuhr Fichot fort, »dass Sie zu ähnlichen Erkenntnissen gekommen sind. Zumindest was Dennis Hulot betrifft. Wie wir aus den beschlagnahmten Unterlagen wissen, hat Pabion sich mit ihm kurz vor seinem Tod getroffen. Die Fahndung nach ihm läuft, seit Samstag früh ist er verschwunden, was unseren Verdacht nur noch erhärtet.«

Mit einem unterdrückten Fluch fuhr sich Pierre durchs Haar. Fichots Worte verklangen, ohne dass er sie wirklich wahrnahm. Eines war ihm jedoch klar geworden: Er war die ganze Zeit manipuliert worden. Nicht nur von Fichot. Auch Marie-Laure drehte sich die Welt so zurecht, wie es ihr passte. Er hatte unbedarft mitgemacht bei diesem Spiel, und nun kam er sich vor wie ein Polizeischüler, wie ein Trottel. Sie hatten ihn eiskalt und gezielt an der Nase herumgeführt. Und das alles nur, damit der Herr *Capitaine* unbehelligt arbeiten konnte.

Verärgert rieb er sich die Stirn. Ihm brummte der Schädel. Es hatte Zeiten in Pierres Leben gegeben, damals in Paris, da hätte er einem selbstgefälligen Typen wie Fichot einfach eins auf die Nase gegeben, wenn er ihm dumm gekommen wäre. Doch die Zeiten waren andere. Auch er war ein anderer geworden.

Er trat nach vorne, ohne auf die umherliegenden Gegenstände zu achten, und blieb direkt vor dem überraschten *Capitaine* stehen. »Werter Herr Kollege Fichot, das Wichtigste in unserem Beruf sind gegenseitiges Vertrauen und ehrliche Zusammenarbeit, nicht wahr? Da Ihnen das anscheinend nicht viel bedeutet, bin ich sicher, dass Sie den Fall auch ohne meine Hilfe schnell und elegant lösen werden.« Sollte ihm dieser *Capitaine* doch den Buckel herunterrutschen. Und die gesamte Familie Pabion gleich mit.

Mit großen Schritten verließ er den Raum. Er brauchte dringend frische Luft, aber statt der erwarteten Abkühlung empfing ihn wieder nur diese drückende Schwüle, die den penetranten Geruch nach Holz und Sägespänen schier unerträglich machte.

Als Erstes würde er nun Charlotte anrufen und sie zum Mittagessen einladen. Er war ein Idiot, dass er sich immer wieder in irgendwelche Fälle einmischte, er würde nun endlich damit aufhören und stattdessen beginnen, sein Leben zu genießen. Viel wichtiger, als irgendwelchen Nebelzauber zu durchdringen, war es, sein eigenes Chaos in Ordnung zu bringen. Dazu gehörte auch, endlich das Bauernhaus auf Vordermann zu bringen, selbst wenn es bedeutete, dass er sich selbst Tag und Nacht daran versuchte, Wände auszubessern und Rohrleitungen zu verlegen.

»Monsieur Durand, so warten Sie doch«, ertönte eine Stimme hinter ihm.

Pierre war am Tor angekommen, wo die *Lieutenante* noch immer auf die Spurensicherung wartete. Er drehte sich um.

»Monsieur Durand!«

Der *Capitaine* lief quer über den Hof auf ihn zu. »So war es doch nicht gemeint.« Fichots Zwinkern wurde heftiger. »Das ging doch nicht gegen Sie. Es waren interne Informationen, die unter allen Umständen geheim zu halten waren, das müssen Sie verstehen.«

»Wissen Sie, Fichot, ich muss gar nichts verstehen. Trotzdem bin ich Ihnen sogar dankbar, dass Sie mich benutzt haben. Sie haben mir geholfen, mir einen Unterschied klarzumachen, den ich fast vergessen hatte.«

»Was für einen Unterschied?«

»Den zwischen einem Kollegen und einem *colhon*.« Pierre zwinkerte dem nach Luft schnappenden Fichot, der offenbar des provenzalischen Dialekts mächtig war, übertrieben zu, dann lächelte er kühl. »Ach, übrigens: Wenn es Sie interessiert, wo Dennis Hulot steckt, dann sollten Sie mal bei seinem Onkel in Sainte-Valérie nachsehen. Schönen Tag noch.« Damit eilte er durchs Tor und fuhr davon, ohne sich noch einmal umzudrehen.

Noch während er die ersten Meter zurücklegte, schwor er sich, nie wieder in seinem Leben *Commissaire* zu spielen.

15

Die Mittagszeit im *Chez Albert* liebte Pierre ganz besonders, vor allem wenn man einen der Außenplätze abseits der großen Platanen ergatterte und einem die milde Herbstsonne ins Gesicht schien. In solchen Momenten fiel alles von ihm ab.

Normalerweise.

Als er sich heute auf einen der Stühle setzte und einen Rosé bestellte, war er angespannt, geradezu nervös. Nicht weil ihm das unschöne Gespräch mit Fichot noch im Kopf kreiste; damit hatte er abgeschlossen, nachdem er den Wagen vor der Wache geparkt und die ersten Schritte in Richtung *Place du Village* gegangen war. Nein, die Nervosität hatte einen anderen Grund: Auf dem Weg hierher hatte er Charlotte angerufen und sich mit ihr verabredet. Um ein Uhr würde sie zum *Chez Albert* kommen, das war in zehn Minuten.

In Pierres Jackentasche summte das Handy, doch er ignorierte den Anruf. So wie er es auch mit den anderen getan hatte, die er seitdem erhalten hatte.

Er trank einen Schluck von dem Wein und lauschte dem Singsang der Vögel in den Bäumen. Dann sah er ein, dass er sich nicht ewig davor drücken konnte, und schaute schließlich doch nach, wer versucht hatte, ihn zu sprechen.

Zwei Anrufe waren von Fichot gewesen und einer von Gisèle, die ihm auf den Anrufbeantworter gesprochen hatte. Leider habe sie den Förster bisher nicht erreicht, treffe sich aber gleich mit ihrer Freundin aus der Gemeindeverwaltung zum Mittagessen. Sie wolle sich später noch einmal melden, wenn sie die benötigten Informationen über das Imprägnierwerk habe.

Pierre überlegte kurz, sie zurückzurufen, beließ es aber bei einer SMS, in der er sich für die gute Nachricht bedankte und ihr mitteilte, dass sie sämtliche Auskünfte, die den Mord an Franck Pabion betrafen, nun an die Gendarmerie richten müsse. Als Nächstes rief er Luc an, um ihn über die neuesten Entwicklungen in Kenntnis zu setzen.

»Pierre, sag mal, hast du auch so eine eigenartige Werbung bekommen?«, fiel ihm sein Assistent ins Wort, gerade als Pierre den Grund seines Anrufs formulieren wollte. »Ich verstehe nicht, was das mit dem Baumarkt zu tun haben soll.«

»Was ist los?«

»Ich habe gesehen, was du getan hast«, zitierte Luc. »Ich meine, was soll das bedeuten?«

»Wovon zum Henker redest du?«

»Na, von dem Umschlag, der in dem Prospekt vom *Bricomarché* gesteckt hat. Der mit dem dringenden Hinweis, den Brief zu öffnen, wenn einem das Leben lieb sei. Ich habe überhaupt nicht begriffen, worum es da geht! Damals bei der Aktion von der Hellseherin, dieser Madame Margot oder so, die einem schrieb, dass etwas Furchtbares geschehen würde, wenn man sich nicht sofort von ihr helfen lassen würde, da habe ich es ja noch verstanden. Aber hier? Nein, wenn sich der Sinn einer Aktion nicht sofort erschließt, ist sie ein totaler Reinfall. Ich finde, wir sollten darauf reagieren, bevor unsere Bürger sich deswegen Sorgen machen, gerade die Älteren sind bei so etwas sehr empfindlich.«

Die Worte waren nur so aus ihm herausgesprudelt. Pierre hob die Stimme, um den Redefluss zu unterbrechen. »Luc, das interessiert mich jetzt nicht. Ich habe dich angerufen, weil …«

»Da sitzen irgendwelche Marketingexperten«, fuhr dieser ungerührt fort, »in den Chefetagen und blasen einer Werbeagentur das Geld in den Hintern, ohne darüber nachzudenken, was sie damit anricht…«

»Luc, jetzt halt mal die Luft an«, sagte Pierre noch energischer und fuhr dann leiser fort: »Es hat sich etwas verändert, wir sind wieder raus aus dem Fall. Wir überlassen das Feld der Gendarmerie und kümmern uns nur noch um unseren eigenen Kram.«

Sein Assistent stöhnte auf. »Aber wir sind doch mittendrin! Ich wollte gerade zu Serge Oudard fahren, um die Aussage von dem polnischen Künstler zu überprüfen. Erledigen das jetzt die Kollegen?«

»Wahrscheinlich nicht. *Capitaine* Fichot hat seine eigene Vorgehensweise.«

»Und was machen wir jetzt mit Jérôme Menessier?« Luc erzählte von der Befragung des jugendlichen Demonstranten, den er am Vormittag aufgesucht hatte. Einem Einzelgänger, wie er wusste, von seinen Altersgenossen gemieden und irgendwie nicht ganz richtig im Kopf. Menessier traute er wohl so einiges zu, und je wortreicher Luc dessen Gefährlichkeit beschrieb, desto mehr entspann sich das Bild eines Straftäters, den man besser augenblicklich in den Hochsicherheitstrakt von Marseille überführen müsse, bevor das Dorf an dessen krimineller Energie zugrunde ginge.

»Der schlitzt, ohne mit der Wimper zu zucken, Autoreifen auf oder klaut Jagdgewehre«, ließ Luc endlich die Bombe platzen, um dann bedeutungsvoll zu schweigen.

Pierre schüttelte den Kopf. »Das ist alles?« Autoreifen und Jagdgewehre. Das hatte er längst vermutet, noch bevor Luc überhaupt mit der Befragung begonnen hatte. »Hast du wenigstens stichhaltige Beweise dafür?«

»Er hat es natürlich nicht offen gesagt. Aber ich habe es herausgehört, als er über die Jäger herzog. Pierre, glaub mir, der Junge hasst diese Leute.«

»Na großartig!«, entfuhr es Pierre. Das alles war zu vage, damit konnte man niemanden festnehmen. »Hattest du den Eindruck, er würde auch auf einen der Jäger schießen?«

»Bestimmt würde er es tun. Allerdings wäre er wohl nicht besonders zielsicher. Er hat nach eigener Aussage noch nie eine Waffe in der Hand gehalten. Er bezeichnet sich als Pazifisten.«

Was auch immer das in diesem Zusammenhang bedeuten mag, dachte Pierre. Nicht schießen, jedoch gewaltsam zerstören. Hauptsache, die Realität war so, wie man sie sich hinbog. »Leite diese Information bitte an die Kollegen weiter, die sollen sich darum kümmern«, sagte er und schob das Telefon zurück in seine Jackentasche. Das alles war unschön und verworren, aber nicht seins.

Er überlegte, ob er den Bürgermeister anrufen sollte, um ihn über die neuesten Entwicklungen aufzuklären, entschied sich jedoch dagegen. Zuerst wollte er das Gespräch mit Charlotte hinter sich bringen. Vor allem musste er dringend etwas essen.

Charlotte begrüßte ihn mit ungewohnter Distanziertheit. Sie stellte ihr Fahrrad neben einer der Platanen ab und gab ihm ein Wangenküsschen. Dann setzte sie sich ihm gegenüber und studierte stumm die Mittagskarte. Erst nachdem beide bestellt hatten – Pierre das *cassoulet*, einen Eintopf mit Bohnen in einem Sud aus Tomaten, Zwiebeln und Knoblauch geköcheltem Schweine- und Lammfleisch sowie braun gebratenen Würsten, und Charlotte einen Wildkräutersalat mit karamellisierter Ziegenkäsetarte –, kam eine zögerliche Unterhaltung zustande.

Sie redeten über Belangloses. Über den Wetterbericht, der für den Rest der Woche Sonne ankündigte, und über die Weintouristen, die für ein paar Tage Station in der *Domaine des Grès* machten. Kaum dass der Kellner ihnen das Essen brachte, verstummte die Unterhaltung und machte einem drückenden Schweigen Platz.

Pierre steckte sich eine Gabel von dem *cassoulet* in den Mund, lehnte sich kauend zurück und lauschte dem Plätschern des Brunnens. Er wusste, sie wartete darauf, dass er den Tanz eröffnete, aber er musste sich erst einmal stärken. Sich darüber klar werden, was genau er eigentlich wollte. Und vor allem wie.

Ein wenig fürchtete Pierre sich vor dem, was nun kommen würde, er hatte es schon viel zu oft gehört. Wenn Frauen Redebedarf anmeldeten, folgten meist Vorhaltungen. Vor allem, wenn die Ankündigung von einer SMS mit den Worten *Kann so nicht weitermachen* eingeleitet wurde.

Das plötzliche Einsetzen eines Akkordeons schreckte ihn aus seinen Gedanken. Zwei junge Straßenmusiker hatten sich vor dem benachbarten *Café le Fournil* postiert, dessen Gäste kurz innehielten, um ihre Gespräche dann mit erhöhter Lautstärke fortzusetzen.

»Ich mag Gipsy-Jazz«, meinte Charlotte. Dabei trommelte sie mit den Fingern im Rhythmus des Basses auf den Tisch. Energisch, als könne sie damit die angespannte Stimmung vertreiben. Vor ihr stand, noch immer unangetastet, der Salat mit der Ziegenkäsetarte.

»Stimmt etwas nicht mit dem Essen?«, fragte Pierre, während er sich selbst ein weiteres Stück Fleisch auf die Gabel schob und mit wenigen Bissen verzehrte.

»Ich habe keinen Appetit. Im Gegensatz zu dir. Man könnte meinen, du hättest seit Tagen nichts gegessen.«

Zwar lag kein Vorwurf in ihrer Stimme, aber natürlich war es eine nicht zu überhörende Anspielung auf den missglückten Abend. Der Startschuss für das längst fällige Gespräch. Pierre hob den Blick, um sich zu sammeln, starrte auf die bunten Lampions, die Restaurantchef Albert zwischen den Bäumen gespannt hatte, und ließ sich von ein paar kleinen Mädchen ablenken, die über den Platz zu den Musikern liefen und ausgelassen zu tanzen begannen.

Schließlich sah er Charlotte an, die inzwischen lustlos in ihren Salatblättern stocherte. »In Ordnung, sag mir, was los ist.«

Sie hielt in der Bewegung inne. »Vor allem möchte ich wissen, was mit *dir* los ist.«

»Wie meinst du das?«

»Erst verbringen wir ein wundervolles Wochenende, und kurz darauf kannst du es kaum abwarten, meine Wohnung zu verlassen. Und dann …« Charlotte ließ ihre Gabel sinken. »Ich weiß nicht, woran ich bei dir bin.«

Er schwieg.

»Ich mag dich wirklich, Pierre, sehr sogar. Aber ich möchte mich nicht an jemanden binden, der vage bleibt und mich ohne Vorwarnung in der Luft hängen lässt.«

Er spürte einen Druck auf der Brust, trank hastig einen Schluck Wein und stellte das Glas scheppernd auf dem Tisch ab. »Deiner Meinung nach hätte ich also einen Freudentanz aufführen sollen, als du mir angeboten hast, bei dir einzuziehen. Darum geht es doch, oder etwa nicht?«

Er hatte es schärfer gesagt als gewollt, doch Charlotte schüttelte nur sacht den Kopf.

»Vor allem hätte es mir gefallen, wenn du offen deine Meinung gesagt hättest, statt gleich in Panik zu geraten und davonzurennen.«

Eine Frau am Nachbartisch drehte sich zu ihnen um, weshalb Charlotte sich vorbeugte und die Stimme senkte.

»Ich habe es dir doch nur angeboten, weil ich dir helfen wollte. Nicht, um dich zu vereinnahmen.« Sie spießte ein Stück Ziegenkäsetarte auf und hob ihre Gabel. »Ehrlich gesagt war ich ganz froh, dass du abgelehnt hast.«

Überrascht starrte Pierre sie an »Warum das?«

»Ich habe viel zu lange mit jemandem zusammengelebt, dem ich ständig alles hinterherräumen musste. Nicolas war da ganz ähnlich gestrickt.« Auf ihren Lippen deutete sich ein Lächeln an. »Du wirst es nicht glauben, aber ich wohne gerne alleine.«

»Du meinst …«

»Pierre, lass uns ehrlich sein. Ich kenne deine Wohnung.«

Nun musste er lachen. Der Druck, der seine Brust eingeengt hatte, war mit einem Schlag verschwunden.

Erleichtert wandte er sich den Musikern zu, die sich, ohne ihr Spiel zu unterbrechen, dem *Chez Albert* genähert hatten. Dabei bemerkte er, dass die Frau am Nachbartisch noch immer in ihre Richtung schielte und mit dem Brot eine längst nicht mehr vorhandene Sauce von ihrem blankgeputzten Teller wischte.

Pierre schwieg, bis die Dame endlich den Kellner heranwinkte, um ihr Essen zu bezahlen, und betrachtete Charlotte, die ihren Appetit wiedergefunden hatte und in Seelenruhe ihr Essen beendete, Besteck und Serviette fein säuberlich auf dem Teller ablegte und sich dann in Richtung der Musik drehte. Ihre hellbraunen Locken wippten im Takt, und als der Akkordeonspieler mit einem Hut durch die Reihen ging, suchte sie nach einer Münze und quittierte den ihr zugeworfenen Luftkuss mit einem umwerfenden Lächeln.

Das war wieder die Charlotte, die er kannte. Diese unglaubliche Mischung aus Akkuratesse und Leidenschaft. Pierre sah ein, wie kindisch sein Verhalten gewesen war.

Er rückte näher an sie heran, bis ihr Haar seine Wange kitzelte. »In Ordnung«, flüsterte er. »Ich sage dir, wie es ist. Ich liebe dich, und ich möchte mit dir zusammen sein. Aber ich will auch mein eigenes Leben weiterführen, in meiner eigenen Wohnung wohnen oder später, wenn das Bauernhaus fertig ist, erst einmal dort leben.«

Überrascht blickte sie auf. »Du hast jetzt nicht wirklich gesagt, dass du mich liebst?«

»Habe ich das?«

»Ja.«

Sie drehte ihm das Gesicht zu. Er beugte sich vor und gab ihr einen zarten Kuss. Als er sich wieder zurücklehnte, übertrug sich die ruhige Mittagsstimmung endlich auch auf ihn. Über allem wogte das Stimmengemurmel von den Nachbartischen, das leise Klappern von Besteck. Ein lauer Wind strich ihm über die Wangen. Blätter stoben auf und wirbelten umher. Vom Sandplatz erklang das vertraute Klacken der Pétanque-Kugeln.

»Danke für deine Offenheit«, sagte Charlotte sanft, während ihre Finger die seinen suchten. »Wir lassen uns alle Zeit der Welt, versprochen. Ich …« Sie stockte. »Du bist ein ganz besonderer Mann, und ich empfinde genau wie du.«

Er sah sie an, lächelte versonnen.

Charlotte drückte kurz seine Hand und löste ihre Finger. »Aber wie willst du es finanziell schaffen?«, fuhr sie in normalem Plauderton fort, als seien ihr so viele Gefühle unangenehm. »Das Bauernhaus ist sicher nicht vor dem nächsten Frühjahr fertig.«

»Ich habe die Hoffnung noch nicht aufgegeben. Der Bürgermeister hat mir versprochen, mit Partouche zu reden, vielleicht gehen die Bauarbeiten ja doch noch voran. Da ich jetzt wieder mehr Zeit habe, kann ich auch einige der einfachen Dinge selbst erledigen. Der *Bricomarché* hat ein paar tolle Angebote, ich könnte mir den Nachmittag freinehmen und hinfahren. So schwer kann es doch nicht sein.«

»Du willst dir freinehmen? Was ist mit deinem Fall?«

Am liebsten hätte Pierre die Frage ignoriert und sich weiter der friedlichen Atmosphäre hingegeben. Bedächtig löffelte er den letzten Rest des Eintopfes und kaute lange, bevor er endlich antwortete. »Der hat sich erledigt.«

Sie sah ihn ungläubig an.

Er seufzte und umriss in kurzen Worten, was er im Imprägnierwerk erfahren hatte. »Fichot treibt ein falsches Spiel, und

Mademoiselle Pabion zieht es vor, eine Schmierenkomödie zu spielen«, resümierte er. »Das muss ich nicht haben, ehrlich nicht!«

»Aber gleich die Zusammenarbeit aufkündigen? Warst du da nicht ein wenig vorschnell?«

»Nein.« Er trank sein Glas aus. »Es ist besser so.«

»Das hältst du sowieso nicht lange durch.« Charlottes Augen funkelten schelmisch. »Du kannst nicht tatenlos zusehen, wie andere einen Fall aufklären, für den du dich engagiert hast.«

»Es macht mir nichts aus. Eher erleichtert es mich.« Er nickte bekräftigend. »Ja, es erleichtert mich.«

Das stimmte natürlich nicht so ganz, aber das wollte er vor Charlotte nicht zugeben. Was ihn dabei am meisten umtrieb, war der Blick in die Zukunft. Es würde sich nie etwas ändern, selbst wenn er den Behörden immer mal wieder aufgrund seiner Erfahrung würde helfen dürfen. Das alles waren nur Krumen, die man ihm gnädig hinwarf und die er gierig aufpickte, um seinen Tatendrang zu stillen. Krumen, die andere dosierten, nach einer für ihn nicht immer zu durchschauenden Willkür. So war es bei den skurrilen Morden nach Rezept gewesen, und so erging es ihm auch jetzt.

Es war etwas, das er so nicht erwartet hatte, als er in die Provence gezogen war. Hatte er anfangs noch geglaubt, ihm würde die Rolle des Dorfpolizisten guttun und er könne die Ruhe genießen, so hatte er inzwischen eingesehen, dass diese Degradierung eine viel zu enge Jacke war, in der noch immer ein *Commissaire* steckte, der es hasste, von anderen ausgebremst oder nicht hinreichend ernst genommen zu werden. Das war ein wichtiger Punkt, und er würde noch einmal darüber nachdenken müssen. Sein Leben dem inneren Drang anpassen, verändern.

»Glaubst du, Fichot findet den Täter auch so?«, fragte Charlotte in seine Gedanken hinein.

»Bestimmt. Er vermutet ihn im Umfeld der Umweltschützer. Wenn er Recht hat, werden die Bilder vom Imprägnierwerk samt der aufgemalten Drohung bald überall in den Medien auftauchen.«

»Ich frage mich nur, warum sie das Ganze nicht längst publik gemacht haben. Ich meine, wenn den Tierschützern öffentliche Aufmerksamkeit so wichtig ist, warum haben sie nicht gleich über ihre Aktionen berichtet und sich zur Ermordung von Pabion bekannt?«

»Weil es etwas anderes ist, einen Einbruch zu gestehen als einen Mord«, sagte Pierre.

»Trotzdem. Für mich ergibt es keinen Sinn, sich posthum mit Hilfe eines Einbruchs ins Gespräch zu bringen. Und sich damit obendrein zum Hauptverdächtigen eines Mordes zu machen. Irgendetwas stimmt nicht mit dieser Aktion.«

Sie hatte Recht, darüber hatte er auch schon nachgedacht. Es passte nicht zusammen. Selbst, wenn Mörder und Einbrecher nicht dieselbe Person waren. Warum sollte jemand, der mit dem Tod Franck Pabions nichts zu tun hatte, das öffentliche Interesse auf sich lenken wollen? Natürlich waren menschliche Handlungen nicht immer logisch nachvollziehbar. Dennoch beschäftigte es ihn. Er spürte, dass hierin eine Antwort lag. Dieser kleinen Unstimmigkeit mehr Aufmerksamkeit zu schenken könnte den Fall in eine ganz andere Richtung lenken.

Ein spontaner Gedanke schlich sich in seinen Kopf, und er versuchte, ihn zu formulieren. »Nur mal angenommen, der Mörder ist in das Werk eingebrochen und hat die Mahnung aufgemalt, um den Verdacht von sich zu lenken.«

»Das wäre eine Möglichkeit«, räumte Charlotte ein. Ihre Stimme klang nachdenklich. »Dann müsste er aber einen guten Grund haben, das zu tun. Warum sonst sollte er das Risiko eingehen, bei dem Einbruch erwischt zu werden?«

Waren sie dem Täter bereits so nahe gekommen, dass er sich veranlasst sah, Nebelkerzen zu zünden?

Dieser Gedanke nahm ihn so sehr ein, dass er ihn zu Papier bringen wollte, auch wenn er nicht wusste, ob er ihn jemals würde verwenden können. Pierre holte das Notizbuch aus seiner Jackentasche und malte einen Kreis um die verdächtigen Personen, die keine Verbindung zu den Aktivisten aufwiesen: die Jäger Guy Wozniak und Serge Oudard, Marie-Laures Verlobter Sébastien Goussard samt der Teilnehmer des Junggesellenabschieds. Christophe Rousset, der *Garde champêtre*, Förster Julien Bernard. Nicht zu vergessen der Vater des Toten, Frédéric Pabion, der bei ihrem Gespräch mehrfach versucht hatte, den Verdacht auf die Umweltschützer zu richten. Er verband die Namen mit einem weiteren Kreis, in den er »Ablenkungsmanöver« schrieb.

»Ich sagte doch, das hältst du niemals durch«, konstatierte Charlotte schmunzelnd.

»Es sind ja nur Notizen …«

Sein Telefon klingelte. Rozier. Unschlüssig starrte er es an, nahm schließlich ab; er würde ihn ohnehin informieren müssen.

»Fichot hat mich angerufen und sich über dich beschwert«, begann der Bürgermeister ohne Einleitung. »Was hast du getan?«

»Nichts. Ich habe nur meine Konsequenzen daraus gezogen, dass er mich zum Narren gehalten hat.«

»Er hat behauptet, du hättest ihn in Anwesenheit einer *Lieutenante* als Arschloch betitelt.«

»Das würde ich niemals tun.«

»Sag die Wahrheit, Pierre!«

»Nur als Idioten.«

»Bist du wahnsinnig? Dafür könnte er dir ein Verfahren an den Hals hängen.«

»Bitte, wenn es ihm Spaß macht.« Es war ihm egal, er hatte das Ganze ohnehin satt.

Rozier seufzte. Als er fortfuhr, klang seine Stimme beinahe sanft. »Mein lieber Pierre, du hast mehr Glück als Verstand. Er hat darauf verzichtet.«

»Dann ist ja alles gut.«

»Nichts ist gut«, fuhr Rozier sich wieder hoch. »Jetzt stehe ich in seiner Schuld. Mach das nie wieder, hörst du? Ich habe keine Lust, für dich zu buckeln, das ist nicht meine Aufga...«

»Schon gut, ich habe das verstanden, Arnaud.«

»Und was soll ich jetzt der armen Marie-Laure sagen?«

»Dieser Schmierenkomödiantin? Sag ihr, sie soll dorthin gehen, wo der Pfeffer wächst«, erklärte er nun ebenfalls mit sanfter Säuselstimme. »Dort irgendwo ist auch Fichot, er wird ihr sicher gerne weiterhelfen.«

Damit legte Pierre auf.

»Das Leben geht weiter«, meinte er ausweichend, als er Charlottes fragenden Blick bemerkte. »Hast du Lust, mich zum Baumarkt zu begleiten?«

»Ich muss leider arbeiten. In der *cave* des Hotels findet heute eine Weinprobe statt, mit einem begleitenden Menü.« Sie blickte auf die Uhr. »Höchste Zeit, dass ich in die *Domaine* fahre.«

Sie strich sich das Haar zurück und sah ihn mit tiefgrünen Augen an. Ein glühendes Gefühl durchströmte Pierres Brust. Er mochte ihre warmherzige und gleichzeitig spröde Art, sie war niemand, der andere mit ihren Gefühlen erstickte. Charlotte empfand wie er, ließ ihrer Liebe genügend Zeit, sich zu entwickeln. Ja, mit ihr konnte er sich tatsächlich eine Zukunft vorstellen. Eine weitere Zukunft. Das war mehr, als er jemals bei einer anderen Frau zu denken gewagt hatte.

»Bis bald«, sagte sie und rückte den Stuhl nach hinten, um sich zu erheben.

»Charlotte«, er hielt sie am Arm zurück, »bist du glücklich in dem, was du tust? Vor einigen Wochen hast du mich mal gefragt, wovon ich träume, und seit wir hier sitzen, reden wir nur von mir und meinem Beruf. Was ist mit dir? Träumst du noch immer von einem eigenen Restaurant?«

In ihrem Blick stand Erstaunen. Als sie sprach, schwang in ihren Worten eine Sehnsucht mit, die ihn berührte. »Ja, Pierre, und ich spare, so gut ich kann. Jeden Tag male ich mir aus, wie es wohl sein wird, eigene Entscheidungen zu treffen. In meiner Küche stehen Ordner mit Kalkulationen und Listen über das benötigte Inventar. Dazu Bilder, die mich inspirieren, und Rezepte von Gerichten, die ich je nach Saison kochen möchte. Ich weiß, wo man die besten Trüffel bekommt und die aromatischsten Pilze. Die köstlichsten Olivenöle, Gewürze und Weine. Wenn ich ein eigenes Restaurant hätte, würde ich meinen Gästen nur Gerichte der urtümlichen provenzalischen Landküche servieren, mit Produkten aus ökologischem Anbau und Kräutern aus dem eigenen Garten.« Sie lächelte. »Danach sehne ich mich. Und ich werde so lange daran denken und jeden übrigen Cent sparen, bis dieser Traum erfüllt ist.« Ihre Augen sprühten.

Charlottes Worte waren so fest gewesen und klar, dass Pierre ihr beeindruckt über die Wange strich. »Ich kenne niemanden, der seine Träume mit so viel Seele füllt«, sagte er und zog sie an sich. »Ich habe keinen Zweifel, dass du es schaffen wirst.«

Sie verabschiedeten sich mit einem langen Kuss. Pierre bat den Kellner um die Rechnung und blickte Charlotte nach, wie sie ihr Fahrrad in Richtung Stadtmauer schob, bis sie hinter einer Hausecke verschwand.

Er blieb noch einen Moment sitzen, genoss die milden Temperaturen und sah zum Nachbartisch, wo nun einige Männer *Belote* spielten. Eine Weile schaute er zu, ohne dass sich ihm der Sinn des Kartenspiels erschloss. Ihm waren die Regeln immer etwas suspekt vorgekommen. Es gab verschiedene Zählweisen, je nachdem, ob die Farbe gerade Trumpf war oder nicht. Auch jetzt, nachdem er einige Runden verfolgt hatte, erschloss sich ihm nicht, wann ein Blatt stach und wann nicht.

Ich sollte Luc danach fragen, dachte Pierre, als sein Blick auf einen muskulösen, kahlköpfigen Mann mit zerknittertem Anzug fiel, der den Platz überquerte.

»Partouche«, flüsterte Pierre, dann rief er den Namen laut. »Alain Partouche!« Er sprang auf und eilte ihm nach. »Warten Sie, Monsieur!«

Der Bauunternehmer musste ihn gehört haben, denn obwohl er sich nicht umdrehte, beschleunigte er seine Schritte, bis er beinahe zu rennen begann. Mit wehender Jacke schlug er einen Haken und verschwand in der Gasse, die zur Burgruine führte. Pierre setzte ihm nach, folgte dem auf und ab blitzenden Kahlkopf durch eine Gruppe Touristen, deren Reiseleiterin genau diese Gasse ausgesucht hatte, um die Hand zu heben und die Urlauber um sich zu scharen.

»Partouche, bleiben Sie stehen!«, brüllte Pierre gegen die lautsprecherverstärkte Stimme der Frau an, die den prächtigen Blick auf die Ruine anpries, als erwarte die Ausflügler ein achtes Weltwunder.

Hüpfend und schiebend kämpfte sich Pierre durch die Menge, nur um festzustellen, dass Partouche bereits über die Grünanlagen in Richtung Burgruine stieg, um wenige Augenblicke später im Inneren des Gebäudes zu verschwinden.

»Verdammt, das können Sie mit mir nicht machen!«, schrie Pierre, der noch den Luftzug der zuschlagenden Tür zu spüren bekam. Energisch rüttelte er an der Klinke. »Machen Sie auf, ich will mit Ihnen reden.«

Aus dem Inneren erklangen laute Bohrgeräusche, Staub drang durch die Ritzen. Mit einem wütenden Aufschrei trat Pierre gegen die Tür, dass das Holz ächzte.

Es war zwecklos. Partouche hatte offenbar beschlossen, ihn zu ignorieren. Verärgert drehte Pierre sich um und sah in gut zwanzig Augenpaare, die ihn teils belustigt, teils erschrocken anstarrten. Nur die Fremdenführerin funkelte ihn wütend an, als erwarte sie von einem Polizisten, dass er das achte Weltwunder mit Respekt behandelte. Pierres Blick fiel auf ihr Headset und den Sprachverstärker, der vor ihrer Brust baumelte. Mit einem entwaffnenden Lächeln trat er auf sie zu.

»Entschuldigen Sie, Madame, es handelt sich um einen wichtigen Einsatz. Ich darf doch …?«, fragte er und griff nach dem Lautstärkeregler des Verstärkers, um ihn bis zum Anschlag aufzudrehen. Dann bat er die Frau, ihm das Headset für einen Moment zu borgen, und brüllte in das Mikrofon.

»Hören Sie zu, Partouche! Hiermit stelle ich Ihnen eine Fertigstellungsfrist bis Ende Januar. Wenn Sie nicht sofort ein paar Arbeiter zur Baustelle schicken, knöpfe ich mir Sie und Ihre Firma vor und überprüfe sämtliche bau-, arbeits- und verkehrsrechtlichen Belange aufs Genaueste. Da können Sie Gift drauf nehmen.«

Damit reichte er der verdutzten Frau das Headset und entfernte sich vom Burgplatz, rasch und mit gerecktem Kopf, in Richtung Wache.

Er war gerade in die *Rue des Oiseaux* eingebogen, als sein Handy erneut klingelte. Wieder eine unbekannte Nummer, diesmal ging er ran.

»Monsieur Durand, mein Name ist Julien Bernard, ich bin der Förster des Waldes, der teilweise auch zur Gemeinde von Sainte-Valérie gehört. Gisèle hat mir gerade erzählt, dass Sie mich sprechen wollen, und da dachte ich, ich rufe Sie gleich direkt an.«

»Das hat sich inzwischen erledigt.«

»Wie meinen Sie das?«

»Die Umstände haben sich geändert. Ich habe keine weiteren Fragen.«

»In Ordnung.« Der Mann klang etwas verunsichert. »Ich muss Sie dennoch sprechen. Einer meiner Mitarbeiter ist soeben verhaftet worden.«

»Sie meinen Dennis Hulot?«

»Genau den.«

»Da kann ich Ihnen leider nicht helfen. Die Gendarmerie von L'Isle-sur-la-Sorgue beschäftigt sich mit dem Fall, Hulot steht unter dringendem Tatverdacht, Franck Pabion erschossen zu haben.«

»Er war es nicht.«

»Was macht Sie so sicher? Er hatte Motive. Und er hat sich vor Franck Pabions Tod mit ihm getroffen.«

»Wirklich? Ich bin mir sicher, dass der Grund dafür ganz woanders liegt.«

»Und wo genau?«

»Das kann ich Ihnen nicht am Telefon erklären. Ich muss Sie bitten, dringend herzukommen, ich habe das Gefühl, eine alte Sache eskaliert.« Seine Stimme klang zutiefst besorgt, beinahe panisch.

»*Capitaine* Fichot wird sich …«

»Fichot wird da wenig ausrichten können, es geht um die Sicherheit der Bürger von Sainte-Valérie – und das ist schließlich Sache der *police municipale*.«

Das war ein Argument. Das einzige, das Pierre dazu bringen konnte, in diesem Fall noch einmal tätig zu werden.

»Einverstanden. Ich bin in einer Viertelstunde bei Ihnen.«

16

Über allem lag das Rauschen des Wassers. Durchdringend und dennoch sanft. Beinahe beruhigend.

Der Förster hatte Pierre an einer Weggabelung in Empfang genommen, unweit des Parkplatzes. Julien Bernard war ein hochgewachsener Mann mit dichten Augenbrauen und ebenso dichtem Haar. Das Gesicht braun gebrannt, aber nicht faltig. Die olivgrüne Jacke der Forstbehörde trug er fest verschlossen bis zum Hals, als erwarte er jeden Moment einen Schneesturm.

Sie nahmen denselben Weg, den Pierre am Vortag bereits mit Christophe Rousset gegangen war. Durch Kiefernwälder, denen sich im Laufe der Strecke immer mehr Laubbäume hinzufügten, unter Tunneln aus Blättern hindurch und an Macchialandschaften vorbei. Pierre fragte sich, ob das, was Bernard ihm zeigen wollte, wirklich nur mit der Sicherheit der Bürger Sainte-Valéries zu tun hatte, da sie sich längst außerhalb des Gemeindegebiets befanden. Aber er war inzwischen viel zu neugierig, also unterließ er es, den Förster darauf anzusprechen.

Von der am Telefon noch so präsenten Panik des Mannes war nichts mehr zu spüren. Bernard wirkte scheu und äußerst wortkarg. Erst als er Pierre durch seinen Wald führte, brach der Damm. Mit leuchtenden Augen zeigte er auf junge Bäume und Setzlinge und gab Kommentare zur nachhaltigen Forstwirtschaft, deren Bestrebungen hoffentlich bald fruchten würden. Er wies auf alte Bäume, die man bewusst stehen ließ, um die biologische Vielfalt der dort lebenden Organismen zu erhalten: Vögel, Insekten, Fledermäuse und Flechten. Ein entsprechender Erlass sei von den Kommunen einhellig verabschiedet worden. Nun seien die Kreisläufe in sich geschlossen; die Organismen zersetzten die Altbäume, die wiederum Nahrung für neue Setzlinge lieferten. Dafür würden sie aus nationalen und europäischen Fonds entschädigt. Natur statt Feuerholz.

Einmal ging er sogar in die Hocke und nahm eine Handvoll dunkler Erde auf. »Das ist unsere Zukunft«, sagte er ehrfurchtsvoll. »Unser Boden ist von jeher hart und darf sich nicht weiter verdichten, weshalb wir darauf achten müssen, dass er die Fähigkeit bewahrt, auch in trockenen Zeiten ausreichend Wasser zu speichern. Daher lasse ich Bäume, die wir aus Sicherheitsgründen beseitigen müssen, nach Möglichkeit nicht mehr mit schweren Maschinen abtransportieren, sondern mit Zugpferden.«

Ja, Julien Bernard liebte seinen Beruf, das war mehr als offensichtlich. Obwohl er bestimmt bald sechzig war, erinnerte er Pierre in seiner behutsamen und gleichzeitig euphorischen Art an einen zu schnell gewachsenen Jungen.

Nach einem überwiegend schweigsamen Fußmarsch auf immer steinigeren Wegen erreichten sie ein Plateau oberhalb der Quelle der Sorgue, der *Fontaine de Vaucluse*, die dem zugehörigen Ort seinen Namen gab. Der Förster hatte seine Jacke inzwischen weit geöffnet, sein Gesicht war gerötet.

»Ich hoffe, Sie sind schwindelfrei«, sagte Bernard. Er drängte sich durch dichtes Buschwerk, ging auf einem Felsvorsprung in die Hocke und winkte Pierre, ihm zu folgen.

Vor ihnen tat sich ein wohl hundert Meter tiefer Abgrund auf, dessen Sogwirkung Pierre unwillkürlich nach dem Geäst eines Strauches greifen ließ. Mit angehaltenem Atem spähte er hinab auf das smaragdgrüne Wasser, das sich nach den Regenfällen der ersten Oktoberwochen in einen rasch dahinfließenden Fluss verwandelt hatte. Im Frühjahr, nach der Schneeschmelze, strömten hier an manchen Tagen pro Sekunde mehr als einhunderttausend Liter entlang, das hatte Pierre schon mal mit eigenen Augen gesehen, als er sich das Spektakel Anfang des Jahres angeschaut hatte. Ein frappierender Unterschied zu den trockenen Monaten, in denen aus der sprudelnden Quelle ein stilles Becken wurde.

Wo genau all das Wasser im Trichter zusammenlief, konnte man nicht mit Gewissheit sagen. Vor einigen Jahren hatte man einen Tauchroboter hinabgelassen, der dreihundertneunundzwanzig Meter unterhalb des Höhleneingangs auf Sand gestoßen war. Die Zugänge konnten nicht ergründet werden, blieben trotz Hightech ein Mysterium.

»Schön, nicht wahr?«, murmelte Bernard, der nur wenig von Pierre entfernt stand. In seinem Blick spiegelte sich eine ungezügelte Liebe zur Natur.

Auch Pierre war beeindruckt.

Zerfurchte Kalkfelsen, Schluchten, dazwischen dichte Waldbereiche. Ockerfarben, braun und rost, dann wieder immergrün. Weiter hinten die braunroten Dächer des Ortes, bunt gewürfelte Flächen, die den Fluss umsäumten. Und über allem das Rauschen des Wassers. Ja, es war beeindruckend, und Pierre musste sich eingestehen, dass er es so bisher nie empfunden hatte. Hier, vom Plateau aus, eröffnete sich ihm eine ganz neue Welt.

Bis zum heutigen Tag hatte er ausschließlich die touristische Attraktion wahrgenommen. Die *Fontaine de Vaucluse* war für ihn lediglich ein hochstilisiertes Ausflugsziel gewesen. Mit unzähligen Holzbuden und Ständen, an denen es Eis zu kaufen gab, bedruckte T-Shirts, Postkarten und kitschige Souvenirs – eine schrillbunte Schlange, die sich entlang des Flusses bis wenige hundert Meter vor die Quelle wand. Im Sommer hoffnungslos überfüllt, über den großen Parkplätzen vor den Toren des Ortes der Gestank von Abgasen und Benzin. Wohin man sah Busse, die erwartungsfrohe Besucher ausspuckten, Autofahrer, die um jeden frei gewordenen Flecken stritten. Am Abend dann zurückgelassener Müll: Plastikflaschen, leere Pommestüten, verwaiste Zeitungen, aufgerissene Verpackungen.

Ein Schicksal, das die *Fontaine* mit vielen anderen Sehenswürdigkeiten der Provence teilte. Ob der freitägliche Markt in Lourmarin, bei dem die Straßen mit Parkplatzssuchenden nachhaltig verstopft waren, die Ritterspiele von Les Beaux oder die Lavendelfelder bei Valensole, in denen Japanerinnen mit ihren Sonnenschirmchen posierten. Wie abgelegen der Ort auch sein mochte, die Urlauber pilgerten dorthin, in der Hochsaison in Massen. Mit gezückter Kamera, um jedes Detail für trübe Regentage in der Heimat festzuhalten. Da war er selbst keine Ausnahme, auch Pierre konnte sich an solchen Attraktionen erfreuen. Aber wenn er reiste, dann vornehmlich außerhalb der Sommermonate. Alles andere war für ihn keine Erholung.

Und nun dieser unerwartete Kontrast, ein Blick, der schon Petrarca zu glühenden Gedichten über die Schönheit des Vaucluse, des eingeschlossenen Tals, inspiriert hatte.

»Das hätte ich hier nicht erwartet«, murmelte er.

Der Förster schaute ihn mit einem Ausdruck an, den Pierre nicht zu deuten wusste. »Dieser Ort hat unzählige Gesichter. Manch eines enthüllt sich nur dem aufmerksamen Betrachter.« Bernard drehte sich um und zeigte in Richtung der Kalkfelsen. »Sehen Sie das Gitter dort drüben? Dahinter ist eine Spalte, die führt mehrere hundert Meter in die Tiefe bis zu einer unterirdischen Höhle. Darin gibt es Tropfformationen, die sehen aus wie riesige Kunstgebilde aus Karamell.«

»Das klingt ja beinahe appetitlich.«

»Na ja, es erinnert eher an die Nachbildung eines Dünndarms«, antwortete Bernard trocken, dabei konnte er sich ein Schmunzeln nicht verkneifen. »Aber es lohnt sich trotzdem, sich abseilen zu lassen. Man bekommt ein gutes Bild von der Unterwelt des

Karsts und der Bedeutung dieser ganz eigenen Region. Tief unter der Erde, auf einem Gebiet von über tausend Quadratkilometern, sammeln sich die Wasser vom Mont Ventoux, von den Monts de Vaucluse, vom Plateau d'Albion und der Montagne de Lure. Sie verbinden sich mit dem aufgenommenen Regenwasser aus der Umgebung zu unterirdischen Flüssen, bis sie hier, an der *Fontaine de Vaucluse,* vereint wieder ans Tageslicht kommen.«

»Das ist sehr beeindruckend.«

»Wenn Sie wollen, stelle ich Ihnen einen Kontakt zu einem Höhlenkletterer her.«

Pierre verspürte nicht den geringsten Drang, sich zwischen dünndarmähnlichen Gebilden in den Schlund der Erde zu hangeln. »Nein, danke. Ich habe lieber festen Boden unter den Füßen.« Er schüttelte energisch den Kopf. Das alles war höchst interessant, aber nun wollte er sich endlich auf das Wesentliche konzentrieren. »Warum haben Sie mich herbestellt? Sicher nicht, um mir die raue Schönheit der Landschaft zu zeigen. Sie sagten, es ginge um die Sicherheit der Bewohner von Sainte-Valérie.«

Bernards Blick wurde ernst. »Ja, das stimmt«, bestätigte er, und es klang beinahe mutlos. »Kommen Sie.«

Er schlug einen Pfad in Richtung der Kalkfelsen ein und blieb nach einigen Minuten vor einem moosbewachsenen Baumstumpf stehen, der in der Mitte gespalten war.

»Womit soll ich bloß beginnen?« Der Mann fuhr sich mit einer hilflosen Geste über die Stirn. »Sie waren doch sicher am Samstag auf der *Place du Village*. Die Gewaltbereitschaft auf der Demonstration …« Er stockte. »Das war nur die Spitze des Eisberges.«

»Wie meinen Sie das?«

»Ich habe das Gefühl, die Lage spitzt sich zu. Eine Eskalation steht unmittelbar bevor.« Wieder hielte er inne und rieb sich die Stirn, die sich nun rötete, schwieg jedoch.

»Was genau eskaliert?« Pierre merkte, dass er Mühe hatte, die aufsteigende Ungeduld zu unterdrücken. Bislang hatte Bernard nur Andeutungen gemacht, zwar mit spürbarer Sorge vorgetragen, aber nichts Konkretes. Er zwang sich, ruhig zu bleiben. »Fahren Sie bitte fort.«

»Die Fehde zwischen Jägern und Jagdgegnern.« Bernard starrte auf den Boden, fuhr mit einem Fuß durch das Laub. Er schien nach Worten zu suchen, und Pierre wartete, bis der Förster endlich wieder den Kopf hob. »Am Anfang waren es nur kleinere Vorfälle. Wortgefechte in der Bar, eine Schlägerei unter Betrunkenen. Dann wurde Gustave Hulots Hund erschossen.«

»Ja, ich habe davon gehört. Rousset hat mir erzählt, Franck Pabion sei der Schütze gewesen.«

Der Förster nickte. »Der Hund hieß Filou. Ein kleiner, dichtgelockter Mischlingsrüde, unglaublich zutraulich und aufmerksam. Sehr wohlerzogen. Keiner von diesen Hunden, die alles Lebendige aufscheuchen und in Vogelnestern stöbern, so wie Poupée, der Kläffer von unserem Feldhüter.« Er lächelte matt. »Gustave hatte Filou das Pilzesammeln beigebracht. Manchmal spürte der kleine Kerl so viele Morcheln auf, dass die Ausbeute weit über der erlaubten Menge lag. An jenem Tag hatte Gustave ihn wieder vorauslaufen lassen. Nur wenige Meter, aber noch in Sichtweite. Wie immer war der Hund konzentriert bei der Sache, die Nase am Boden.« Er schluckte, ehe er mit brüchiger Stimme fortfuhr. »Filou muss einen regelrechten Satz gemacht haben, als die Kugel ihn traf.«

Die Betroffenheit des Försters ließ auch Pierre nicht kalt. Obwohl der Vorfall, wie der *Garde champêtre* ihm erzählt hatte, bereits ein oder zwei Jahre zurücklag, war das Entsetzen deutlich spürbar.

Pierre betrachtete Bernards plötzlich müde wirkendes Gesicht, bemerkte das Schimmern in seinen Augen. »Sie müssen den Hund sehr ins Herz geschlossen haben …«

»Ja, das habe ich tatsächlich«, sagte der Förster leise, doch dann ereiferte er sich. »Aber darum geht es gar nicht. Es geht ums Prinzip. Man kann doch nicht einfach mit einer Flinte durch den Wald laufen und nach Gutdünken Haustiere abschießen.« Seine Augen glühten. »Haben Sie Tiere?«

»Nur eine freilaufende Ziege.«

»Dann sollten Sie besser auf sie aufpassen. Schießwütige Jäger gibt es überall. Das gilt nicht nur für Pabion.«

Pierre wischte das Bild, das sich gerade in seinem Kopf festsetzen wollte, mit einer energischen Handbewegung weg. »Sind Sie deshalb mit ihm aneinandergeraten?«

»Ja. Diesem Mann war alles zuzutrauen, der war einfach unberechenbar. Ich habe ihn gewarnt, dass ich Mittel und Wege finden würde, um ihm Einhalt zu gebieten, sollte er es wagen, in meinem Gebiet weiter Schaden anzurichten.«

»Auch mit Waffengewalt?«

Würde er noch die Ermittlungen führen, Pierre hätte drei dicke Ausrufungszeichen hinter Bernards Namen gesetzt. Obwohl ein Mörder sicher nicht derart mit seinen Emotionen hausieren ging. Zumindest normalerweise.

»So ein Unsinn, es gibt jede Menge andere Möglichkeiten. Verwarnungen, Bußgeldbescheide. Ich würde so etwas niemals tun. Dennis ebenso wenig.«

»Was ist mit Gustave Hulot?«

»Der ist meines Wissens in Saint-Trinit beim Pilzfest.«

Das deckte sich mit der Aussage von Hulots Neffe. »Wie hat er reagiert, als Franck Pabion seinen Hund erschoss?«

»Gustave hat ihn zur Rede gestellt, aber der hat ihn nur verhöhnt. Er solle besser aufpassen beim Pilzesammeln, es könne leicht zu Verwechslungen kommen.«

»Das klingt wie eine Drohung. Gehört Gustave denn auch zu den Jagdgegnern?«

»Eigentlich nicht. Jedenfalls bis zu diesem Zeitpunkt.«

Nachdenklich wandte Pierre den Blick in die Ferne. Bemerkte weder die aufziehenden Wolken noch die Baumwipfel, die sich im auffrischenden Wind bogen, oder die bunten Blätter, die durch die Luft stoben. Etwas störte an dem Bild, das sich ihm gerade im Geiste auftat. Franck Pabion war Jäger gewesen, dennoch gehörte er nicht zu den Weidmännern aus Sainte-Valérie, die sich sogar über seinen Tod zu freuen schienen. Das Ganze war irgendwie verworren, der verbindende rote Faden fehlte. Er musste sich mit jemandem austauschen, egal ob er noch Ermittler war oder nicht. Er brauchte ein Gegenüber, mit dem er sich die Bälle zuspielen konnte, Perspektiven und Möglichkeiten skizzieren und verwerfen. So lange, bis es passte.

Pierre stemmte die Hände in die Hüften und stieß die Luft durch die Lippen. Verdammt, Charlotte hatte wieder einmal Recht gehabt. Er konnte einfach nicht loslassen.

»Also gut«, sagte er und wandte sich erneut dem Förster zu. »Zwei Menschen begegnen sich mitten im Wald, einer davon mit Hund. Aus welchem Grund auch immer setzt sich der eine in den Kopf, den Hund des anderen zu erschießen. Obwohl er gar nicht zu den Traditionsjägern des Dorfes gehört, sie ihn sogar meiden. Ich begreife das alles nicht. Oder habe ich etwas übersehen? Was zur Hölle hatte Pabion mit dem Konflikt zwischen den Jägern und den Jagdgegnern zu tun?«

Bernard hob die Schultern. »Nichts. Vermutlich hat er aus purer Lust am Töten geschossen.«

Die Lust am Töten. Da war es wieder, das Archaische. »Jagen ist wie Sex«, hatte Frédéric Pabion gesagt, »nur schöner.«

»Das war der Beginn der Spirale«, fuhr Bernard fort. »Gustave hat damals Strafanzeige gestellt, doch die Gesetze sind eindeutig. Inhaber eines Jagdscheins dürfen auf alle Tiere schießen, die sich innerhalb der ausgewiesenen Wälder aufhalten. Außer auf geschützte Arten. Die gilt es zu verteidigen, beispielsweise gegen streunende Hunde.«

Pierre nickte, das war ihm bekannt. »Was ist danach geschehen?«

»Sein Neffe Dennis, dem der Tod des Hundes sehr zu Herzen gegangen ist, hat die *Force Animaux* ins Leben gerufen. Er konnte diese Ungerechtigkeit einfach nicht mehr ertragen und hat sich mit Leib und Seele dem Tierschutz verschrieben.«

»Er ist also der Gründer«, entfuhr es Pierre. Jetzt wurde ihm einiges klar. Der Lockenkopf war am Samstag der Rädelsführer gewesen, er hatte einen spürbaren Einfluss auf die Menge gehabt. Seltsam nur, dass die übrigen Demonstranten bis auf Jérôme Menessier nicht aus der Gegend stammten. »Woher kennt er die anderen? Der Platz vor der *mairie* war voller Demonstranten, von denen kaum jemand aus Sainte-Valérie kommt.«

»Er hat zuvor Unterschriften gesammelt, um die Politiker davon zu überzeugen, die Gesetzestexte zu ändern.« Bernards Gesicht wurde ganz weich, als er weitersprach. »Dennis ist mein bester Arbeiter; machchmal ein wenig zu verbissen, aber tatkräftig und mit Visionen. Er hat großen Respekt vor allen Lebewesen, selbst vor den allerkleinsten. Oft genug hat er davon geredet, dass die Gesetze, die es Menschen erlauben, rohe Gewalt an Tieren auszuüben, noch immer auf überholten Traditionen beruhen, die aus dem frühen Mittelalter stammen. Es sei an der Zeit, sie an das einundzwanzigste Jahrhundert anzupassen. Ein Ansinnen, das in einem Land, das Wilderern erlaubt, Steinschlagfallen aufzustellen und bis zu zwanzig Singvögel pro Saison mit Leimruten zu fangen, von vorneherein zum Scheitern verurteilt ist. Sie erinnern sich doch sicher noch an die frühere Umweltministerin Dominique Voynet, die man abgestraft hat, weil sie das Jagdrecht reformieren wollte?« Er seufzte. »Das Eisen ist für die Politik zu heiß. Aber Dennis hat sich festgebissen. Er setzt sich für ein

Jagdverbot für Privatpersonen ein, und ich kann sein Vorhaben nur gutheißen. Sie können sich nicht vorstellen, wie viele verletzte Tiere sich wochenlang durch den Wald schleppen und qualvoll verenden, nur weil irgendwelche Hobbyjäger sie unsauber getroffen haben. Die meisten Unterstützer hat Dennis im Internet zusammengetrommelt, dort gibt es entsprechende Foren, in denen die Leute sich auch über anstehende Demonstrationen austauschen. Die meisten kennt er gar nicht persönlich. Aber wenn er sich für eine Sache engagiert, braucht er nur dort einen Hinweis zu posten.«

»Haben Sie eine Webadresse, damit ich mir das mal ansehen kann?«

»Selbstverständlich. Ich bin mir sicher, da ist noch einiges in Planung.« Seine Worte klangen jetzt wieder energischer, Bernards Gesicht rötete sich, als er die Forenadressen auf die Rückseite eines Tankbeleges schrieb. »Allerdings muss man für die internen Seiten freigeschaltet werden, da gibt es Administratoren, die jede einzelne Anfrage prüfen.« Er reichte Pierre den Zettel. »Was als harmlose Tierschutzorganisation begonnen hat, ist längst außer Kontrolle geraten. Viele Fanatiker springen auf diesen Zug auf, alles unter dem Deckmantel des Naturschutzes. Die eigentliche Notwendigkeit und Zielsetzung solcher Aktionen gehen in blindem Aktionismus einiger weniger unter, denn am Ende kocht doch jeder sein eigenes Süppchen.«

»Sie sprechen von den Sachschäden an den Autos.«

»Und von den gestohlenen Waffen.«

»Auch von Einbrüchen?«

Bernard sah ihn fragend an, doch Pierre ging nicht näher darauf ein. »Sie haben eine mögliche Eskalation erwähnt …«

»Ich hatte einen Anruf von Dennis erhalten, dass er sich sofort ein paar Tage frei nehmen wolle. Wir haben momentan sehr viel zu tun, einige der Waldarbeiter sind im Urlaub. Daher fragte ich ihn, ob es dringend sei. Er meinte, er habe Fieber, aber als ich ihn besuchen wollte, war er nicht da. Einer der anderen meinte, es habe einen Vorfall gegeben, das sei der eigentliche Grund.« Sein Blick wurde düster. »Als Dennis am Samstag aus dem Haus trat, lag eine tote Ratte vor seiner Tür. Dazu eine Warnung, dass es ihm ähnlich erginge, wenn er die Jäger nicht in Ruhe lassen würde. Dabei hatte Dennis mit dem Ganzen am allerwenigsten zu tun. Wenn die anderen Aktivisten davon erfahren, dann ist hier bald der Teufel los. Ich wette, sie stürzen sich als Erstes auf den Ort, der die wildreichsten Waldflächen und die meisten Jäger in der Gegend hier hat: Sainte-Valérie.«

»Am Samstag sagten Sie?« Pierre war plötzlich hoch konzentriert. »Um wie viel Uhr war das?«

»Keine Ahnung. Es muss sehr früh gewesen sein. Dennis geht täglich gegen sechs Uhr joggen, auch am Wochenende. Warum fragen Sie?«

»Ich … Es war nur so ein Gedanke.«

Serge Oudard. Der Name war das Erste, was ihm durch den Kopf geschossen war, und Pierre wusste, dass er in solchen Fällen meist richtig lag. Der Krämer hatte sich während der Demonstration darüber echauffiert, dass die Tierschützer die Jagd sabotierten. Ihm wäre es durchaus zuzutrauen, dass er die Sache selbst in die Hand nahm. Auge um Auge, Zahn um Zahn. Dazu passte die Aussage des Künstlers Guy Wozniak, der Oudard noch vor ihrer morgendlichen Jagd hatte wegfahren sehen. Was, wenn Oudard auf dem Weg zu dem Lockenkopf gewesen war, um ihm einen Denkzettel zu verpassen?

Auf einmal passte alles zusammen.

»Dennis Hulot war verschwunden, als die Polizei ihn verhören wollte. Man hat ihn im Haus seines Onkels gefunden.«

»Im Haus seines Onkels? Glauben Sie, er ist geflohen?« Bernard klang aufgeregt. »Ja, so könnte es gewesen sein. Dennis hat gewusst, dass er die Sache nicht mehr unter Kontrolle hatte. Er hatte Angst um sein Leben. Dazu passt übrigens auch mein Fund.«

»Welcher Fund?«

»Ich …« Bernard umrundete den Baumstumpf und ging in die Hocke, um ein zerborstenes Brett anzuheben. Zweige und Blätter rieselten zu Boden.

Pierre trat näher. Unter dem Brett war ein Loch. Als er sich hinunterbeugte, sah er, was den Förster so sehr beunruhigt hatte: In dunkler Erde lagen Waffen.

17

Als Pierre eine Stunde später in sein Auto stieg, dachte er, wie eigenartig sich manche Fälle doch wandten, um von einem Moment auf den anderen einen neuen Blickwinkel zu präsentieren, einen weiteren Weg durchs Labyrinth. Nahezu automatisch lenkte er den Wagen die Landstraße entlang, vorbei an vertrockneten Sonnenblumen und im Wind schwankendem Schilfgras, während er versuchte, die neuesten Entwicklungen einzuordnen.

Der Waffenfund ließ den Fall in einem ganz anderen Licht erscheinen. Julien Bernard war davon überzeugt, dass die Aktivisten das Lager angelegt hatten, um den Jägern eins auszuwischen. Eine Wildkamera, die er auf einer Lichtung angebracht hatte, um den Revierbestand zu kontrollieren, hatte einen vermummten Mann gezeigt, der einen länglichen Sack in Richtung des Plateaus getragen hatte.

»Die Kamera arbeitet mit einem Bewegungsmelder und schickt Signale auf den Computer, sobald sich etwas tut«, hatte er erklärt. »Ich dachte, dass wieder einmal jemand Müll in unseren Wäldern abgeladen hat, und bin der Sache nachgegangen. Sie können sich vorstellen, wie entsetzt ich war, als ich auf das Versteck gestoßen bin. Das habe ich nun wirklich nicht erwartet.«

»Von wann ist die Aufzeichnung?«

»Laut Anzeige vom Sonntag vor zwei Wochen, um kurz nach halb neun. Ich kontrolliere die Aufnahmen nur selten, ich bin momentan zu beschäftigt, daher bleibt das oft wochenlang liegen.«

»Gibt es noch weitere Kameras?«

»Nein, das ist die einzige.«

»Sind Aufzeichnungen gemacht worden, die für uns interessant sein könnten, beispielsweise von der Mordnacht?«

»Leider nicht. Ich bin bereits alles durchgegangen. Nur Bilder vom Wild und von den Jägern, die später am Tag durchs Revier gezogen sind. Nichts Ungewöhnliches. Ich schicke Ihnen die fragliche Aufnahme gerne per Mail zu. Sie ist zwar sehr dunkel, aber Sie werden sehen: Das ist unverkennbar jemand aus der Aktivistenszene.«

Die Fakten waren eindeutig. Doch war es wirklich nur ein Zufall, dass sich das Lager in der Nähe der Stelle befand, an der man Franck Pabion niedergeschossen hatte?

Auf einmal war wieder alles offen. Sämtliche Spekulationen über nicht vorhandene oder weggeschlossene Gewehre waren unbedeutsam geworden. Ebenso die Frage, ob jemand eine Schrotflinte besaß oder nicht. Diese Aufnahme änderte alles. Niemand konnte mehr als Täter ausgeschlossen werden.

Das hatte auch die junge Polizistin, *Lieutenante* Casgrain, so gesehen, die sich unerwartet freundlich gegeben und auf Nachfrage eingeräumt hatte, dass sich der Verdacht gegen Dennis Hulot bisher nicht erhärtet habe und man ihn vermutlich bald wieder frei lassen werde. Pierre war froh gewesen, dass sie den Kriminaltechniker begleitet hatte und nicht *Capitain*e Fichot. Gemeinsam hatten sie die Gewehre in Augenschein genommen: eine Remington 7600 und eine Browning X-Bold, eine Doppelschrotflinte von Guerini und eine Merkel K3 Kipplaufbüchse. Drei der vier Waffen waren als gestohlen gemeldet worden. Inzwischen ging es längst nicht mehr nur um Diebstahl. Vor ihnen lagen mögliche Tatwaffen.

Pierre hatte der *Lieutenante* in kurzen Sätzen die Dringlichkeit der Situation geschildert und ihr die Webadresse der einschlägigen Foren durchgegeben. Sollten sich bei den weiteren Ermittlungen Hinweise auf neue Aktionen ergeben, die die Sicherheit der Bürger von Sainte-Valérie betrafen, würde sie ihn umgehend informieren, das hatte ihm die junge Polizistin zugesichert.

Pierre setzte den Blinker, bog in die kurvenreiche Landstraße in Richtung Sainte-Valérie ein und drückte die Kurzwahltaste seines Handys.

Der Bürgermeister stöhnte laut auf, als Pierre ihm von dem Fund erzählte. »*Mon Dieu*, wo soll das alles noch hinführen? Ich verstehe nicht, wie sich das Ganze so hochschaukeln konnte.«

»Da ist einiges gelaufen, das wir nicht mitbekommen haben. Umso entschlossener sollten wir jetzt handeln. Wir müssen sämtliche Jäger von Sainte-Valérie zu dir in die *mairie* bestellen, am besten sofort. Den Krämer Serge Oudard und Guy Wozniak, unseren polnischstämmigen Künstler. Nicht zu vergessen Frédéric Pabion, den Mechaniker Stéphane Poncet und deren Jagdfreunde. Wir *müssen* Position beziehen, Arnaud. Wir werden ihnen klarmachen, dass jede weitere Aktion zu unterlassen ist. Und ihnen Konsequenzen androhen.«

»Konsequenzen?« Arnaud Rozier machte eine lange Pause. »Das wird schwierig«, sagte er endlich. »Du kennst die alten Dickschädel doch. Wenn die sich im Recht fühlen, kommst du gegen die nicht an.«

Pierre konnte sich vorstellen, welche Konsequenzen der Bürgermeister gerade im Kopf durchspielte; sie drehten sich ganz gewiss nicht um die Zukunft der Jäger, sondern um Arnauds ganz persönliche.

»Man könnte fast denken, du hättest Angst davor, Wählerstimmen zu verlieren.«

»Pierre!« Es klang mehr als entrüstet.

»Ist doch wahr. Verdammt, wir müssen etwas tun.«

Pierre hörte ein Rascheln, als schiebe der Bürgermeister einen Stapel Papier von einer Seite zur anderen.

Schließlich seufzte Rozier. »Also gut. Sagen wir um halb sieben.«

»Großartig.« Er wollte gerade auflegen, als ihm noch etwas einfiel. »Sag mal, stimmt das mit dem Saufang? Willst du wirklich Wildschweine in einen umzäunten Bereich locken, um sie dann allesamt abzuknallen, wenn du zum Vorsitzenden des Jagdverbandes gewählt wirst?«

»Wer sagt das?«

»Das steht auf der Webseite der *Force Animaux*.«

»Nun ja, ich habe mal so etwas erwähnt. Aber das war nicht wirklich ernst gemeint. Ich habe lediglich ausgemalt, was passieren könnte, wenn wir nichts ändern. Tabula rasa, habe ich gesagt, weil ich mir nicht mehr zu helfen wusste. Die Wildschweinpopulation nimmt überhand. Die vielen Jungbäume, die die Forstbehörde so sorgsam hegt, werden immer stärker abgefressen, und die Bauern klagen über Ertragsverluste. Natürlich sind Wildschäden über die Jagdpacht versichert, aber von Geld ist noch kein Baum gewachsen. Und das ist noch nicht alles. Auf der Suche nach Essbarem dringen die Wildschweine bis in die Gärten vor, in der Nähe des Dorfes haben wilde Tiere schon Komposthaufen durchwühlt und Mülltonnen geleert. Ein einziges Schlachtfeld, das kann ich dir sagen, nach so einem Besuch gleicht jeder Garten einem Acker.«

Er sprach eindringlich, man merkte ihm an, dass er sich mit dem Thema eingehend beschäftigt hatte. Pierre schwieg.

»Es werden Jahr für Jahr mehr, egal wie viele Wildschweine die Präfektur zum Abschuss freigibt. Ich habe mich mit einem der wissenschaftlichen Berater der *Fédération des Chasseurs* eingehend über die Lage ausgetauscht, und er hat mir erklärt, dass sich die weiblichen Tiere unkontrolliert vermehren, wenn man die Leitbache erschießt. Zudem tritt bei intensiver Bejagung die Geschlechtsreife früher ein, das hat eine Langzeitstudie ergeben.

Würden die Jäger ihre Beute gezielter auswählen, hätten wir diese ganzen Probleme nicht.«

»Hast du schon mit ihnen darüber gesprochen?«

»Natürlich. Du glaubst ja nicht, wie stur die sein können, das geht denen am Allerwertesten vorbei. Die meisten sind froh, wenn sie überhaupt ein Tier treffen, eine Reglementierung kommt für sie einem Affront gleich. Nur deshalb habe ich mit dieser gravierenden Maßnahme gedroht. Aber ich würde niemals …« Er schnaubte. »*Putain!* Jedes Wort wird einem im Mund herumgedreht.«

Es war erstaunlich. Der Bürgermeister hatte geflucht. Das hatte Pierre noch nie erlebt.

»Ich werde sofort eine Presseerklärung verfassen, nachdem ich die Jäger einbestellt habe«, fügte Rozier hinzu, »sonst zieht das noch größere Kreise.«

»Viel Erfolg. Wir sehen uns später.«

Pierre beendete das Telefonat und lenkte den Wagen an den Straßenrand. Er sah kurz nach, ob der Förster ihm bereits das Video weitergeleitet hatte, doch das Posteingangsfach war leer.

Pierre sah auf die Uhr. Bis zum Treffen waren es noch drei Stunden. Der Gedanke, jetzt in die Wache zu fahren und sich um die alltäglichen Anliegen zu kümmern, war ungefähr so prickelnd wie schaler Cremant. Er sollte die Zeit besser nutzen, um im Baumarkt vorbeizufahren und einige Dinge für die Renovierung des Hofes zu kaufen. Außerdem hatte er seit Montag nicht mehr nach Cosima gesehen, bestimmt war der Wassereimer inzwischen leer. Wie er sie kannte, würde sie lieber tausend Tode sterben, als ihren Durst im nahen Bach zu stillen. Dass Ziegen äußerst wasserscheu waren, hatte er ja schon geahnt. Aber wie Cosima sich aufführte, sobald man sie auch nur in die Nähe des Baches lotsen wollte, war bühnenreif. Als würde sie sich darin auflösen wie ein Stück Würfelzucker.

Rasch informierte er seinen Assistenten, der gerade Fundsachen katalogisierte, und startete den Motor. Gerade als Pierre anfahren wollte, fiel sein Blick auf den Prospekt, der noch immer auf dem Beifahrersitz lag. Er entfaltete ihn, auf der Suche nach dem Umschlag, den Luc vorhin erwähnt hatte, aber dort war nichts. Nur grellrot beworbene Angebote.

18

Wenig später bog Pierre, um ein ausklappbares Baugerüst, ein paar Werkzeuge und Spachtelpulver reicher, die zypressengesäumte Straße in Richtung Bauernhaus ab. Er war bestens gelaunt und freute sich darauf, selbst Hand anzulegen, es gab ihm ein Gefühl der Unabhängigkeit. In beinahe feierlicher Stimmung ignorierte er das Schild des Bauunternehmers und fuhr über die steinerne Brücke am sprudelnden Bach vorbei auf den Hof.

Als Erstes sah er sich nach Cosima um, die ihm normalerweise fröhlich meckernd entgegengelaufen kam. Da er sie nirgends entdecken konnte, hielt er einen Strauß Wildblumen in die Luft, die er für sie gepflückt hatte, und rief ihren Namen, aber ohne Erfolg.

Suchend eilte er über das Gelände. Weder fand er sie in der Scheune noch beim Ziehbrunnen, dessen morsches Seil im Wind flatterte, oder in den ausrangierten Küchenschränken und auch nicht auf der Wiese neben dem Haus. Selbst das kleine Laubwäldchen, das sich an der Bergseite erhob, wirkte verwaist; nur ein Bussard stob kreischend auf, als Pierre rufend hindurchstreifte. Noch einmal sah er in der Scheune nach. Das Reisig und das getrocknete Wiesengras, das er gestern in die Heuraufe gelegt hatte, waren so gut wie aufgefressen. Eine Schar Fliegen umkreiste vereinzelte Köttel im Stroh.

Die Worte des Försters kamen ihm in den Sinn, und auch das Bild stieg wieder in ihm auf; dieses Mal konnte er es nicht verdrängen. Cosima blutend, Opfer einer Verwechslung, Ziel übermütiger Schießübungen oder hungriger Wilderer.

»Unsinn!«, rief er laut und schüttelte energisch den Kopf. »Sie wird schon wieder auftauchen.«

Pierre trug den Eimer, der in der Tat restlos leer war, in Richtung des Baches, der das Grundstück zur Straße hin begrenzte und in sanften Bögen weiter unter der steinernen Brücke hindurch in Richtung der Felder floss. Vorsichtig stieg er das bewachsene Ufer hinab, beugte sich vor und schöpfte von dem kristallklaren Wasser.

Vielleicht hat Cosima ja einen Ausflug zu dem Nachbarn gemacht, der sie damals versorgt hatte, als der Hof zum Verkauf stand, überlegte er, während er den Eimer zurück zum Stall trug. Der Gedanke an den gut zugänglichen und stets gefüllten Wassertrog war beruhigend, und Pierre nahm sich vor, bei seinem nächsten Besuch im Baumarkt einen ähnlichen zu kaufen. Cosima sollte es an nichts mangeln.

Ein Blick auf die Uhr besagte, dass er noch immer fast zwei Stunden Zeit bis zu seinem Termin in der *mairie* hatte. Er würde damit beginnen, diese furchtbar altmodischen Tapeten im Eingangsbereich abzuziehen. Nur ein kleines bisschen, allzu schmutzig durfte er sich jetzt nicht machen.

Kopfschüttelnd stand er kurz darauf vor dem Beweis vergangener Geschmacklosigkeit. Orangefarbene und gelbe Rosen mit olivgrünen Blättern auf braunem Grund. Farblich passend zum schlammbraunen PVC-Boden, den Charlotte und er mit Vergnügen entfernt hatten. Dabei hatte sie vorgeschlagen, die Wände weiß zu verputzen, um die wundervoll gemusterten Steinfliesen, die unter dem PVC zum Vorschein gekommen waren, besser zur Geltung zu bringen. In L'Isle-sur-la-Sorgue gebe es ein Geschäft mit aufgearbeiteten Holzmöbeln, die sich hier sicher gut einfügen würden. Die Nische gegenüber der Treppe mit dem schmiedeeisernen Geländer sei wie geschaffen für eine honigfarbene Konsole, hatte sie gesagt und dabei eine sanfte Bewegung mit den Fingern vollführt, als stehe das gute Stück bereits dort. Darauf passe eine Lampe mit warmem Licht.

Dann hatte sie sich umgedreht und den Arm zu dem Fenster gleich neben dem Aufgang gereckt. Hier stelle sie sich dicke Vorhänge vor, die unbedingt die Farbe des Bodens aufnehmen sollten, Kittgrau oder dunkles Blau.

Pierre musste unwillkürlich schmunzeln. Charlotte hatte ihn mit ihrer Begeisterung für die Möglichkeiten eines eleganten, aber kostengünstigen Interieurs angesteckt. Über solche Dinge hatte er sich bislang nie viele Gedanken gemacht. Erst ihre Vorschläge hatten bewirkt, dass er sich bereits inmitten eines fertig gestalteten Zuhauses fühlte, in dem alte Blumentapeten nicht mehr waren als eine lästige Kleinigkeit, die es mit wenigen Handgriffen zu beseitigen galt.

Mit diesem Bild vor Augen machte er sich an die Arbeit, holte den mitgebrachten Spachtel hervor und begann ihn ganz vorsichtig unter die Tapete zu schieben. Mit einem einzigen Ruck zog er eine ganze Bahn von der Wand. Das geht ja ganz leicht, dachte er und schob die Stahlkante mit Schwung unter das nächste Stück. Er hatte wohl ein wenig zu heftig ins Mauerwerk gestoßen, denn diesmal rieselten ihm ein paar Putzbröckchen entgegen, und er musste husten, bis der Staub sich endlich legte.

»*Merde!*«, schimpfte er, als er merkte, was er da angerichtet hatte. »So ein verdammter Mist!« Mit der Tapete war nicht nur der Putz abgefallen, sondern auch ein Stück Mauerstein. Vor ihm tat sich ein kleines Loch auf, durch das die kühle Nachmittagsluft hereinströmte. Was zur Hölle hatten die Leute damals als Mörtel benutzt. Etwa Senfmehl?

Kopfschüttelnd betrachtete er den Schaden, als hinter ihm ein Geräusch erklang.

»Cosima?«

»*Mais non.*«

Pierre fuhr herum. In der Tür stand ein kleiner dicker Mann, beinahe so breit wie groß, und sah ansonsten aus wie viele Provenzalen hier in der Gegend: buschige Augenbrauen, volle Lippen, fleischige Nase. Er trug eine Schiebermütze und hatte die Hände in die Seiten gestemmt.

»Sie machen das Haus kaputt«, kommentierte er in ernstem Tonfall.

»Wer sind Sie?«

»Chabert. Partouche hat mich geschickt.«

Er hatte es tatsächlich geschafft, seine Drohung zeigte Wirkung. »Nein, nicht Partouche«, sagte Pierre überschwänglich, »das war der Himmel.« Damit eilte er auf den verdutzten Mann zu und schüttelte ihm die Hand, bis dieser sie ihm mit empörter Miene wegriss.

»Schon gut, bin nur der Maurer, nicht Gott.« Das klang fast wie ein Scherz, und Chaberts Mundwinkel hoben sich tatsächlich für einen kurzen Moment um wenige Millimeter an. Dann blickte er in den dunkel bedeckten Himmel, wackelte sorgenvoll mit dem Kopf und schimpfte in derbstem provenzalischem Dialekt los, wovon Pierre nicht einmal die Hälfte verstand. »Bei Regen können wir an der Fassade nichts tun«, maulte er abschließend. »Sieht ganz so aus, als müssten wir die komplette Wand ersetzen.« Er klopfte gegen die Mauer, woraufhin der Putz weiter rieselte. »Totaler Schrott«, fügte er hinzu.

»Ach was, das muss man bloß ein bisschen kitten.« Pierre sagte es mit Nachdruck und zwang sich, optimistisch zu wirken. »Außerdem regnet es doch gar nicht, sehen Sie? Das sind nur ein paar dunkle Wolken. Der Wetterbericht sagt Sonne für den Rest der Woche voraus.«

»Hä?« Der Mann starrte ihn an, als sei er des Französischen nicht mehr mächtig.

»Die Sonne«, versuchte Pierre es noch einmal und deutete auf die Strahlen, die sich nun wie aufs Stichwort über die Eingangsfliesen tasteten. Dann setzte er um einiges energischer hinzu: »*La soleu.*«

»*Ah, la soleu.*« Chaberts Mundwinkel verzogen sich wieder um wenige Millimeter nach oben.

Das war provenzalisch für *soleil*, die Sonne, so viel hatte Pierre in all den Jahren hier immerhin schon gelernt. Und so einfältig war er nicht, dass er nicht durchschaute, welches Spiel der Handwerker mit ihm zu treiben versuchte.

»Ich dulde keine weitere Verzögerung. Sie kommen, auch wenn es Bindfäden regnet, in Ordnung?«

Der Maurer machte einen schweren Atemzug und begann den Raum mit den Augen zu durchmessen, ehe er weiter in die Küche ging. Endlich ließ er sich dazu herab, die Lage zu kommentieren. »Das dauert.«

»Ich weiß. Womit wollen Sie anfangen?«

»Kommen Sie mit.« Nun strahlte Chabert über das ganze Gesicht. Er nahm Pierre am Arm und zog ihn hinaus zu seinem Kleinlaster, den er quer vor dem Haus geparkt hatte. Schwungvoll öffnete er die Ladeklappe und zeigte mit großer Geste auf einen Stapel orangeroter Fliesen, die zum Blumenmuster der Tapete sicher hervorragend gepasst hätten.

»Nagelneu«, stieß Chabert voller Begeisterung aus. Dann wechselte sein Gesichtsausdruck wieder zu Missbilligung. »Die alten sind voller Risse«, fügte er hinzu und drehte sich in Richtung des hübschen Fliesenbodens. »Die mach ich als Erstes weg.«

»Unterstehen Sie sich«, protestierte Pierre entsetzt. »Das steht auch nicht im Auftrag.«

Chabert tat so, als habe er nicht verstanden, wandte sich wieder der Ladefläche zu und hob einen Stapel an.

»Lassen Sie das. Ich will keine orangen Fliesen.«

»Sind aber billig. Und gute Qualität.«

»Hören Sie zu, Monsieur Chabert.« Pierre hob die Stimme. »Die Platten bleiben dort, wo sie sind. Sie machen nur das, was ich Ihnen sage. Nichts anderes, verstanden?«

Der Mann nickte und sah ihn mit unbewegter Miene an.

»Sie werden jetzt also«, fuhr Pierre in unverminderter Lautstärke fort, »nichts weiter tun, als die Tapeten von den Wänden entfernen und die entstandenen Löcher zuspachteln.«

Wieder nickte Chabert. Dieses Mal entfuhr ihm dabei ein Schnauben, als wolle er seinen Unmut zumindest andeuten.

»Danach können Sie die Wand glatt verputzen. Ich nehme an, Sie haben das notwendige Material dabei?«

»Nur Fliesenkleber.«

»Den lassen Sie schön da, wo er ist.« Pierre seufzte. »In Ordnung, dann erst einmal nur die Tapeten und die Löcher. Das Spachtelpulver steht in der Küche. Sauberes Wasser zum Anmischen bekommen Sie aus dem Bach.«

»Aus dem Bach?« Der Mann riss entsetzt die Augen auf. »Wollen Sie, dass ich da reinfalle?«

»Natürlich nicht.« Pierre musterte den massigen Körper seines Gegenübers und befand, dass dessen Sorge durchaus berechtigt war. »In Ordnung, aber das Wasser aus den Rohren ist brackig, Sie müssen es eine Weile laufen lassen, bis es klar wird.«

»Ist doch egal, davon sieht man nachher nichts.«

»Sie nehmen trotzdem nur sauberes Wasser.«

Der Maurer nickte grimmig, Er holte einen Werkzeugkoffer aus dem Auto und ein in Folie verschweißtes Sandwich, das Pierre daran erinnerte, dass er seit Stunden nichts mehr gegessen hatte. Chabert warf einen letzten bedauernden Blick auf die orangefarbenen Ungetüme und stapfte ohne ein weiteres Wort in Richtung Eingangstür.

»Wenn Sie Fragen haben, rufen Sie mich an«, rief Pierre ihm hinterher. »Haben Sie meine Handynummer?«

»*Ouioui*«, kam es, dann war Chabert im Haus verschwunden.

Zögernd setzte sich Pierre hinter das Steuer seines Renaults, startete den Motor und ließ den Wagen langsam anrollen. »Alles in Ordnung«, sagte er leise und versuchte die aufsteigende Unruhe zu ignorieren. Doch als er die steinerne Brücke hinter sich gelassen hatte, wurde das Gefühl, dass eben nicht alles in Ordnung sei, auf einmal übermächtg. Wie oft hatte er erlebt, dass die Provenzalen nickten, als hätten sie verstanden, um am Ende doch ihren eigenen Kopf durchzusetzen? Chabert war ein Prachtexemplar jener Sorte, die ihn schon so oft zur Weißglut gebracht hatte.

Er drosselte das Tempo und wendete. Kaum dass der Wagen auf dem Vorplatz zum Stehen gekommen war, sprang er heraus und eilte im Laufschritt auf das Haus zu. Ein lautes Krachen ließ ihn zusammenfahren, als er mit Schwung die Tür aufriss. Er sah Chabert einen Meißel schwingen, um ihn in den Fliesenboden zu stemmen, von dem bereits ein beachtliches Stück herausgebrochen war.

Sofort sprang Pierre vor und hielt ihn am Arm fest. »Sind Sie wahnsinnig geworden?«, schrie er. »Ich habe Ihnen doch gesagt, dass die Fliesen nicht angerührt werden sollen!«

»*Putaing!*«, stieß Chabert aus und verfiel in einen breiten Dialekt. »Gut, dass Sie kommen, mir war für einen Moment schwindelig.« Mit dramatischer Geste umklammerte er das Treppengeländer und verdrehte die Augen.

Dann trug er mit bemerkenswertem Einfallsreichtum eine Geschichte vor, laut der mindestens die Hälfte seiner Familie, vor allem sein Cousin dritten Grades an dieser seltsamen Krankheit litt, in der man augenblicklich seine Kräfte verlor. Dass dabei eine Fliese kaputt gegangen sei, dafür könne niemand etwas, das sei aus Versehen passiert, es tue ihm schrecklich leid. Vor allem, da er so ausdrücklich die Anweisung erhalten habe …

»Ein Schwächeanfall?«, unterbrach ihn Pierre. »Das können Sie jemand anderem erzählen.« Er zeigte auf das schwere Eisenstück, das der Maurer beim Lamentieren durch die Luft geschwungen hatte, als stemme er täglich Gewichte. Von der nachdrücklich erwähnten Schwäche war diese energische Geste meilenweit entfernt. »Oder wollen Sie mir etwa erzählen, der hier ist Ihnen ganz zufällig in die Hände geraten, als sie die Tapeten abreißen wollten?«

»Was?« Chabert starrte das Werkzeug an, als sei es ein verirrter Skorpion, und ließ es mit einem Aufschrei fallen. »Ich verstehe nicht, wie …«

Langsam schwante Pierre, was hier vor sich ging. Er mochte sich nicht ausmalen, was der Maurer aus dem schönen Boden gemacht hätte, wenn er nicht auf sein Bauchgefühl gehört und zurückgekehrt wäre.

»Jetzt wollen Sie mir sicher weismachen, dass es in Ihrer Familie auch eine Art Geistesschwäche gibt, wegen der man von jetzt auf gleich nicht mehr weiß, was man soeben getan hat, hm?«

Der Maurer nickte und wirkte mit seinem zerknirschten Gesichtsausdruck beinahe komisch. »Sie haben vollkommen Recht, Monsieur Durand, es klingt total absurd, aber so ist es.« Er nahm seine Schiebermütze vom Kopf und begann sie mit beiden Händen zu kneten. »Ich denke, ich sollte jetzt besser nach Hause fahren, bevor noch ein Unglück geschieht.«

Doch, der Mann hatte schauspielerisches Talent, das musste man ihm lassen, auch wenn es nicht an das von Marie-Laure und *Capitaine* Fichot heranreichte.

Pierre trat einen Schritt näher, hob den Meißel auf, der beim Herunterfallen eine weitere Kerbe in die alten Fliesen geschlagen hatte, und fuchtelte mit bitterböser Miene vor Chaberts Gesicht herum. »Hat Partouche Ihnen die Anweisung gegeben, das hier einzusetzen?«

Für den Bruchteil einer Sekunde verzog Chabert den Mund zu einem unterdrückten Lächeln, und Pierre wusste, dass er richtiglag. Er hatte wohl zu viel Druck auf den Bauunternehmer ausgeübt, was dieser auf seine ganz eigene Weise beantwortete. Aber nicht mit ihm!

»Sie können Ihrem Chef ausrichten, dass er sein verdammtes Bauschild abnehmen soll. Ich lasse mich doch nicht für dumm verkaufen.« Er streckte seinem Gegenüber die flache Hand entgegen. »Schlüssel her.«

»Und der Auftrag?«

»Den kann er vergessen. Ich habe ein vertraglich zugesichertes Rücktrittsrecht bei Nichterfüllung.« Pierre schob die Hand vor bis zu Chaberts Bauch. »Den Schlüssel, habe ich gesagt.«

Kurzes Schweigen, dann nickte der Maurer. Brummelnd kramte er in seiner Hosentasche und ließ den alten, rostigen Schlüssel in Pierres Handfläche fallen.

»Richten Sie Partouche aus, dass ich die Rechnung für die Instandsetzung der Fliesen an ihn schicken werde«, knurrte Pierre. Er steckte den Schlüssel ein und dirigierte den Mann aus dem Haus.

»Das wird ihm aber nicht gefallen. Monsieur Partouche kann böse werden. Sehr böse sogar.«

Jetzt platzte Pierre endgültig der Kragen. »Da bin ich ja mal gespannt. Er kann mich gerne anrufen, wenn er Probleme damit hat.« Er hatte es gebrüllt und sich dabei zu seiner vollen Größe aufgerichtet, sodass der kleine dicke Mann sich augenblicklich umdrehte, mit ungeahnt flinken Schritten zu seinem Kleinlaster hastete und die Tür mit einem Knall hinter sich schloss.

»Wehe, Sie rühren hier noch irgendetwas an«, schrie Pierre gegen den aufjaulenden Motor an. »Dann haben Sie eine Anzeige wegen Hausfriedensbruch und Sachbeschädigung am Hals!«

Mit Genugtuung beobachtete er, wie der Wagen mit einem

Hüpfer losschoss, dass der Kies unter den Rädern wegsprang. Der würde ganz sicher nicht wiederkommen.

Verärgert klopfte Pierre sich den Staub von der Kleidung. Der Ausbruch hatte ihn erleichtert. Aber er hatte ihn kein Stück weitergebracht. Ganz im Gegenteil.

19

Als Pierre zehn Minuten vor der verabredeten Zeit die Stufen zur *mairie* hinaufeilte, wäre er beinahe mit Gisèle zusammengestoßen, die genau in diesem Moment die schwere Eingangstür öffnete.

»*Oh, pardon*, Monsieur Durand«, sagte sie und griff sich ins Haar, um ihre Frisur zurechtzurücken, die eine hell gefärbte Strähne zierte. Ein Anblick, der – so hatte Pierre jedenfalls den Eindruck – langsam das Straßenbild von Sainte-Valérie zu prägen begann.

»*Bonsoir*, Gisèle, Sie waren beim Friseur?«

»Gefällt es Ihnen? Das ist gerade *en vogue.*« Wieder griff sie sich ins Haar.

»Oh, ja.« Mehr fiel ihm dazu nicht ein. Ehrlich gesagt erinnerte es ihn an ein Streifenhörnchen. Aber für Frauen, deren Leben in einem Umkreis von höchstens dreißig Kilometern stattfand, hatte Madame Farigoules Haarkunst gewiss ein Flair von Pariser Chic. »Haben Sie meine Nachricht noch rechtzeitig erhalten?«

»Leider nein, ich war bereits auf dem Weg zur Bushaltestelle.« Gisèle zwinkerte ihm zu. »Sie wurde unserem Anrufbeantworter vorgelesen. Vom Sprachcomputer der Telefongesellschaft.«

»Dem Anrufbe…«

Da hatte er in alter Gewohnheit eine SMS getippt und dabei vergessen, dass Gisèle vom Telefon der *mairie* aus angerufen hatte. Mit Sicherheit besaß sie noch nicht einmal ein Handy. Jetzt bekam Pierre ein schlechtes Gewissen, weil er ihren Anruf nicht sofort entgegengenommen hatte.

»Das tut mir sehr leid, ich hoffe, es hat Ihnen nicht allzu viele Umstände gemacht.«

»Nun ja, man muss zweimal umsteigen, um mit dem Bus nach Saumane zu kommen. Aber dafür können Sie ja nichts, ich hätte die Sache genauso gut telefonisch erledigen können. Nein, ich hatte mich darauf gefreut, meine Freundin persönlich zu treffen, das kommt ohnehin viel zu selten vor. Sie hat mir sehr interessante Dinge erzählt.« Gisèle zögerte kurz. »Wollen Sie es trotzdem hören? Auch wenn Sie in diesem Fall gar nicht mehr …«

»Sicher.« Er hatte es rasch gesagt, noch bevor sie den Satz beenden konnte.

»Aber was ich Ihnen gleich erzähle, bleibt unter uns«, sagte sie eindringlich, und als Pierre nickte, fuhr sie mit gesenkter Stimme fort: »Über das Imprägnierwerk wusste sie nichs Neues zu berichten, dafür umso mehr über den Ermordeten. Er hat sich mit dem Bürgermeister von Saumane und dem *Garde* Christophe Rousset getroffen. Meine Freundin sollte das Protokoll schreiben, was dem jungen Pabion allerdings nicht recht war. Deshalb haben die drei sie wieder hinausgeschickt.«

»Christophe Rousset war auch dabei?« Als Feldhüter war er natürlich zuständig, wenn es um den Umweltschutz ging. Dennoch machte die Information Pierre hellhörig. Warum hatte der *Garde* das Gespräch nicht erwähnt?

Gisèle nickte eifrig, während ein Windstoß durch ihr Haar fuhr und die gefärbte Strähne anhob. »Das hat meine Freundin natürlich neugierig gemacht. Sie müssen wissen, dass sie den Bürgermeister nicht für besonders integer hält. Da hat sie eben …«, sie stockte kurz, strich das Haar wieder glatt. »Wissen Sie, in Saumane haben sie noch diese alten Gegensprechanlagen an den Telefonen. Wenn man sich mucksmäuschenstill verhält, kann man sie einschalten und zuhören, ohne dass die Gegenseite etwas davon mitbekommt.«

Sie blickte rasch zu dem geöffneten Fenster, hinter dem sich das Büro von Arnaud Rozier befand, und fügte eilig hinzu: »Bei uns funktioniert das natürlich nicht. Und selbst wenn, ich würde niemals …«

»Natürlich nicht«, sagte Pierre todernst. »Erzählen Sie weiter.«

»Meine Freundin hielt also die Taste gedrückt. Das Gespräch drehte sich um die Bodenverseuchung. Dem jungen Pabion drohte eine Gefängnisstrafe.«

»Dass die Beweislage ausreichte, um ihn einzusperren, war mir nicht bewusst. Ich dachte, es stünde Aussage gegen Aussage.«

»Das stimmt. Die Indizien waren allerdings erdrückend. Franck Pabion musste damit rechnen, dass sie ihn verurteilen würden. Natürlich bestritt er weiterhin seine Schuld, aber an diesem Tag hatte er angeboten, davon unabhängig einen Teil der Entsorgungskosten zu tragen. Einen beträchtlichen Teil. Sozusagen als Spende für einen guten Zweck. Dafür sollten sie das Verfahren gegen ihn einstellen.«

Nun war auch klar, warum Rousset nichts von dem Gespräch erzählt hatte. Diese Art »Spenden« kannte Pierre zur Genüge, und so etwas funktionierte häufiger, als man gemeinhin glaubte. »Haben die beiden sich darauf eingelassen?«

»Zumindest haben sie es lebhaft diskutiert. Wenn der Richter das Verfahren aus Mangel an Beweisen eingestellt hätte, müsste die Gemeinde alle Kosten alleine tragen. Eine klassische Patt-Situation.«

Pierre runzelte die Stirn. »Ich dachte, Franck Pabion sei zahlungsunfähig gewesen.«

»Das hat jeder gedacht«, stimmte Gisèle ihm zu, »angeblich gab es einen Investor.«

»Einen Investor? Heißt das, er wollte das Werk verkaufen?«

Gisèle zuckte mit den Schultern. »Meine Freundin meinte nur, dass er sich beim Thema Geld ziemlich bedeckt gehalten hat. Aber dass es eine große Summe war, hat er sehr deutlich gemacht.«

Nachdenklich blickte Pierre in den sich rostrot verfärbenden Abendhimmel. Wer konnte ein Interesse daran gehabt haben, Franck Pabion zu unterstützen? Oder hatte dieser nur einen Investor vorgegeben, um den wahren Ursprung des Geldes zu verschleiern?

Dieser Punkt war wichtig, er durfte die Information nicht für sich behalten. »Haben Sie das *Capitaine* Fichot erzählt?«

»Selbstverständlich, darum hatten Sie mich ja gebeten.« Gisèle lächelte. »Bis auf die gedrückte Taste, davon habe ich natürlich nichts gesagt. Das bleibt doch unter uns, nicht wahr?«

»Worauf Sie sich verlassen können.«

Pierre wünschte ihr einen angenehmen Abend und sah ihr nach, wie sie energischen Schrittes über die *Place du Village* eilte. Dann betrat er die kühlen Räume der *mairie*.

Das Büro des Bürgermeisters füllte sich nur zögerlich. Zuerst kam Guy Wozniak, der seine künstlerische Ader wohl mit einem grellbunten T-Shirt unterstreichen wollte, bei dessen Anblick einem regelrecht schwindelig werden konnte. Eine halbe Stunde später traf Stéphane Poncet ein, der Mechaniker des Ortes.

Und dann niemand mehr.

Zu viert saßen sie am großen Besprechungstisch vor dem geöffneten Fenster. Auf dem Tisch standen Wasser und Oliven, die niemand anrührte. Rozier versuchte sich in einer höflichen Plauderei, die Poncet einsilbig abwehrte, während Wozniak immer wieder seine silbrige Mähne zurückstrich. Von der *Place du Village* drangen Lachen und das Klirren von Gläsern herauf, die Cafés und Restaurants füllten sich mit Gästen. Es erinnerte Pierre daran, dass er seit einigen Stunden nichts gegessen hatte, und er überlegte, nach der Besprechung ins *Café le Fournil* zu gehen, in dem es im Herbst eine Bistrokarte gab, auf der das Lieblingsessen des Inhabers angeboten wurde: *tian de courge*, ein Kürbisgratin mit Thymian und Knoblauch.

Schließlich gab der Bürgermeister seine Versuche, Konversation zu betreiben, entnervt auf, und es wurde still im Raum.

Pierre hatte sich inzwischen daran gewöhnt, dass Termine im Süden nur selten pünktlich begannen, auch die behördlichen. Zurückgelehnt, mit verschränkten Armen saß er da und dachte an das Gespräch mit Gisèle. Laut Untersuchungsbericht hatte eine Überprüfung der Konten keine auffälligen Bewegungen gezeigt. Hatte Franck Pabion das Geld etwa in bar erhalten?

Plötzlich hatte Pierre eine Eingebung. Es war fast schon abstrus. Aber wie oft hatte er erleben müssen, wie zielführend es war, wenn er solche Spekulationen zuließ, ja, dass sie die Lösung eines kompliziert erscheinenden Falles überhaupt erst sichtbar machten.

Neugierig, ob sein Gedanke tragfähig war, öffnete Pierre den Browser seines Smartphones, überprüfte die neuesten Meldungen aus dem Vaucluse und machte eine Stichwortsuche, die ergebnislos blieb.

C'est ça.

Der Einbruch im Holz- und Imprägnierwerk war als Mahnung inszeniert gewesen. Auffällig, bombastisch. Trotzdem hatte sich bislang niemand öffentlich dazu bekannt. Angenommen, der geheimnisvolle Investor hatte das Geld oder Beweise, die auf seine Identität hinwiesen, im Büro des Werks vermutet, dann wäre das Kaschieren seiner Suche mit einer plakativen Mahnung der Aktivisten nichts als eine weitere Nebelkerze. Eine von vielen in diesem Fall, die es zu durchdringen galt.

Pierre holte sein Notizbuch hervor und blätterte bis zu der Stelle, an der er alle Verdächtigen, die nicht zu den Aktivisten gehörten, mit dem eingekreisten Wort »Ablenkungsmanöver« verbunden hatte.

Guy Wozniak und Serge Oudard, *Garde* Christophe Rousset, Förster Julien Bernard, der ehemalige Verlobte Sébastien Goussard, alle Teilnehmer des Junggesellenabschieds und Frédéric Pabion, der Vater des Toten.

Daneben schrieb er nun »Geld«, dahinter ein Fragezeichen.

Ob die Spur gleichzeitig zum Mörder führte, blieb abzuwarten. Pierre seufzte. Er würde nun doch Fichot anrufen müssen, dieser Zusammenhang war wichtig, das spürte er.

Noch immer war es vollkommen ruhig im Büro des Bürgermeisters, jeder hing seinen Gedanken nach. Als die Kirchenuhr sieben schlug, sprang Rozier vom Stuhl und riss die Tür auf. »Wo bleiben sie denn nur?«, rief er in den halbdunklen Flur.

»*Bêtise*«, meinte Poncet kopfschüttelnd. »Glauben Sie etwa, die stehen vor der Tür und trauen sich nicht rein?« Er erhob sich, zog eine selbstgedrehte Zigarette aus seiner Hemdtasche und stellte sich ans Fenster. »Eine Viertelstunde warte ich noch«, sagte er und deutete auf die in der untergehenden Sonne leuchtende Turmuhr von *Saint-Michel*, »keine Minute länger.«

Roziers dickwangiges Gesicht rötete sich. »Sie bleiben hier, bis ich ihnen sage, dass Sie gehen können.«

»Das entscheide ich und nicht Sie. Ich habe noch etwas vor.«

»Na klar, eine Verabredung mit einem gepflegten Bier, nicht wahr, Stéphane?«, fiel Wozniak mit unüberhörbarem Sarkasmus ein. »Ich versteh euch alle nicht. Erst geht ihr auf die Straße, angeblich, um die Ehre des Bürgermeisters zu verteidigen, und dann verweigert ihr euch, wenn er einen Termin ansetzt.«

»*Ich* bin ja hier, oder etwa nicht?« Poncet richtete die noch immer unangezündete Zigarette auf den Künstler. »Sei du besser still. Du weißt genau, warum die anderen nicht gekommen sind.«

»Ach ja? Los, sag es mir. Ich würde es wirklich gerne wissen.«

Pierre richtete sich auf seinem Stuhl auf. Das versprach interessant zu werden. Doch Poncet zuckte nur mit den Schultern und wandte sich wieder dem Geschehen unten auf dem Dorfplatz zu.

»Sieh an, beim *Chez Albert* stellen sie Heizpilze auf«, kommentierte er, während er ein Feuerzeug hervorholte und die Zigarette entzündete.

Pierre ahnte, woher die plötzliche Verstimmung unter den Jägern kam. Der Gemeinschaft war sicher nicht verborgen geblieben, dass Wozniak Luc mitten auf dem Markt angesprochen hatte. »Ist es wegen Ihrer Aussage?«, fragte er den Künstler.

Es war einer jener Treffer, deren Wucht man sofort spürte.

Wozniak, der sich gerade eine Olive in den Mund gesteckt hatte, erstarrte. Dann begann er hektisch zu husten.

»Ja, genau, erzähl dem *Monsieur le policier* mal, warum du das getan hast.« Poncet blies den Rauch in den Raum. »Ich würde nämlich auch gerne wissen, warum du Serge angeschwärzt hast.«

»Ich habe doch nur …« Wozniak hustete noch einmal, dann hob er seine Stimme. »Weil ich das albern finde. Euer Jagdgetue ist doch mittelalterlich. Einfach abscheulich! Wie ihr euch selbstgerecht auf die Schulter klopft und glaubt, ihr könntet Selbstjustitz üben. Ohne mich!«

»Selbstjustiz?« Nun war auch Rozier hellhörig geworden.

Poncet sprang vor und packte den überraschten Künstler am Kragen. »Willst du damit sagen, dass Serge diesen Idioten aus Saumane auf dem Gewissen hat?«

Pierre trat zu ihm, und erst jetzt schien Poncet sich bewusst zu werden, wohin ihn seine aufflammende Wut führen könnte, wenn er ihr hier, im Büro des Bürgermeisters, freien Lauf ließ. Mit einem letzten Schubser ließ er von Wozniak ab und wich einen Schritt zurück.

»Schon gut«, murmelte er, während er am Glimmstängel kaute. »Aber das lass ich niemandem in die Schuhe schieben. Nicht von diesem …« Er ließ den Satz in der Luft hängen, doch sein funkelnder Blick machte deutlich, was er von dem Abtrünnigen hielt. »Aus welchem Grund sollte Serge das getan haben? Unsinn!«

»Eins nach dem anderen«, sagte Pierre ruhig und wandte sich an den Künstler. »Was haben Sie damit gemeint?«

»Nun ja …« Wozniak klang auf einmal verunsichert. »Ich dachte …« Er stieß die Luft aus. »Ich bin da irgendwie reingeraten, ich habe dem Jagen noch nie etwas abgewinnen können. Aber die anderen haben mich bedrängt. ›Wer nicht jagt, ist kein echter Mann‹, haben sie gesagt. ›Jetzt sei nicht so weibisch.‹ Also bin ich am Samstag mitgefahren.«

»*Die*, das waren der Krämer Serge Oudard und der Antiquitätenhänder Frédéric Pabion, richtig?«

Wozniak nickte mit gesenktem Kopf, sein silbriges Haar rutschte nach vorne und fiel ihm wie ein Vorhang vors Gesicht.

»Es war also Ihre erste Jagd?«

»Ja. Und meine letzte, das schwöre ich Ihnen.« Er schüttelte das Haar zurück und griff nach einer weiteren Olive. »Ich kann gar nicht verstehen, was so toll daran sein soll, ein Tier zu töten, das ist in meinen Augen grauenvoll. Ehrlich gesagt will ich gar nicht so genau wissen, was ich da esse.« Er steckte sich die Olive in den Mund und kaute schmatzend. »Waren Sie schon einmal bei einer Jagd dabei? Dann wissen Sie sicher, wie die Garage aussieht, nachdem das Tier erst gehäutet und dann mit einer Hammeraxt und einem zur Säge umfunktionierten Schlagbohrer zerlegt wurde. Ohne *Eau de Javel* könnte man die Sauerei noch Jahre später sehen. Die Chlorbleiche ätzt selbst die Eingewei…«

»Danke, das reicht«, unterbrach ihn Pierre, der Mühe hatte, das Bild von dem Gemetzel aus seinem Kopf zu verdrängen. »Sie haben vorhin von Selbstjustiz gesprochen…«

»Richtig.« Wozniak spuckte den Olivenkern in seine Hand, sah sich suchend um und schnippte ihn schließlich in hohem Bogen aus dem Fenster, nur wenige Zentimeter an Poncet vorbei, der ihn noch immer wütend anstarrte. »Als die Polizei kam und uns wegen des erschossenen Mannes verhört hat, war mir sofort klar, warum der Krämer frühmorgens in den Wald gefahren ist.«

»Das ist eine Lüge!«, keifte Poncet so heftig, dass sein Bart vor Erregung zitterte. »Ich schwöre, dass Oudard es nicht getan hat.«

Weil du genau weißt, dass er auf dem Weg zu Dennis Hulot war, um die tote Ratte zu deponieren, dachte Pierre. Aber er schwieg, in der Hoffnung auf weitere Details.

»Ich habe ihn doch mit eigenen Augen gesehen«, spie Wozniak aus und verschränkte mit Nachdruck die Arme vor seinem grellbunten Shirt. »Soll ich mich etwa für etwas beschuldigen lassen, das ich nicht getan habe? *Er* ist es doch, der etwas zu verheimlichen hat, nicht ich. *Ich* habe eine reine Weste.«

»Moment mal«, unterbrach Pierre, bevor sich Poncet wieder echauffieren konnte. Dieses Detail war wichtig. »Wer hat Sie beschuldigt?«

»Was weiß denn ich, wer das war.« Wozniak griff in seine Hosentasche. »Was auch immer der Schmierfink glaubt, gesehen zu haben, *ich* habe Franck Pabion nicht erschossen, so viel steht fest.« Damit pfefferte er einen mehrfach gefalteten Umschlag auf den Tisch.

Pierre ahnte, worum es sich handelte. Vorsichtshalber zog er einen der Gummihandschuhe, die er immer bei sich trug, aus der Jacke und streifte ihn über.

»Du auch?«, murmelte Poncet mit Blick auf das Kuvert und ließ den Mund offenstehen, sodass seine Zigarette nur noch an der Unterlippe klebte.

Mit wenigen Griffen hatte Pierre den Umschlag entfaltet und

einen Zettel herausgezogen, von dem er bereits wusste, was darauf geschrieben stand, noch bevor er es las:

Ich habe gesehen, was du getan hast.

»*Merde!*«, rief er aus und schloss für einen Moment die Augen. Luc hatte ebenfalls so ein Schreiben bekommen und Poncet offenbar auch.

Rasch unterzog er das Kuvert einer genaueren Untersuchung. Teures Papier, gefüttert. Ein Gesprächsfetzen drang in sein Bewusstsein. Es war bei seinem Besuch in Sébastien Goussards Haus gewesen. Umschläge, die nicht passten … Plötzlich ahnte er, wer diese Briefe hatte verteilen lassen.

»Das kann doch nicht wahr sein.«

Als er den Kopf hob, sahen ihn drei Augenpaare fragend an.

»Was hat das zu bedeuten?«, fragte Rozier als Erster.

»Es bedeutet, dass sich jemand in die Polizeiarbeit eingemischt hat, dem ich jetzt gehörig den Hosenboden versohlen werde, wie es noch nie zuvor jemand getan hat.«

20

Das Rufen eines Käuzchens empfing Pierre, als er den Wagen auf dem Parkplatz der *Domaine des Grès* abstellte. Es war inzwischen dunkel geworden. Moderne Strahler erhellten in regelmäßigen Abständen das Gelände, beleuchteten den rosengesäumten Weg, den Pierre mit großen Schritten entlangeilte, geradewegs zur Rezeption.

Er hoffte inständig, dass es sich um einen Irrtum handelte, eine dumme Vewechslung, ein Missverständnis. Doch eigentlich wusste er es besser.

»Können Sie mir sagen, welches Zimmer Mademoiselle Pabion hat?«, fragte er und hielt der jungen Dame am Empfang seinen Dienstausweis hin. »Es ist dringend.«

»Suite Nummer 312«, antwortete diese, ohne nachzusehen. »Aber momentan ist Mademoiselle Pabion beim Abendessen.«

Der Speisesaal war in warmes Licht getaucht. Die Kronleuchter waren gedimmt, zwischen edlem Porzellan und Kristallgläsern brannten Kerzen. Das Restaurant hätte genauso gut in Paris sein können. Dieselbe Eleganz, weiß gestärkte Tischdecken als interessanter Kontrast zu den Natursteinmauern, in den Vasen üppige Dahliensträuße. Aus den Lautsprechern drangen sanfte Klänge, unterschwellig, harmonisch, sedierend.

Der Raum war nur zur Hälfte gefüllt. Neben der Flügeltür, die sich zur Außenterrasse öffnete, stand eine Tafel, besetzt mit lebhaft plaudernden Gästen, um die sich ein Kellner dienstbeflissen bemühte.

Marie-Laure Pabion saß in der Ecke hinten links, unübersehbar, eine funkelnde Gestalt. Ihr langes blondes Haar reflektierte das Licht bei jeder Bewegung, als dirigiere es einen unsichtbaren Scheinwerfer. Ihr Mund war unschön gekräuselt, während sie mit gesenktem Blick ihr Essen sezierte, eine Fischterrine, wie Pierre beim Näherkommen erkannte.

»Ich mag es nicht, wenn dieses Gericht fast ausnahmslos aus Fisch besteht«, mäkelte sie, ohne aufzusehen, als Pierre vor ihr stehen blieb. »Da fehlt mir das Grün. Mehr Spinat und von dem übrigen Gemüse. Und der Beilagensalat ist auch nicht gerade üppig.«

Hatte sie gedacht, er sei der Kellner?

»Eine Fischterrine besteht nun einmal vorwiegend aus Fisch, Mademoiselle Pabion«, entgegnete Pierre trocken. »Sonst wäre es ja eine Gemüseterrine.«

Überrascht hob Marie-Laure den Kopf. »Was fällt Ihnen ein, sich so anzuschleichen«, sagte sie, doch ihr Lächeln zeigte, dass sie sich über seinen Anblick freute. »Wollen Sie mir ein wenig Gesellschaft leisten?«

»Ich bin nicht hier, um mit Ihnen zu plaudern.« Er warf den Umschlag auf den Tisch, den er inzwischen in eine Plastikhülle geschoben hatte. »Ich wette, die Spurensicherung wird Ihre Fingerabdrücke darauf finden.«

Marie-Laure griff nach ihrer Serviette und tupfte sich scheinbar seelenruhig die Lippen ab. »Wie kommen Sie denn auf mich?«

»Ich kann mich noch gut an unser erstes Gespräch erinnern. Ebenso an Ihre Vorstellungen, wie man einen Mörder zu überführen habe. Ich glaube, Sie haben es ›aus der Reserve locken‹ genannt.«

Sie nickte. »Und? Was wollen Sie jetzt tun?«

»Ihnen endlich die Flausen austreiben. Verdammt noch mal,

hören Sie mit ihren Alleingängen auf, sonst werde ich ungemütlich.« Er ballte die Faust. Am liebsten hätte er sie vor ihrer Nase geschüttelt, aber er wusste sich zu beherrschen.

Innerhalb weniger Sekunden wechselte ihr Gesichtsausdruck. Sie sah ihn an wie ein verängstigtes kleines Mädchen, als wolle sie ihm mit großen Kulleraugen zu verstehen geben, dass sie zu zerbrechlich sei, als dass man mit ihr schimpfen dürfe. Nun begannen ihre Augen auch noch zu glänzen, jeden Augenblick würden die Tränen rollen, dessen war Pierre sich sicher. Was für eine Komödie!

»Hören Sie endlich auf, dieses Schmollmündchen zu ziehen, und benehmen Sie sich wie eine erwachsene Frau. Bei ihrem Vater mag die Masche funktionieren, vielleicht auch noch bei ihrem ehemaligen Verlobten. Mir allerdings treibt dieses Getue bloß die Galle ein Stück höher.«

»Schon gut.« Ihr Blick normalisierte sich schlagartig. »Wollen Sie sich nicht doch lieber setzen? Der Kellner wird schon ganz nervös.«

Pierre atmete tief durch. Er erinnerte sich nur zu gut an das Theater, das Boyer zu veranstalten pflegte, wenn er die Ruhe der Gäste störte. Wenn der Direktor der *Domaine des Grès* sah, dass Pierre den Streifenwagen wieder einmal auf dem Hotelparkplatz abgestellt hatte, zwischen all den Luxuskarossen, würde er ohnehin toben. Besser, er verhielt sich unauffällig.

Also zog Pierre seine Polizeijacke aus und nahm Platz. Bei dem Kellner, der augenblicklich herbeigeeilt kam, bestellte er ein Wasser.

»Sie wünschen nichts zu essen?«

Pierre machte eine abwehrende Handbewegung und wartete, bis der Mann sich wieder entfernt hatte. Dann tippte er auf die Plastikhülle mit dem Umschlag. »Warum zur Hölle haben Sie das getan?«

»Weil ich dachte, dass sonst nichts passiert.« Es klang trotzig. »Wissen Sie, der Mord an meinem Bruder ist mir sehr nahegegangen, ich konnte es einfach nicht ertragen, dass er ungeklärt blieb.«

»Sie hätten darauf vertrauen können, dass die Ermittler ihre Arbeit verstehen. Dafür sind sie ausgebildet.«

»Nachdem der *Capitaine* die Tat als Unfall stehen lassen wollte? Sie haben sich auch nicht besonders kooperativ gezeigt«, setzte sie hinzu und schürzte wieder die Lippen.

»Das gibt Ihnen noch lange nicht das Recht, die Sache selbst in die Hand zu nehmen. Ich sage es noch einmal: Mischen Sie sich nie wieder in die Polizeiarbeit ein.«

»Immerhin hat die Aktion für einigen Wirbel gesorgt. So verkehrt kann sie also nicht gewesen sein.« Marie-Laure lächelte selbstgefällig und zeigte dabei ihre übergroßen perlweißen Zähne. »Ich habe die Botschaften an sämtliche Haushalte verteilen lassen, von denen ich wusste, dass dort Männer wohnen, die mit einer Waffe umgehen können. Sie, *Monsieur le policier,* waren natürlich davon ausgenommen.«

»Na, Sie haben Nerven. Ich kann nur hoffen, dass Ihr Plan nicht aufgegangen ist«, knurrte Pierre. »Was glauben Sie, was passiert, wenn der Mörder den Zettel liest?«

»Er macht einen Fehler.«

»Oh ja, und der könnte Sie das Leben kosten. Haben Sie schon einmal darüber nachgedacht, was geschieht, wenn der Täter herausfindet, wer diese Zeilen geschrieben hat?«

Noch immer gab sie sich gelassen. »Woher soll er das denn bitte erfahren?«

»Der Umschlag steckte in der Baumarkt-Werbung. Wenn der Mörder einigermaßen schlau ist, wird er den Prospektausträger zur Rede stellen und fragen, wer ihm diesen Auftrag gegeben hat.«

»Keine Sorge, der hält dicht.«

»Mademoiselle, der Junge ist gerade einmal zwölf. Verdammt, wie konnten Sie nur ein Kind in die Sache hineinziehen!«

»Woher hätte ich denn wissen sollen, dass er den Umschlag zwischen die Werbung schiebt?« Auf Marie-Laures Hals entstanden blasse Flecken, die sich immer stärker röteten. »Angenommen, Sie haben Recht. Der Mörder wird doch nicht ernsthaft glauben, dass ich ihn bei der Tat beobachtet habe.«

»Was macht Sie da so sicher? Was soll jemand Ihrer Meinung nach denken, wenn er sich ertappt fühlt? Sie sind ein unkalkulierbares Risiko eingegangen, als Sie den Brief in Umlauf gegeben haben. Nicht nur, dass Sie sich und den Jungen unnötig in Gefahr gebracht haben, Sie haben zudem die Ermittlungen in einem Mordfall gefährdet.«

Es war das erste Mal, dass er Marie-Laure nachdenklich erlebte. Beinahe kleinlaut. »Was machen wir denn jetzt?«

In diesem Augenblick brachte der Kellner das Wasser. Sehnsüchtig schielte Pierre auf den Teller mit dem aromatisch duftenden Lammragout, das gerade einem anderen Gast serviert worden war. Er trank einen Schluck, steckte den Umschlag wieder ein und stand auf. »Rühren Sie sich nicht von der Stelle. Ich bin sofort wieder bei Ihnen.«

Die Luft war frisch, graue Wolken jagten über den vom Mond erhellten Himmel. Die Kellner hatten die Tische auf der Terrasse bereits abgedeckt, die Stühle gestapelt. Pierre ging bis zu dem Beet mit den Buchsbaumkugeln und Rosenbüschen, wo er außerhalb der Hörweite der anderen Gäste war, und wählte die Nummer seines Assistenten.

Luc meldete sich erst beim fünften Klingeln. Er schnaufte und klang auch sonst ein wenig unkonzentriert. Im Hintergrund war ekstatische Trommelmusik zu hören.

»Habe ich dich gestört?«, fragte Pierre und hoffte, die Antwort möge unverfänglich ausfallen.

»Nur beim Hanteltraining«, keuchte Luc. »Ich will endlich so aussehen wie Ronaldo.« Eine Tür fiel zu, die Musik wurde leiser.

Da hatte er sich eine Menge vorgenommen. »Ich brauche sofort deine Hilfe, es ist wichtig«, sagte Pierre.

»Stets bereit, Chef. Worum geht es?«

»Der Junge, der für den Baumarkt die Werbung austrägt, kennst du ihn?«

»Ja, klar, Didi, der wohnt nur ein paar Häuser weiter. Warum?«

»Er hat im Auftrag von Marie-Laure diese seltsamen Botschaften verteilt. Du weißt schon, der Umschlag im Prospekt.«

»Der war von Mademoiselle Pabion?« Luc klang verwundert und zugleich geschmeichelt. »Was habe ich denn getan, das sie gesehen … Sie wird mich doch nicht etwa beim Hanteltraining beobachtet haben?«

»Luc! Verdammt, denk doch mal nach. Das war keine persönliche Botschaft. Dieser Brief ging an alle …« Er hielt inne. Nein, so stimmte es nicht. Ihn hatte sie aus gutem Grund ausgelassen. »An fast alle männlichen Dorfbewohner. Sie wollte damit den Mörder aus der Deckung locken. Ich werde jetzt mit Mademoiselle Pabion zu dem Jungen fahren, es kann sein, dass ich dich dort brauche. Mach dich bitte sofort auf den Weg und warte, bis ich komme, hörst du?«

Luc schwieg, und Pierre konnte förmlich spüren, wie es in seinem Kopf arbeitete. »Hast du verstanden, worum es geht?«

»Na, logisch. Also Mademoiselle Pabion hat Didi die Briefe zum Verteilen gegeben und gehofft, dass … Sag mal, ist das denn nicht gefährlich?«

»Du hast es erfasst. Sollte jemand den Jungen auf den Urheber der Aktion angesprochen haben, müssen wir es wissen. Vielleicht kennen wir dann auch den Mörder von Franck Pabion.«

»Alles klar, Chef.« Nun war er ganz bei der Sache. »Bin sofort unterwegs.«

Marie-Laure Pabion saß tatsächlich noch immer an ihrem Platz. Der Teller war inzwischen abgeräumt worden, nun hielt sie ein Glas Weißwein in der Hand.

»Wir fahren jetzt zu Didi.« Pierre legte ein paar Münzen neben das leere Wasserglas.

»Was ist mit dem Wein? Ich habe ihn gerade bestellt.«

Meine Güte, die Frau konnte wirklich störrisch sein. »Es geht um die Sicherheit des Jungen«, sagte er nur. »Und um Ihre eigene. Sie sollten mich besser begleiten.«

Damit eilte er voraus, ohne sich umzusehen. Als er auf den Weg trat, hörte er das Klackern ihrer Absätze hinter sich, dann das Knirschen von Kies. Endlich hatte sie den Ernst der Lage begriffen.

Zurück auf dem Parkplatz, hielt er ihr mit einer höflichen Geste die hintere Tür auf und setzte sich dann hinters Lenkrad. An der Windschutzscheibe starrte ihm auf Höhe der Augen ein Zettel entgegen, die Schrift ihm zugewandt.

Monsieur Durand,

bei allem Respekt, stellen Sie den Streifenwagen NIEMALS wieder auf diesen Parkplatz.

Gez. Harald Boyer, Directeur de l'hotel

PS: Den Zahlencode werde ich selbstverständlich ändern lassen.

Pierre startete den Motor und betätigte den Scheibenwischer, bis der Zettel sich bewegte und davonrutschte.

»Sie halten wohl nicht viel von Ordnung und Sauberkeit«, meldete sich Marie-Laure von der Rückbank zu Wort. Ein Klackern und Scheppern erklang. »Wo soll ich denn meine Füße hinstellen? Wollen Sie diese ganzen Flaschen nicht langsam mal wegwerfen?« Gerade als Pierre losfahren wollte, riss sie die Tür auf, umrundete den Wagen und stieg auf der Beifahrerseite wieder ein.

»Ich komm besser nach vorne«, sagte sie nur knapp.

Pierre stieß die Luft aus und fuhr vom Parkplatz. Was nützte es, sich aufzuregen, es gab jetzt Wichtigeres. In wenigen Minuten würden sie erfahren, ob seine Sorge berechtigt war. Er betete inständig, dass er sich irrte und dass es Didi gutging.

Mit Schwung lenkte er den Renault auf die Straße und trat aufs Gas. Hoffentlich war der Junge zu Hause.

21

Es war kurz vor neun, als er den Wagen auf dem *Chemin du Bosquet* parkte. Sein Assistent kam ihm entgegengelaufen, noch bevor er die Tür öffnen konnte. Im Licht der gusseisernen Straßenlaterne erkannte Pierre an dessen Gesicht, dass etwas geschehen sein musste. Rasch ließ er das Fenster herunter.

»Didi ist nicht nach Hause gekommen«, begrüßte Luc ihn da auch schon. »Seine Mutter macht sich Sorgen.«

»So ein verdammter Mist! Hatte er eine Verabredung?«

»Fussballtraining. In Coustellet. Er ist mit dem Fahrrad hingefahren. Er hätte längst zurück sein sollen.«

Coustellet lag an der *Route d'Apt*, die den Nationalpark des Luberon durchschnitt. Ein kleiner Ort mit einer Handvoll Straßen. »Wo ist denn da ein Sportplatz?«

»Im *Collège Lou Cavaloun*, das liegt gleich hinter dem Ortsschild rechts.«

Pierre überschlug im Geiste die Strecke. Der Weg von dort war steil, man brauchte sicher fünfundzwanzig, dreißig Minuten mit dem Fahrrad. »Wann war das Training zu Ende?«

»Das habe ich nicht gefragt.«

»Hol's nach. Das ist wichtig.«

Ohne ein weiteres Wort drehte sein Assistent sich um und betätigte die Klingel von Nummer dreiundzwanzig, einem schmutzigen Haus mit abblätternder Farbe. Die ehemals dunkelrot gestrichenen Fensterläden waren durch Wind und Wetter beinahe wieder grau geworden, und auch der schnarrende Ton, der erklang, als Luc noch ein zweites Mal drückte, erstarb, kaum dass er Gehör finden konnte. Eine Frau öffnete, das Haar zerzaust, die Augen gerötet. Pierre konnte nicht verstehen, was die beiden sprachen, aber er beobachtete, wie Luc auf seine Uhr sah und nickte.

»Wie kann man einen Zwölfjährigen bei Dunkelheit eine solche Strecke mit dem Fahrrad fahren lassen«, meinte Marie-Laure neben ihm. »Von Coustellet fährt einmal die Stunde ein Bus.«

»Nicht jeder kann sich eine Fahrkarte leisten.«

»Oh.« Sie nickte und schwieg.

Lucs Kopf erschien wieder am Fenster. »Das Training ging bis halb acht, jetzt ist es schon fast neun.«

»Ich fahre den Weg ab«, sagte Pierre entschlossen. »Du bleibst hier und meldest dich, falls er inzwischen auftauchen sollte.«

»Jawohl, Chef.« Luc trat zurück auf den Bürgersteig und folgte Pierre, der den Renault in der engen Gasse wendete, mit aufgeregtem Blick.

Mit erhöhtem Tempo lenkte Pierre den Wagen durchs Stadttor, die kurvige Straße entlang in Richtung Tal, den Blick starr auf die Fahrbahn gerichtet. Seine Gedanken rasten. Er hoffte, dass dem Jungen nichts zugestoßen war.

Als sie die enge Bergstaße verließen und auf gerader Strecke fuhren, drosselte er die Geschwindigkeit. »Halten Sie die Augen offen«, sagte er zu Marie-Laure. »Vielleicht hat er einen der Seitenwege genommen.«

Obwohl die Wolken das Mondlicht reflektierten und so die Dunkelheit milderten, war das Gelände nur schwer einsehbar. Zu beiden Seiten der Straße standen Büsche und dichte Baumgruppen. Pierre fuhr nicht mehr als dreißig Stundenkilometer, doch sie sahen nur einen Spaziergänger, kurz darauf eine Katze. Keinen Jungen mit Fahrrad. Je weiter sie ins Tal kamen, desto flacher und transparenter wurde die Landschaft. Weinfelder, ein knorriger Baum, die Ruine eines Steinhauses.

Kein *vélo*, kein Didi.

»Vielleicht hat er sich noch mit Freunden unterhalten und die Zeit vergessen«, sagte Marie-Laure in die Stille. »Oder er war gar nicht beim Training. So etwas kommt vor, er ist doch fast ein Jugendlicher, oder?«

»Möglich.«

»Vielleicht hat auch das Fahrrad einen Platten. Dann muss er schieben. Bestimmt hat er einen der Feldwege genommen, um die Strecke abzukürzen. Vielleicht sind wir an ihm vorbeigefahren.« Sie hatte schnell gesprochen, es war ihr anzumerken, dass auch sie sich Sorgen machte.

Pierre nickte nur. Er versuchte sich zu orientieren. Das Ortsschild hatten sie gerade passiert, vor ihnen war ein Kreisverkehr. Die Schule lag laut Lucs Aussage gleich hinter dem Schild, aber da waren nur Hecken gewesen und einzelne Häuser.

Vielleicht hatte er die erste Straße rechts vom Kreisel gemeint? Tatsächlich, nur wenige hundert Meter weiter entdeckte er ein Hinweisschild zum *Collège*.

Die Schule befand sich am Ende einer Stichstraße, ein hässlicher Kastenbau, umgeben von einer gelb und orangefarben gekachelten Mauer. Der asphaltierte Parkplatz war leer, das Gebäude dunkel, die Flutlichter des Sportplatzes waren erloschen. Pierre stellte den Motor ab und lauschte. In der Ferne ein Lachen, ein Hund bellte, dann war es ruhig.

»Und nun?«, fragte Marie-Laure. »Was machen wir jetzt?«

»Warten Sie hier.« Pierre öffnete die Wagentür und stieg aus.

Mit großen Schritten durchmaß er das Gelände. Er rüttelte am Eisentor, das den Zugang zum Rasenplatz und zur Sporthalle versperrte, spähte hinter Mauern und Büsche, rief Didis Namen. Weder kam eine Antwort, noch entdeckte er ein Fahrrad. Er wählte noch einmal Lucs Nummer.

»Und? Ist er schon aufgetaucht?«, fragte er.

»Nein. Aber die Mutter hat gerade mit einem seiner Freunde gesprochen. Didi war beim Training. Er hat gesagt, er wolle noch zum Spielautomaten. Den Jackpot knacken. Was auch immer das zu bedeuten hat.«

»Kein Betreiber wird seine Lizenz riskieren, nur weil ein Junge den Jackpot knacken will.«

»Ja, ich weiß. Es gibt wohl eine Bar, in der die Spielautomaten etwas abseits stehen, in der *Route de Robion*. Da interessiert sich niemand dafür, ob man schon alt genug ist. Didis Mutter sagte allerdings, er habe gar kein Geld für so was.« Lucs Stimme klang auf einmal leise. »Er könnte es natürlich geklaut haben.«

»Oder jemand hat ihm welches gegeben, damit er den Mund aufmacht.« Pierre spürte, wie sein Puls sich beschleunigte. »Wie heißt die Bar?«

»Das wusste der Freund auch nicht. Aber sie liegt gleich gegenüber der Tankstelle.«

Pierre beendete das Telefonat und eilte zum Auto.

Die *Route de Robion* war eine jener neu erbauten Straßen in Coustellet, in denen man das Provenzalische auf nacktem Beton nachzustellen versuchte. Die Häuser waren in typischem Orange gestrichen und die Dächer mit Ziegeln bedeckt, deren unterschiedliche Farbtöne sich wie wahllos dahingeworfene Kleckse ausnahmen. So wie die meisten Häuser in der Region, nur dass die glänzende Oberfläche Alter und Preis der Ziegel verriet. An Stützpfeilern klebten Ladenschilder, ein Geschäft für Medizintechnik, eine Pizzeria, ein Blumenladen, dessen Schaufenster von einem stählernen Rollladen geschützt war.

In einem Flachbau mit schmutzig gelber Fassade befand sich die Bar, aus der gerade einige Männer kamen. Lärmend, wankend. An der Hausmauer lehnte ein altes Herrenfahrrad. Ein wenig zu groß für einen Jungen, doch er konnte sich auch täuschen.

Pierre hatte Marie-Laure wieder gebeten, im Auto zu bleiben, und vorsichtshalber die Tür verriegelt – zu ihrer eigenen Sicherheit. Als er die Bar betrat, wusste er, dass er richtig gehandelt hatte.

Die Luft war stickig, es roch nach Bier und Schweiß. Über all dem lag eine jener Stimmungen, die Pierre bei der Ausübung seines Berufes allzuoft gespürt hatte. Eine Mischung aus Elend, Schwermut und haltlosem Vergnügungswillen. Männer, die ihr Schicksal in Schnaps zu ertränken versuchten, um zu vergessen, dass die Frau sie verlassen hatte, der Job gekündigt oder die Schulden zu hoch waren. Ein weibliches Wesen, noch dazu eine derart attraktive Frau wie Marie-Laure, wäre hier nur mit Anzüglichkeiten bedacht worden, die weit unter der Gürtellinie liegen dürften.

Wie aber würde es einem Zwölfjährigen ergehen?

Aufs Äußerste angespannt, sah Pierre sich um. Didi war nirgends zu sehen.

Durch den Lärm drang das typische Klingeln und Tönen eines Spielautomaten und wies ihm den Weg. Den Bartresen entlang, dann nach rechts, in Richtung der Toiletten. Doch vor dem Gerät auf einem Barhocker saß nicht Didi, sondern ein Mann in ärmellosem Shirt. Pierre hielt auf ihn zu.

»Haben Sie heute Abend hier einen kleinen Jungen gesehen? Er muss an diesem Automaten gespielt haben.«

Der Mann zuckte bloß die Schultern und setzte mit Blick auf Pierres Polizeiuniform hinzu: »Bin gerade erst gekommen.«

»Der Kleine ist schon wieder raus«, sagte ein anderer Mann, in der Hand einen Schwung Münzen, die er anscheinend gerade eingewechselt hatte. »Der hat zugesehen, wie der Kasten funktioniert, und sogar ein paar Euro herausholen können. Ein cleveres Kerlchen, der wusste genau, wie der Hase läuft. Aber dann ist es ihm hier drinnen wohl zu laut geworden.« Er bleckte die Zähne und versuchte ein Lachen. »Kein Ort für Kinder.«

»Wann war das?«

»Ist schon 'ne Weile her.«

»Können Sie mir sagen, wo er hingegangen ist?«

»Woher soll ich das denn wissen, bin ich Elizabeth Teissier?« Das Lachen wurde dröhnend.

Pierre drehte sich um, auf der Suche nach einem Barkeeper, der hier den größten Überblick haben dürfte, als er inmitten der Geräusche das Klingeln seines Handys vernahm. Er zerrte das Telefon aus der Jackentasche und sah aufs Display. Es war sein Assistent.

Pierre stürzte ins Freie und nahm ab. »Gibt's Neuigkeiten?«

»Der Junge ist wieder da. Er hat gleich eine Backpfeife kassiert.« Man konnte Luc anhören, dass er grinste. »Ist aber nicht weiter schlimm, sie liegen sich schon wieder in den Armen.«

»Gott sei Dank!«, stieß Pierre aus und sah in den Himmel, wo sich Wolken und Sternenfelder abwechselten. »Bleib bei ihm. Ich bin schon unterwegs.«

»Sie können sich nicht vorstellen, wie erleichtert ich bin«, sagte Marie-Laure, als sie wieder in Richtung Sainte-Valérie fuhren. Ihre Stimme klang brüchig. »Ich hätte es mir nie verziehen, wenn ihm etwas zugestoßen wäre.«

Pierre runzelte die Stirn und warf ihr einen kurzen Seitenblick zu, bevor er sich wieder auf die Straße konzentrierte. Die dicht bewohnten Siedlungen hatten sie hinter sich gelassen, nun hielten sie auf der immer schmaler werdenden Spur auf die Berge zu.

»Ich verspreche Ihnen hoch und heilig, mich anständig zu benehmen und nie wieder in Ihre Arbeit einzumischen«, beteuerte sie, zwei Finger zum Schwur erhoben.

»Dafür wäre ich Ihnen sehr dankbar.«

Pierre hatte sich den sarkastischen Unterton nicht verkneifen können. Er dachte an Marie-Laures ersten Auftritt in der Polizeiwache und daran, dass sie ihm seitdem immer mal wieder etwas verheimlicht hatte.

»Sie glauben mir nicht.« Es hörte sich fast verwundert an.

»Haben Sie etwas anderes erwartet?«

»Na schön. Was soll ich tun, damit Sie mir vertrauen?«

»Vielleicht könnten Sie damit beginnen, die Wahrheit zu erzählen.«

»Die Wahrheit? Welche Wahrheit meinen Sie?«

»Die über Ihren Verlobten zum Beispiel. Er hat mir gegenüber erwähnt, dass Sie sich direkt nach dem Mord von ihm getrennt haben. Warum haben Sie das getan? Besteht da ein Zusammenhang?«

Sie wandte ihm abrupt den Kopf zu. »Denken Sie, ich halte Sébastien für den Mörder?«

»Es ist zumindest wahrscheinlich.«

»Warum hätte ich dann diese Briefe verfassen sollen?«

»Um sicherzugehen, dass Sie sich geirrt haben.«

»Nein.« Sie schüttelte den Kopf. »Nicht Sébastien. Dazu wäre er viel zu feige. Wir haben uns gestritten, das ist alles, nun haben Sie Ihre Wahrheit. Zufrieden?«

»So sehr, dass Sie die Verlobung gelöst haben?«

»Ich war mir nicht mehr sicher …« Sie nahm eine Haarsträhne zwischen die Finger und drehte sie ein. »Er ist bestimmt ein toller Mann. Aber auf einmal habe ich gemerkt, dass wir nicht zusammenpassen. Zumindest nicht für immer und ewig. Ich nehme das sehr ernst. Wenn ich heirate, soll die Ehe mein Leben lang halten. Sébastien ist zusammengebrochen, als ich es ihm gesagt habe. Jetzt will er mich umstimmen, unbedingt noch einmal mit mir reden. Dabei versteht er überhaupt nicht, worum es mir eigentlich geht!«

»Erklären Sie es mir.«

»Als Franck erschossen wurde, habe ich gemerkt, dass ich einen richtigen Mann will. Einen, der mehr Mumm hat, verstehen Sie?«

So wie ihr Bruder, dachte Pierre, aber er sagte es nicht laut.

»Hätte Sébastien mehr Mut besessen, mehr Widerstandskraft, dann hätte er Franck von dieser unsinnigen Wildschweinjagd abgehalten.« Sie schüttelte wieder den Kopf. »Ich kann mir nicht helfen, irgendwie glaube ich, dass mein Bruder heute noch leben würde, wenn Sébastien sich einmal getraut hätte, ein Machtwort zu sprechen. Sie denken vielleicht, es sei Zufall, dass Mademoiselle Berg mich nicht erreicht hat, als sie kein ganzes Tier bekommen konnte, und sich an meinen Verlobten wandte. Ich nenne es ein Zeichen. Eine Herausforderung des Schicksals, ob er Manns genug wäre, dem Spuk ein Ende zu bereiten.«

Sie hatte eindringlich gesprochen, das Gesicht ihm zugewandt. Was Pierre in der Beengtheit des Wagens fast schon aufdringlich erschien. Es kam ihn vor, als wolle sie jegliche andere Ansicht von vornherein ausschließen.

»Sie geben Ihrem Verlobten die Schuld, obwohl *Sie* diejenige waren, die das Wildschwein haben wollte?«

»So dringend war es nun auch wieder nicht, immerhin hatten wir noch die vielen Rebhühner. Sie glauben ja wohl nicht im Ernst, dass ich die Truppe in den Wald geschickt hätte, mitten in der Nacht vor der Hochzeit.«

»Doch, genau das denke ich.«

Für einen kurzen Moment sah es so aus, als wolle sie Pierre am liebsten an die Gurgel springen, dann seufzte sie resigniert. »Sie scheinen kein besonders gutes Bild von mir zu haben. Ich bin nicht so gefühllos, wie Sie glauben.«

»Ach ja?« Das war wirklich absurd. Pierre hatte Mühe, sich auf die Fahrbahn zu konzentrieren, so wütend war er auf Marie-Laure samt ihrer fatalen Selbsteinschätzung, mit der sie andere in Lebensgefahr gebracht hatte, zuletzt den Jungen. »Sagen Sie bloß, Sie halten sich für eine aufrichtige, kluge und warmherzige Frau.«

Jetzt lachte sie, und es klang ein wenig verzweifelt. »So schlimm? Was kann ich tun, um Sie vom Gegenteil zu überzeugen?«

»Wie wäre es, wenn Sie endlich damit beginnen würden, Verantwortung zu übernehmen, statt immer nur anderen die Schuld in die Schuhe zu schieben?«

Marie-Laure lehnte den Kopf an die Stütze und seufzte noch einmal, diesmal schwerer. »Wahrscheinlich haben Sie Recht.« Sie schwieg kurz, sprach dann leise weiter. »Ich alleine habe es vermasselt. Ich war es, die keinen Mut hatte. Eigentlich war es nämlich der Wunsch meines Vaters.«

»Ihres Vaters?« Pierre verlangsamte das Tempo. »Wollen Sie damit sagen, dass *er* das Wildschwein haben wollte?« Das durfte ja wohl nicht wahr sein! Pierre musste an Frédéric Pabions überraschtes Gesicht denken, als er den Antiquitätenhändler beim Verhör in seinem Haus genau diese Frage gestellt hatte. Ebenso an dessen Rührung, als habe seine Tochter diese Änderung des Menüs ohne jegliche Einflussnahme entschieden.

»Natürlich. Das *sanglier rôti* ist eine alte Familientradition. Wenn ein Pabion heiratet, dann gibt es ein ganzes Wildschwein am Drehspieß, und zwar seit Generationen. Aber ich hatte andere Pläne. Ich hasse Traditionen.« Den letzten Satz spie sie wütend aus. »Meine Hochzeit sollte stilvoll werden. Stattdessen sollte es nun dieses mittelalterliche Festessen geben.«

Das war ja hochinteressant. Marie-Laure hatte also ebenfalls zu rebellieren versucht. »Das haben Sie Ihrem Vater auch genau so gesagt?«

»Wir haben nicht darüber gespochen. Aber er muss irgendwie davon erfahren haben. Kurz vor der Hochzeit hat er mir zu verstehen gegeben, er wisse es sehr wohl zu deuten, dass ich seinen

Wunsch nicht respektieren und mit der Tradition brechen wolle.« Marie-Laure atmete hörbar aus. »Was hätte ich denn tun sollen? Ich wusste, wohin es führt, wenn ich ihn enttäusche. Was, wenn er mich ebenso verstieß wie meinen Bruder? Es ging einfach nicht anders, ich musste seinem Wunsch nachkommen. Können Sie das verstehen?«

Ihre Worte stimmten Pierre nachdenklich. Der Druck, der auf ihr gelastet hatte, war noch immer spürbar. Dennoch war er sich sicher, dass Pabion bei seiner Prinzessin mit Milde reagiert hätte.

»Aber es war *Ihre* Feier«, erwiderte er. »Meinen Sie nicht, Ihr Vater hätte es letztendlich eingesehen? Soweit ich weiß, haben Sie alles dafür getan, dass es für Ihre Gäste ein perfektes Erlebnis werden würde.«

»Was ist schon perfekt, wenn jemand am Ende doch einen Makel findet?«

Es hatte traurig geklungen. Resigniert. Pierre musste an Yvonne Pabion denken, die offenbar zu schwach war, um Marie-Laure mütterlichen Schutz zu geben, und an die Geschichte des rebellischen Franck, den das kleine Mädchen immer wieder vor dem wütenden Vater verteidigt hatte. Ein Leben zwischen Jeanne d'Arc und Prinzessin. Welche Identität war ihre eigene? Wer war Marie-Laure wirklich? Langsam begann Pierre zu begreifen, warum die junge Frau so geworden war, wie sie war.

»Ich kann Sie verstehen«, sagte er ruhig, während er in den *Chemin du Bosquet* einbog. »Ich kann nur zu gut nachvollziehen, wie viel Kraft es kostet, immerzu perfekt zu sein und allen Erwartungen zu entsprechen.« Er setzte den Blinker und parkte vor Didis Haus, wo sein Assistent bereits voller Ungeduld wartete.

Plötzlich hörte er neben sich ein Schluchzen. Er drehte sich Marie-Laure zu, die ihn mit weit aufgerissenen Augen anstarrte. Dann brach alles aus ihr heraus. Sie begann zu weinen, immer heftiger, dass der herbeigeeilte Luc Pierre tadelnd musterte.

»Was hast du getan?«, rief er durch die geschlossene Scheibe.

Pierre schüttelte langsam den Kopf und gab ihm ein Zeichen, sich wieder zu entfernen. Dann holte er eine Packung Taschentücher aus dem Handschuhfach, zog eines heraus und reichte es Marie-Laure.

»Ich kann das alles nicht mehr, ich will das nicht!«, schluchzte sie und entfaltete das Tuch. »Ich habe es so satt!« Sie schnäuzte sich mit einem äußerst undamenhaften Geräusch. »Ich will endlich frei sein von dem Ganzen, weg von hier. Am liebsten in den Norden. Nach Paris oder nach Rouen, irgendwohin, wo ich endlich das machen kann, was ich will. Nur ich alleine, weit weg von dieser Familie.«

»Das klingt nach einer vernünftigen Lösung.« Er sah sie aufmunternd an. »Aber zuerst wollen wir herausfinden, wer Ihren Bruder auf dem Gewissen hat.«

Sie lächelte unter Tränen, mit roter Nase und verquollenen Augen. Noch einmal nickte er ihr zu, dann stieg er aus und ging zu seinem Assistenten, der vor dem Hauseingang von einem Fuß auf den anderen trat.

»Na endlich«, sagte Luc. »Ich habe schon mit Didi gesprochen. Du hattest natürlich wieder einmal Recht. Jemand hat den Jungen nach den Briefen gefragt. Zuerst wollte er nichts sagen, aber dann hat der Mann ihm Geld gegeben. Darum ist er auch so spät nach Hause gekommen. Er wollte, dass es seiner Familie endlich gutgeht, und ist mit dem Geld in die Bar gefahren, um den Jackpot zu …«

»Jetzt erzähl schon«, unterbrach ihn Pierre. »Wer war es?«

»Du wirst es nicht für möglich halten«, antwortete Luc im Flüsterton. Er wies mit dem Kopf auf Marie-Laure, die noch immer im Wagen saß und sich die Nase schnäuzte. »Es war ihr Vater.«

22

Das kam nicht überraschend, vor allem nicht nach seinem Gespräch mit Marie-Laure. Dennoch fühlte es sich an, als habe jemand ein weißes Kaninchen aus dem Hut gezaubert. Woran das lag, konnte Pierre nicht sagen. Er horchte in sich hinein, ob er irgendetwas fand, das ihm dieses Gefühl erklärte. Doch da war nichts. Es war nicht das erste Mal seit seinem Umzug in die Provence, dass er Dinge vergaß oder nicht mehr ganz zusammenbrachte. Das südfranzösische Leben färbte offenbar auf ihn ab. Oder wurde er nun doch langsam alt?

»Wann hat Frédéric Pabion den Jungen abgepasst?«, fragte er Luc in dem Versuch, seine Gedanken zu ordnen.

»Morgens, auf dem Weg zur Schule.«

Der Unterricht begann um neun, sein Gespräch mit Pabion im Wintergarten hatte nur eine halbe Stunde vorher geendet. Jetzt verstand Pierre auch, warum der Antiquitätenhändler es so eilig gehabt hatte. Was hatte er wohl gedacht, als er erfuhr, dass seine eigene Tochter die Absenderin des anonymen Schreibens war, seine Prinzessin? Vor allem: Welche Konsequenzen würde er daraus ziehen?

»Wir müssen Fichot anrufen«, sagte Luc, »jetzt haben wir den Mörder.«

»Dass Pabion den Jungen nach dem Briefeschreiber gefragt hat, heißt noch lange nicht, dass er auch der Mörder ist.«

»Ja, was denn sonst?«

»Er könnte zum Beispiel etwas zu verbergen haben, das nichts mit der Tat zu tun hat. Die Zeile in dem Brief war sehr vage, davon konnte sich jeder angesprochen fühlen. Jeder, der sich etwas hat zuschulden kommen lassen. Vom Ehebrecher bis hin zum Kleinkriminellen.«

»Was genau soll Pabion deiner Meinung nach getan haben?«

»Ich weiß es nicht«, antwortete Pierre unwillig. »Genau das müssen wir herausfinden.«

»Was, wenn er doch der Mörder ist?« Luc hob die Augenbrauen. »Ich meine, das klingt jetzt nicht, als hättest du eine bessere Erklärung.«

»Ich will mich nur nicht vorschnell festlegen«, entgegnete Pierre. Natürlich hatte sein Assistent Recht. Zumindest musste er Fichot informieren, damit der Frédéric Pabion verhören konnte. Aber der Eindruck, etwas Wichtiges übersehen zu haben, war noch immer sehr präsent, daher wollte er die Sache nicht an den *Capitaine* abgeben. Nicht jetzt. »Alles ist möglich. Natürlich auch das«, murmelte er.

Während Luc ihn anstarrte, als warte er auf eine weitere Erklärung, dachte Pierre noch einmal an das Gespräch zurück, das er mit dem Antiquitätenhändler geführt hatte, und daran, wie wütend Pabion geworden war, als er ihn auf das Verhältnis zu seinem Sohn angesprochen hatte. Und auf dessen mögliche Rachegedanken angesichts der jahrelangen väterlichen Zurückweisung.

Pierre hielt inne, er spürte, dass dieser Punkt wichtig war.

Wenn man diese Wut interpretierte, dann war es durchaus denkbar, dass Franck tatsächlich etwas gefunden hatte, womit er seinem Vater die Ablehnung heimzahlen konnte. Oder wodurch er die lang ersehnte Aufmerksamkeit bekommen konnte, wenn auch im negativen Sinne.

Wenn man diesen Gedanken nun weiterspann, dann ergab sich daraus auch eine mögliche Erklärung für das Geld, das Franck urplötzlich besessen haben sollte. Hatte er es von seinem Vater bekommen, weil er etwas wusste, womit er ihn erpressen konnte? Etwas, das den alten Pabion sogar dazu gebracht hatte, einen kleinen Prospektausträger vor der Schule abzufangen, um ihm zu entlocken, wer ihn bei was auch immer beobachtet hatte?

Wenn es tatsächlich so gewesen war, dann musste Pabion annehmen, dass sein Sohn dieses Wissen an Marie-Laure weitergeleitet hatte, die nun genau an der Stelle ansetzte, an der Franck aufgehört hatte.

Dieser Gedanke trieb Pierres Herzschlag an.

Sollte Frédéric Pabion wirklich der Mörder seines Sohnes sein, dann war nun auch Marie-Laure in höchster Gefahr.

»Wie geht es Didi, ist alles in Ordnung?«, fragte eine weibliche Stimme hinter ihnen.

Pierre drehte sich zu Marie-Laure um, die aus dem Wagen stieg und tapfer lächelnd auf sie zukam.

»Ja, danke«, sagte er laut und beugte sich näher zu Luc. »Begleite sie in die *Domaine*«, flüsterte er. »Ich rufe inzwischen in Cavaillon an und bitte um Polizeischutz.«

»In Cavaillon?«, gab Luc wispernd zurück. »Warum nicht bei *Capitaine* Fichot?«

»Weil es an der Zeit ist, dass sich die Kollegen von der *police nationale* einschalten. Immerhin steht mit Frédéric Pabion nun ein Bürger von Sainte-Valérie im Fokus.« Er hoffte, *Commissaire* Barthelemy würde die Sache genauso sehen und sich in die Ermittlungen einklinken. Ihm vertraute Pierre vorbehaltlos – im Gegensatz zu Fichot. »Pass gut auf sie auf, ich komme gleich nach.«

»Sie sehen auf einmal so ernst aus«, sagte Marie-Laure, die nun direkt vor ihnen stand. Ihr Gesicht war dick gepudert, als sei sie gerade auf dem Weg zu einem Maskenball, der Mund stark geschminkt. Nur die verschmierte Wimperntusche hatte sie in dem Bemühen, die Spuren ihres Tränenausbruchs in der Dunkelheit des Wagens zu beseitigen, wohl übersehen. »Ist etwas geschehen?«

Pierre bemühte sich, nicht auf die roten Lippen zu starren, die unnatürlich aus dem weißen Gesicht hervorstachen. »Es ist nur so …« Ihr Anblick rührte ihn. Sie erinnerte ihn an Pierrot, den traurigen Clown. Irgendwie passte es auch zu ihr und dieser abstrusen Situation.

Er wandte den Blick. Es war eine milde Nacht, einige Fenster standen weit offen und entließen ein Gemisch aus Radiomusik und Gesprächsfetzen. Da erschien an einem der Kopf eines Mannes, der sich weiter vorstreckte, bis er bemerkte, dass vor dem Haus ein Streifenwagen parkte. Ruckartig wandte er sich um. »Mathilde, komm rasch! Hier ist was passiert.«

»Wir klären das besser später«, antwortete Pierre ausweichend und sah Marie-Laure wieder an. »Mein Assistent wird Sie jetzt in Ihr Hotel begleiten. Zu Ihrer eigenen Sicherheit möchte ich Sie bitten, niemanden anzurufen und auch keine Anrufe entgegenzunehmen.«

Sie war sichtlich überrascht. »Darf ich erfahren, warum?«

»Vorläufig nicht, Mademoiselle Pabion, aber ich melde mich noch heute dazu. Versprochen.«

Er hatte genug der Manipulation. Keine Komödien, keine Nebelkerzen. Ab sofort sollte endlich Klarheit herrschen.

Pierre hatte Luc den Weg zur *Domaine* mit dem Streifenwagen fahren lassen und war zum Haus der Pabions gelaufen. Unterwegs hatte er im Kommissariat von Cavaillon angerufen und nach Jean-Claude Barthelemy gefragt, den er während des letzten Falles trotz dessen Behäbigkeit schätzen gelernt hatte. Doch er erreichte nur einen der Inspektoren, Robert Lechat.

»Der *Commissaire* ist bereits zu Hause«, sagte der Mann. »Kann ich Ihnen vielleicht weiterhelfen?«

In kurzen Worten umriss Pierre den Fall – wobei er die laufende Zusammenarbeit mit der Gendarmerie nicht verschwieg – und bat Lechat, jemanden zur *Domaine* zu schicken. »Ich befürchte, dass sich Mademoiselle Pabion in Gefahr befindet. Mein Assistent passt derzeit auf sie auf, aber er ist leider unbewaffnet.« Wieder einmal verfluchte er die Tatsache, dass ihnen der Bürgermeister bislang keine Pistolen zugebilligt hatte, wie es inzwischen vielen Kollegen in anderen Dörfern erlaubt war. »Und schicken Sie einen Mann zum Haus von Frédéric Pabion in den *Chemin des Vignes*. Wenn möglich mit Durchsuchungsbeschluss.«

»Ich werde sehen, was ich tun kann.«

Um kurz vor zehn erreichte Pierre das Anwesen der Pabions. Vorsichtig näherte er sich, immer im Schatten der Mauern und Büsche, bis er sich schließlich seitlich eines Torpfostens postierte. Dort wartete er auf den Kollegen aus Cavaillon.

Es war ruhig, bis auf das Geräusch eines Mofas, das sich mit hörbarem Kraftaufwand an der Stichstraße vorbei den Berg hinaufkämpfte. Der Mond schob sich hinter die bewaldeten Hügel und tauchte das Grundstück in bleigraue Dunkelheit. Nur im oberen Stockwerk der Villa brannte Licht, vermutlich ein Schlafzimmer.

Endlich bog ein Streifenwagen der *police nationale* in die Straße ein. Leise, ohne Blaulicht. Die Tür öffnete sich, und ein übergewichtiger Mann in schlecht sitzender Uniform stieg aus.

»Jean-Claude, haben sie dich etwa aus dem Bett geholt?«, witzelte Pierre mit gedämpfter Stimme.

Noch vor wenigen Wochen hätte er sich nicht träumen lassen, dass er sich jemals freuen würde, den *Commissaire* wiederzusehen. Aber aus einer anfänglichen Abneigung war tatsächlich so etwas wie freundschaftliche Kollegialität erwachsen.

»Ich habe die ganze Fahrt über darüber nachgedacht, ob ich dich dafür teeren und federn soll«, brummte Barthelemy in gespieltem Ernst, dann lächelte er. »Robert Lechat hat mir alles erzählt, auch von deinem Ärger mit Fichot, den ich im Übrigen für einen aufgeblasenen Gockel halte. Da habe ich es einfach nicht mehr auf dem Sofa ausgehalten. Dort werde ich noch früh genug sitzen und mich zu Tode langweilen oder auf den Fernseher starren und Selbstgespräche führen.« Er klopfte Pierre auf die Schulter. »Schön, dich zu sehen, *mon ami.*«

»Danke, ebenso. Hast du einen Durchsuchungsbeschluss bekommen?«

Barthelemy schüttelte den Kopf. »Der Amtsrichter war ziemlich ungehalten wegen der späten Störung. Er sehe keine Notwendigkeit darin, das Haus eines Mannes zu durchsuchen, solange sich der einzige Verdachtsmoment auf ein Gespräch mit einem Prospektausträger beschränkt.«

Pierre seufzte. Die Beweislage war äußerst dürftig, er hatte es beinahe erwartet. »Hat Inspektor Lechat darauf hingewiesen, dass Beweismittel verloren gehen könnten, wenn wir nicht sofort handeln?«

»Ja, natürlich. Der Richter war trotzdem der Ansicht, dass Pabion von dem Gespräch mit dem Jungen bis zum Abend alle Möglichkeiten gehabt hätte, eventuell belastendes Material beiseitezuschaffen. Sollte sich jedoch der Verdacht erhärten, dass der Mann eine Straftat begangen habe, sei er selbstverständlich bereit, tätig zu werden.«

Nun, dann musste er sich eben etwas anderes überlegen. Mit energischen Schritten ging Pierre auf die Haustür zu und betätigte den Klingelknopf.

»Was hast du vor?«, fragte Barthelemy, der ihm gefolgt war.

»Das wirst du gleich sehen.«

Yvonne Pabion hatte einen pinkfarbenen Bademantel an, als sie ihm öffnete. Das Haar war unter einer Art Netz zusammengehalten, dessen Gummiband sich fest in ihre Stirn drückte.

»*Monsieur le policier*«, sagte sie überrascht. Ihr Blick wanderte zum *Commissaire*, der hinter Pierre stand. »Ist etwas passiert?«

»Guten Abend, Madame Pabion. Bitte entschuldigen Sie die Störung, aber ich muss dringend mit Ihrem Mann sprechen.«

»Der ist nicht zu Hause. Er ist geschäftlich nach Antwerpen gereist. Ein großer Abschluss, hat er gesagt, es könne ein paar Tage dauern.«

»Antwerpen?« Verdammt, Pabion war abgehauen! »Wie ist er dort hingekommen? Mit dem Auto?«

»Nein, er ist mit dem Taxi nach Avignon gefahren und von da aus weiter mit dem Zug.«

»Hatte er viel Gepäck dabei?«

»Nur einen Koffer.«

»Einen großen?«

»Was soll diese Frage?« Sie schüttelte den Kopf und berührte ihr Haarnetz. Das Gespräch war ihr sichtlich unangenehm, vermutlich weniger wegen der Fragen als wegen ihres Aussehens.

»Bitte, Madame Pabion, es ist wichtig.«

Sie seufzte. »Na gut, er reist immer mit einem mittelgroßen Koffer.« Sie hielt die Hand auf Höhe der Knie. »In etwa so.«

»Hat er gesagt, mit wem er diesen Termin hat?«

»Nein. Er hat nicht viel gesprochen. Ich denke, es ist einer der belgischen Antiquitätenhändler, mit denen er sich regelmäßig austauscht, Monsieur de Boeck. Es gibt noch einige weitere Händler, deren Namen mir leider nicht geläufig sind, aber ich kann gerne nachsehen, ob er sein Adressbuch hiergelassen hat.« Noch einmal wiederholte sie ihre Frage, dieses Mal mit deutlicher Besorgnis. »Monsieur Durand, ist etwas passiert?«

»Es besteht der Verdacht, dass Ihr Mann vor der Justiz geflohen ist.«

»Warum das?« Sie hob die Hand vor den Mund. »Hat es etwa mit dem Mord an meinem Stiefsohn zu tun?«

»Möglicherweise.« Pierre dachte nach. Ein spontaner Geschäftstermin reichte vermutlich nicht aus, um den Amtsrichter zu überzeugen. »Ich würde gerne einen Blick in das Arbeitszimmer Ihres Mannes werfen.«

Sie zögerte. »Ich muss es Ihnen nicht erlauben, nicht wahr? Oder haben Sie einen Durchsuchungsbefehl?«

»Nein, Madame, einen solchen Beschluss habe ich nicht, aber als Hausherrin hätten Sie natürlich das Recht dazu, es mir trotzdem zu gestatten.«

»Was, wenn Sie belastende Dinge fänden …« In Yvonne Pabions Sorge mischte sich etwas, das wie Hoffnung klang.

»Dann könnte es sein, dass ich Ihren Mann verhaften lassen muss.«

»Und wenn nicht?«

»In dem Fall bliebe die Sache selbstverständlich unter uns. Ich versichere Ihnen«, er sah sie treuherzig an, »dass niemand erfahren wird, dass der *Commissaire* und ich jemals in Ihrem Haus waren.«

Ein Lächeln zuckte um ihre Mundwinkel. Schließlich trat sie einen Schritt beiseite. »Bitte schön, Monsieur Durand, hiermit gebe ich Ihnen beiden die Erlaubnis, das Haus auf den Kopf zu stellen und jeden noch so kleinen Winkel zu durchsuchen.«

Das Arbeitszimmer lag direkt neben dem Wintergarten und hatte denselben herrlichen Blick auf Sainte-Valérie, dessen Stadtmauer jetzt am Abend von hellen Strahlern angeleuchtet war. Das Dorf hob sich majestätisch vom dunklen Nachthimmel ab, funkelte mit hunderten Lichtpunkten aus erleuchteten Fenstern wie ein Kleinod auf einem goldenen Tablett.

Das Büro war sehr ordentlich, alles sauber und aufgeräumt. Dennoch hatte es eine Anmutung von Chaos, was Pierre auf die Fülle von Gegenständen und Bücher zurückführte, die einen beinahe erdrückten. Wie im restlichen Haus standen viele Antiquitäten in dem Raum, angefangen beim Schreibtisch, der aufwändig gearbeitete Kassetten und Schubladen hatte, über barocke Bilder und Lampen bis hin zu einem geschwungenen Sofa, das aus der Biedermeierzeit stammen mochte. Auf der Sitzfläche stapelten sich mehrere Ausgaben des Magazins *Antiquités Brocantes*. Deckenhohe Regale mit alten Büchern, denen der Duft von moderndem Heu anhaftete; ein Geruch, den Pierre aus den Bibliotheken kannte, in denen er sich auf seine Prüfungen für den höheren Polizeidienst vorbereitet hatte. An der gegenüberliegenden Seite eine Vitrine mit Skulpturen, Heiligenfiguren und Kreuzen.

Unschlüssig, wo er mit seiner Suche beginnen sollte, stellte er sich vor den Schreibtisch, auf dem mehrere sauber gestapelte Dokumente lagen, außerdem Bücher und weitere Zeitschriften. Was hatte Pabion alles bei seiner überstürzten Abreise mitnehmen können? Rechnete er überhaupt damit, dass die Polizei sein Arbeitszimmer durchkämmte?

»Wonach suchen wir eigentlich?«, fragte Barthelemy, der sein rundes Gesicht in gewohnter Manier in Falten legte und dabei aussah wie eine nachdenkliche Bulldogge.

»Nach irgendeinem Hinweis darauf, dass Pabion straffällig geworden ist.«

»Ist das nicht ein wenig vage?« Barthelemys Blick glitt zu den vollgestopften Regalen, dann stützte er die Hände in die Hüften und stieß einen flatternden Ton aus, wobei seine Lippen vibrierten. »Das wird eine Menge Arbeit«, sagte er. Damit streifte er sich ein Paar Latexhandschuhe über, griff nach einem alten Folianten über mittelalterliche Kirchenkunst und begann darin zu blättern.

Pierre zuckte mit den Schultern, zog ebenfalls Handschuhe an und sah die Dokumente auf dem Schreibtisch durch. Pabion war offenbar ein angesehenes Mitglied der SNA – des französischen

Antiquitätenhändlerverbandes –, in deren Auftrag er mehrere Gutachten erstellt hatte. Auch sonst war seine Expertise gefragt, vor allem wenn es um die Begutachtung von Heiligenbildern und christlicher Kunst ging. Pierre entdeckte etliche Aktenordner mit Vorgängen von Ankäufen, Verkäufen und Nachlassschätzungen, manche davon bebildert. Ein unübersichtlicher Markt, wie ihm schien, zumindest für einen Laien wie ihn.

Das Adressbuch, das Yvonne Pabion erwähnt hatte, war nirgends zu entdecken, dafür lag ein Terminkalender in der Schublade des Schreibtisches. Unter dem heutigen Datum gab es keinen Eintrag, aber als Pierre zurückblätterte, fand er weitere Termine in Antwerpen, einen im Juli und einen im September. Jeweils über vier Tage. Geschrieben in einer steilen, schwer leserlichen Schrift, die ihn an irgendetwas erinnerte. Flüchtig nur, zu flüchtig, um die Erinnerung greifen zu können. Nachdenklich notierte Pierre sich die Namen der eingetragenen Personen und wandte sich dem Bücherregal zu.

»Hier fehlt etwas«, sagte der *Commissaire* in die Stille hinein. Er stand vor der Vitrine und beugte sich auf Höhe des unteren Glasregals nach vorne.

Pierre trat zu ihm und hockte sich daneben. Die ganze untere rechte Seite war leer, im feinen Staubschleier prangten blanke Lücken. »Sieht so aus, als hätten dort ein paar Figuren oder Skulpturen gestanden.«

»Er könnte sie mitgenommen haben, um sie in Antwerpen anzubieten.«

»Ja, vielleicht wollte er aber auch etwas loswerden.«

Pierre machte mit seinem Handy Fotos von den restlichen Figuren. Außerdem noch ein paar von den bebilderten Schätzungen und Kaufabwicklungen.

»Wofür soll das gut sein?«

»Ich möchte die Aufnahmen einem ehemaligen Kollegen schicken, der immer mal wieder mit Kunstdiebstählen zu tun hat. Eric Truchon, ich habe dir bestimmt schon mal von ihm erzählt. Er kann die Gegenstände für uns mit dem Art-Loss-Register in London abgleichen.«

Barthelemy schwieg und sah ihn mit zusammengezogenen Augenbrauen an.

»Das ist eine zentrale Registratur für gestohlene Kunstgegenstände«, fügte Pierre an. »Dort sind mehr als dreihunderttausend Artefakte registriert.« Er machte weitere Fotos von Gegenständen, die in einem Verkaufsbuch abgebildet waren. Sakrale Ölgemälde, Kreuze, Weihrauchgefäße, ein Reliquienschrein und eine sonnenstrahlförmige goldene Monstranz. »Ich habe da so eine Ahnung ...«

»Du meinst, Pabion verkauft unter der Hand Diebesgut?« Barthelemy hob die Hand vor den Mund und unterdrückte ein Husten. »Ich dachte, der Antiquitätenmarkt werde flächendeckend kontrolliert. Immerhin muss jeder Händler die Herkunft des jeweiligen Kunstgegenstandes und die Personalien des Verkäufers eintragen.«

»Ja, das ist richtig. Aber die Reise nach Antwerpen macht mich misstrauisch. Dort sitzen die schwärzesten Schafe der Branche. Mein ehemaliger Kollege Eric Truchon hat sich oft darüber beklagt – was da abgeht, kann sich kaum jemand vorstellen. Der Antiquitätenhandel wird nur unzureichend kontrolliert, selbst renommierte Händler handeln ungestraft mit Diebesgut.«

Barthelemy schürzte die Lippen. »Das halte ich für ein Gerücht. Immerhin gibt es Gesetze ...«

»In Belgien gelten eigene Regeln. Denk nur mal an das spätgotische Altarbild, dessen Elemente in den siebziger Jahren aus der Dorfkirche von Vétheuil Stück für Stück entwendet worden sind. Jahrzehnte später hat man der Gemeinde ihre eigenen Kirchenschätze ganz offiziell zum Rückkauf angeboten. Der Antiquitätenhändler hat sich deren Echtheit sogar vom Pariser Kulturministerium bestätigen lassen, ohne zur Rechenschaft gezogen zu werden. Allein für den *Judaskuss* sollte das Dorf hundertfünfundachtzigtausend Euro zahlen, bevor *Le Monde* darüber berichtete und der Präsident des Antiquitätenhändlerverbandes schlichtend eingriff. So viel Aufmerksamkeit bekommen nur Gegenstände von hohem kulturellem Interesse. Der Rest verkauft sich unterhalb des Ladentisches.«

»Das betrifft doch nur Diebstähle aus den siebziger und achtziger Jahren. Inzwischen gibt es europäische Richtlinien, die das verhindern.« Barthelemys Worte verloren sich in einem rasselnden Husten, der nicht enden wollte. Sein Gesicht wurde immer röter. Endlich spie er den hervorgebrachten Schleim in ein entfaltetes Taschentuch, das er kurz darauf nachlässig zusammengeknüllt in seiner Hosentasche verschwinden ließ.

»Eric Truchon ist einer der Kunstspezialisten des Pariser Kommissariats«, erwiderte Pierre verärgert, »er arbeitet eng mit internationalen Ermittlern zusammen. Willst du seine Erfahrungen etwa anzweifeln? Denk an die Plünderung der Kathedrale von Perpignan, das ist nur wenige Jahre her. Oder an die Altarelemente aus der Kathedrale von Rennes. Die sind nur wenig später in Antwerpen aufgetaucht, und niemand hat den Antiquitätenhändler zur Rechenschaft ziehen können. Das ist ein einträgliches Geschäft. Die Gemeinden haben zu wenig Geld, um ihre Kirchen vor Raubzügen zu schützen. Und die belgischen Behörden zeigen nur wenig Interesse an einer Strafverfolgung.«

Pierre war während des Monologs immer lauter geworden und bemerkte erst jetzt, dass Barthelemy ihn verwundert, vielleicht auch ein wenig belustigt ansah.

»In Ordnung, ist ja schon gut. Nur was hat das alles mit dem Mord an Franck Pabion zu tun?«

In kurzen Worten erklärte ihm Pierre die Zusammenhänge

und Verhältnisse innerhalb der Familie des Antiquitätenhändlers.

»Angenommen, der alte Pabion ist in solche Geschäfte verwickelt«, spann er den Faden weiter, »Franck hat das mitbekommen und sich für die jahrelange Missachtung gerächt. Er hatte Schulden, was liegt also näher, als seinen Peiniger zu erpressen? Ein geeigneteres Motiv für den Mord gibt es ja wohl kaum.«

Er hielt inne. Auf einmal wusste er, was ihn vorhin beschäftigt hatte, er war ein Dummkopf, dass er beides nicht sofort miteinander in Verbindung gebracht hatte. Dabei lag die Bestätigung für seine Theorie genau hier, in diesem Raum. Hastig holte er sein Handy hervor, zog den rechten Latexhandschuh aus und scrollte durch die Fotos, bis er zu denen aus dem Imprägnierwerk kam. Dann ging er zum Schreibtisch, öffnete die Schublade und holte den Terminkalender heraus.

»Da!«, rief er und zeigte Barthelemy, was er gefunden hatte. »Das T in der aufgemalten Mahnung und das aus dem Kalender sind ähnlich, wenn nicht sogar identisch. Genauso steil und zackig. Auch die anderen Buchstaben entsprechen sich. So schreiben vor allem Menschen der älteren Generation.« Er schlug den Kalender zu. »Pabion selbst ist in das Imprägnierwerk eingebrochen. Er hat etwas gesucht, das ihn belastet. Vielleicht nach den Beweisen, die sein Sohn gegen ihn hatte, oder nach dem Geld oder nach beidem. Die Mahnung hat er an die Wand gemalt, weil er von sich ablenken wollte. Er hat von Anfang an versucht, den Verdacht auf die Aktivisten zu leiten.« Er schlug mit der flachen Hand auf den Schreibtisch. »Damit haben wir ihn, Jean-Claude, der Durchsuchungsbeschluss ist uns sicher. Wenn es sich nun auch noch bestätigt, dass die von Pabion angebotenen Gegenstände im Art-Loss-Register vermerkt sind, reicht es sogar für einen Haftbefehl. Du musst unbedingt noch einmal mit dem Amtsrichter sprechen und die Spurensicherung informieren, vielleicht finden sich ja weitere Hinweise auf einen illegalen Kunstraub. Sie sollen sich mit den Kollegen aus L'Isle-sur-la-Sorgue zusammenschließen. Wegen der Schriften brauchen wir außerdem einen Graphologen.«

»Pierre …«

»Was ist los? Habe ich etwas übersehen?«

»Nein, alles gut, wir machen es so, wie du sagst, du hast da den besten Überblick, aber …«

»Gut. Dann müssen wir nur noch herausfinden, wo Pabion derzeit steckt. Solange wir nicht sicher wissen, ob er wirklich außer Landes ist, ist Marie-Laure in Gefahr. Verstehst du? Er muss ja denken, sie habe ein Interesse daran, ihn ebenfalls zu erpressen. Dieser Brief mit dem *Ich habe gesehen, was du getan hast* hat ihn in Panik versetzt. Wenn er wirklich der Mörder seines Sohnes ist, versucht er nun vielleicht, seine Tochter ebenfalls …«

»Pierre, jetzt hör mir mal zu.« Barthelemy hatte es beinahe geschrien. Sein Gesicht war puterrot. »Ich verstehe dich ja. Mehr, als du glaubst«, fuhr er in normaler Tonlage fort. »Aber so wie du dich da wieder reinkniest, so kann es doch nicht weitergehen, das musst du endlich einsehen.«

»Was willst du damit andeuten?« Pierre war auf einmal ganz ruhig. In seinen Ohren begann es zu rauschen. »Soll ich mich etwa aus dem Fall raushalten?«

»Nein, nicht solange ich leitender *Commissaire* bin. Obwohl ich die Sache mit dem Art-Loss-Register lieber selbst in die Hand nehmen würde, um den offiziellen Weg zu gehen. Ermittlungen müssen juristisch tragfähig sein, das weißt du genauso gut wie ich. Stell dir mal vor, wir haben den Mörder, und sein Anwalt bekommt ihn frei, nur weil du mit deinem Sturkopf unerlaubte Wege gegangen bist.« Er hustete wieder, das Reden strengte ihn sichtlich an. »Natürlich lasse ich dich ermitteln – als Teil eines von mir zusammengestellten Teams. Aber ich werde demnächst zweiundsechzig. Im Frühjahr werde ich pensioniert. Und was dann?«

»Ich weiß ...« Pierre war auf einmal sehr müde.

»Bewirb dich als mein Nachfolger, Pierre, dann bist du auf der sicheren Seite. Die Bewerbungsfrist läuft schon, und du hast gute Chancen. Sehr gute sogar.«

»Ausgeschlossen! Du weißt ganz genau, wie das ist. Es gibt Hierarchien, Zuständigkeiten, den Präfekten. Man muss taktieren und Dinge tun, weil sie in irgendwelchen Dienstordungen stehen, obwohl es gegen die eigene Überzeugung geht. Nein, Jean-Claude, das habe ich über viele Jahre gehabt. Ich kann das nicht mehr. Ich brauche meine Freiheit.«

»Du kannst einen Posten in Cavaillon nicht mit Paris vergleichen. Bei uns geht es sehr kameradschaftlich zu. Du kennst sie doch, Inspektor Robert Lechat, den Rechtsmediziner Louis Papin und all die anderen. Das sind gute Männer, ein tolles Team. Keine Intriganten, die sich gegenseitig das Messer in den Rücken stoßen.«

Pierre atmete tief durch. »Das mag sein, aber ich genieße es auch, einfach nur Dorfpolizist zu sein. Ohne dieses ganze Tamtam. Es gibt bloß mich, Luc und den Bürgermeister. Und Gisèle, die Empfangsdame der *mairie*, die mich ab und zu unterstützt.«

»Ach, und das nennst du frei?« Barthelemy verschränkte die Arme und schüttelte langsam den Kopf. »Seit ich dich kenne, lavierst du zwischen den *réglements* und hoffst darauf, dass man dich ebenso ernst nimmt wie einen offiziellen Polizisten, obwohl du es per Definition nicht bist. Du willst deine Kenntnisse anwenden und die Hierarchien nutzen, ohne ihnen anzugehören. Eine Zeit lang mag das gutgehen. Aber es wird immer einen Fichot geben oder einen«, er schmunzelte, »Jean-Claude Barthelemy. Ja, auch ich habe erst einmal lernen müssen, den Ideen eines Dorfpolizisten Aufmerksamkeit zu schenken, sie ernst zu nehmen. Egal was du vorher gemacht hast, du bist nicht frei. Es sind die Schubladen in den Köpfen, die dich fesseln. Dazu die Machtbesessenheit der Kollegen, die vielleicht begreifen, dass du in manchen Dingen besser bist als sie. Aber sie werden es nicht sehen wollen. Weil sich kein *Commissaire* oder *Capitaine* die Karriereleiter hochkämpft, um sich dann einem einfachen Gemeindepolizisten unterzuordnen, der es gewohnt ist, anderen Anweisungen zu geben.«

»Ich weise andere an?«

»Tu nicht so erstaunt. Seit ich hergekommen bin, hast du die Führung übernommen.« Barthelemy hob die Hände, als Pierre zu einer Erwiderung ansetzen wollte. »Schon gut, mit mir kannst du es ja machen. Allerdings nur, weil ich den Job nicht mehr lange ausüben werde. Und weil mir mein Arzt geraten hat, ein wenig kürzerzutreten.« Er holte rasselnd Luft. »Pierre, du kannst nicht beides haben, du wirst dich für eine Seite entscheiden müssen. Überleg es dir und hör auf meinen Rat. Bewirb dich als mein Nachfolger.«

Pierre setzte sich auf das Biedermeiersofa. Erschöpft und zugleich ehrlich erstaunt. Noch nie hatte er den alten *Commissaire* so reden hören. Eindringlich, offen und klug. Pierre hasste es zu hören, was er eben gehört hatte. Doch Barthelemy hatte Recht. Er hatte verdammt noch mal Recht! Darüber hinaus gab es noch einen nicht ganz unwichtigen Punkt. Als *Commissaire* würde er mehr als das Doppelte verdienen. Wenn er den Posten bekäme, könnte er sich in aller Ruhe nach einer neuen Baufirma umsehen, ohne dass es ihn finanziell ruinierte.

»In Ordnung. Aber lass mich diese Sache hier anständig zu Ende bringen. Fährst du mich jetzt bitte zur *Domaine*? Ich möchte noch einmal mit Marie-Laure Pabion sprechen.«

23

Es war kurz vor zwölf, als Pierre endlich etwas zu essen bekam. Die Bedienung im *Café le Fournil* – sie musste neu sein – hatte zuerst bedauernd den Kopf geschüttelt und ihm erklärt, die Küche habe leider schon geschlossen. Erst als Luc es mit Flehen und danach sogar mit Flirten versuchte, willigte sie ein, ihnen etwas in der Mikrowelle aufzuwärmen.

»Kürbisgratin mit Thymian und Knoblauch oder geschmorte Zickleinkeule?«

Luc sah Pierre mit aufgerissenen Augen an.

»Kürbisgratin«, kam es wie aus einem Munde.

Nur wenige Minuten später stellte die Bedienung zwei Schalen des aufgewärmten *tian de courge*, der Herbstspezialität der Bistrokarte, auf den Tresen.

»Aber in einer halben Stunde machen wir zu«, sagte sie und verschwand mit kokettem Hüftschwung in der Küche.

»Ich glaube, bei der habe ich Chancen«, sagte Luc und spießte noch im Stehen ein Kürbisstück auf.

Sie setzten sich auf die menschenleere Außenterrasse des Cafés, und Pierre zog den Reißverschluss seiner Jacke ein wenig höher. Es war kühl geworden, bald würde niemand mehr draußen sitzen wollen. Durch die Fenster des benachbarten *Chez Albert* drang warmer Kerzenschein. Die Plätze vor dem Restaurant waren ebenfalls bereits abgeräumt, nur eine einsame Tischdecke flatterte im Wind, gehalten von einer leeren Weinflasche.

Pierre aß sein Gratin mit Genuss. Aufgewärmt schmeckte es

noch viel besser als frisch zubereitet. Kürbis, Thymian und Käse bildeten eine aromatische Einheit mit den Tomatenstücken und dem Knoblauch. Es tat gut, endlich etwas in den Magen zu bekommen. Er war hungrig und müde; es war so viel geschehen an diesem Tag – so viel wie sonst in einer ganzen Woche nicht. Er nahm noch eine Gabel und spürte, wie mit der langsam einsetzenden Beruhigung seines Magens auch die Entspannung kam.

Das Gespräch mit Marie-Laure, das er in Anwesenheit von Barthelemy in der *Domaine* geführt hatte, nachdem sie das Haus des Antiquitätenhändlers verlassen hatten, kam ihm mit einem Mal unwirklich vor.

Die junge Frau hatte sich inzwischen von ihrer Maskerade befreit und sah so ganz ungeschminkt aus wie ein zu groß geratenes Mädchen. Sie hatte sich überrascht gegeben, als die beiden Polizisten ihr sagten, was sie über ihren Vater herausbekommen hatten.

»Dass er wegen eventueller unsauberer Geschäfte erpressbar sein könnte, kann ich mir gut vorstellen«, hatte sie gesagt. »Aber den eigenen Sohn ermorden? Niemals!«

Auch dass sie nun selbst in Gefahr sein könnte, hatte sie entschieden als haltlosen Unsinn zurückgewiesen. Dennoch war sie Pierres Anweisung gefolgt, ihren Vater mit eingeschaltetem Lautsprecher anzurufen, doch der hatte leider nicht abgenommen.

»Sollten wir bis morgen nicht wissen, wo er steckt, versuchen wir es noch einmal«, hatte Pierre gesagt und sie gebeten, das Telefon auszuschalten und dem Beamten auszuhändigen.

Mehr konnten sie vorerst nicht tun. Nur abwarten.

In diesem Moment öffnete sich die Tür des *Chez Albert*, und ein eng umschlungenes Paar trat hinaus, das sich leise gurrend unterhielt. Bei dem Anblick musste Pierre unwillkürlich an Charlotte denken. Er vermisste sie. Ob es schon zu spät war, sie anzurufen?

Als er das Handy hervorholte, bemerkte er, dass er zwei Anrufe verpasst hatte, beide von Barthelemy. Außerdem war eine neue Mail gekommen, die lang ersehnte von Julien Bernard.

»Sieh mal, Luc«, sagte er und wartete, bis sein Assistent mit dem Stuhl näher an ihn herangerückt war.

Dann öffnete er den Anhang und drückte auf die Wiedergabetaste. Eine wackelige Aufnahme, ziemlich dunkel. Immer wieder flogen Blätter ins Bild. An jenem Abend hatte es gestürmt, und die Kamera schwankte mit dem Baum, an dem sie befestigt war. Der Film dauerte nur wenige Sekunden. Er zeigte eine schwarz gekleidete Gestalt, einen Schal bis über die Nase gezogen, das Haar von einer Kapuze verdeckt. In den Händen hielt sie etwas Dunkles, Langes, das eingewickelt war. Die Gestalt hastete gebückt an der Kamera vorbei, im nächsten Moment sah man nur noch sich im Wind biegende Zweige.

»Krass«, sagte Luc. »Nur leider kann man die Person nicht erkennen.«

Pierres Handy klingelte, kaum dass die Aufnahme geendet hatte. Es war wieder Barthelemy.

»Na endlich! Wo hast du nur gesteckt?«

»Erzähle ich dir gleich«, sagte Pierre knapp, weil er zuerst wissen wollte, was der *Commissaire* zu berichten hatte. »Gibt es Neuigkeiten?«

»Und ob! Der Amtsrichter hat einem offiziellen Durchsuchungsbeschluss zugestimmt. Die Spurensicherung ist bereits vor Ort und macht weitere Fotos für das Archiv in London. Noch haben wir keine Rückmeldung aus Belgien zum Aufenthaltsort von Pabion, daher steht seine Tochter weiterhin unter Polizeischutz.«

»Hast du auch schon mit den Kollegen von der Gendarmerie gesprochen?«

»Ja. Eines der beschlagnahmten Gewehre war mit großer

Wahrscheinlichkeit die Mordwaffe. Es ist nicht registriert. Für mich sieht es ganz so aus, als ob dieses Waffenlager eines der Täuschungsmanöver aus Frédéric Pabions Zauberkiste war.«

»Das glaube ich nicht«, widersprach Pierre. »Ich habe gerade den Film von der Wildkamera erhalten. Die Person, die darin für wenige Sekunden zu sehen ist, war ganz in Schwarz gekleidet, mit Schal und Kapuze.«

»Das könnte genauso gut eine bewusste Täuschung sein. Pabion ist Jäger, der weiß ganz genau, wo das Forstamt seine Wildbestände filmt. Möglicherweise hat er die Gewehre selbst entwendet und die Schrotflinte nach der Tat im Wald versteckt, damit alles wie eine Aktion der Jagdgegner aussah, das kennen wir ja schon von dem Einbruch im Imprägnierwerk. Zum Schluss hat er das morsche Brett dann so hineingelegt, dass man das Versteck früher oder später finden musste. Eine perfekte Inszenierung, wenn du mich fragst.«

Pierre öffnete sein Merkbuch und notierte diese Informationen. Oberflächlich betrachtet klang es schlüssig. Aber wenn man nur ein klein wenig stocherte, taten sich neue Fragen auf. »Wenn er das Ganze so gut vorbereitet hat, wie du behauptest, woher konnte Pabion dann wissen, dass Sébastien Goussard und die anderen mit seinem Sohn eine Wette abschließen würden?«

»Er könnte sich mit dem künftigen Schwiegersohn abgesprochen haben. Der war ja auch nicht gerade gut auf Franck zu sprechen.«

»Nach Aussage der anderen Teilnehmer des Junggesellenabschieds hat aber der junge Pabion selbst den Vorschlag zur Jagd gemacht. Die Wette ist dann aus einem Streit entstanden, ebenfalls auf Wunsch von Franck.«

»Das haben die Beteiligten ausgesagt. Aber sind bei einem Junggesellenabschied nicht immer die besten Freunde geladen? Wer weiß, was die vertuschen wollen.«

»Selbst in dem Fall scheint mir eine Planung fast unmöglich«, widersprach Pierre. Er seufzte. Diese Diskussion war typisch für Barthelemy, er sah nur die einzelnen Punkte, nicht das Gesamtbild. »Der Ermordung ist eine Kette von Unwägbarkeiten vorausgegangen, in die sich mehrere Personen einreihten«, erklärte er mit ruhiger Stimme. »An jedem einzelnen Punkt hätte die Geschichte eine andere Wendung nehmen können. Zuerst Marie-Laure, die sich dem Wunsch ihres Vaters so lange widersetzt und sich erst am Tag vor der Hochzeit einen Wildschweinbraten gewünscht hat. Dann Charlotte, die so kurzfristig kein ganzes Tier auftreiben konnte und sich nur, weil sie Marie-Laure telefonisch nicht erreichen konnte, an den Bräutigam gewendet hat. Der wollte seinen Junggesellenabschied in Ruhe feiern und hätte es vielleicht sogar bei den ursprünglich bestellten Rebhühnern belassen, hätte nicht Franck seiner Schwester den Gefallen unbedingt tun wollen. Am Schluss noch diese seltsame Wette, die nur entstanden ist, weil Sébastien danebenzielte, als endlich ein Wildschwein in Sicht war, und sein künftiger Schwager ihn deshalb aufzog. Wie gesagt: eine Kette von Unwägbarkeiten. Nichts, was zu planen gewesen wäre.«

»Hm, das ist wirklich eigenartig. Aber manchmal hängt die Lösung nur an einem winzig kleinen Detail.«

Pierre rieb sich die Stirn. Dieser Fall war derart vertrackt, dass es ihm schwerfiel, die Konzentration zu wahren. Das einzige unverrückbare Detail war das Waffenversteck. Sozusagen der Dreh- und Angelpunkt der Geschichte. Hier mussten sie weitermachen. »Haben die Kollegen auch das geschlossene Forum der Jagdgegner überprüft?«

»Ein Computerspezialist der Abteilung hat sich eingehackt. Es gibt keinen Hinweis auf die Diebstähle, auch nicht auf weitere Angriffe in Form von zerstochenen Reifen. Stattdessen haben sie sich über Arnaud Rozier und seinen Saufang lustig gemacht.

Himmel, wenn er das lesen würde, das geht ganz schön unter die Gürtellinie.«

»Was ist mit Dennis Hulot?«

»War das der Verdächtige, den sie heute Nachmittag festgenommen haben?«, fragte Barthelemy.

»Genau. Das ist der Gründer der *Force Animaux*.«

»Ah, den werden sie wohl morgen wieder freilassen. Der Verdacht hat sich nicht bestätigt.«

»Weiß du, warum er sich mit Franck Pabion getroffen hat?«

»Hat er das?« Barthelemy lachte dröhnend. »Ach, das ist ja nun auch egal. Wir stehen kurz vor dem Finale. Die letzten Zusammenhänge werden sich fügen. Glaub mir, Pierre, sobald die Verhöre beginnen, passen auch die letzten Puzzleteile. So, nun gehe ich zurück auf mein Sofa. Verdientermaßen. Spät genug ist es ja.« Er legte auf.

Nachdenklich kaute Pierre auf dem letzten Rest des inzwischen kalt gewordenen Kürbisgratins.

War es das etwa schon? Fühlte es sich wirklich so an, als sei der Fall kurz vor der erfolgreichen Lösung? Pierre schloss die Augen. Er war zu erschöpft, um darüber nachzudenken.

»Gehen wir noch in die *Bar du Sud*?«

Pierre hob die Lider, und Luc wiederholte seine Frage.

»Na los, kommst du mit?«

»Ich weiß nicht.«

»Für heute Abend ist ein Kartenturnier angesagt. Ich will sehen, wer gewinnt. Wenn wir uns beeilen, kommen wir gerade noch rechtzeitig.«

»Du meinst, sie spielen *Belote*?«

Luc sah ihn erstaunt an. »Sag bloß, du hast es nicht mitbekommen. Der ganze Ort ist damit zuplakatiert.« Er schnalzte mit der Zunge und fügte mit hörbarer Missbilligung hinzu: »Wo hast du nur deine Augen?«

Bestimmt nicht bei den vielen Plakaten, die noch nach Monaten an Steinmauern und Garagentoren hängen und irgendwann überklebt werden, dachte Pierre, doch er sagte lieber nichts und stand auf. Jetzt war es ohnehin zu spät, um Charlotte anzurufen.

Im Inneren der Bar roch es nach Rotwein, vielleicht auch ein wenig nach Zigarettenqualm. Seitlich vom Tresen war eine Tafel mit Zahlenkolonnen aufgestellt, vor der zwei Männer gestenreich diskutierten. In einer Ecke umstanden mehrere Gäste einen Tisch, darunter sogar einige Frauen. Ein Anblick, der für diesen Ort äußerst ungewöhnlich war. Sogar der Pfarrer war da, in Jeans und Hemd, und feuerte laut johlend eines seiner Schäfchen an, das nur wenige Augenblicke später das Turnier gewann und sich von den Frauen lauthals feiern ließ. Im Näherkommen stellte Pierre fest, dass der Sieg an eine der Händlerinnen ging, die auf dem Markt einen Honigstand hatte und nun mit einem Freudenschrei beide Arme hob.

»Wo kommen wir denn hin, wenn nun auch Frauen beim *Belote* gewinnen«, brummte ein Mann, in dem Pierre einen der Bauern erkannte. »Wenn das so weitergeht, spielen wir bald nur noch im Gemeindesaal. Oder im Seniorenwohnheim.« Mit verächtlichem Gesichtsausdruck zog er die Nase hoch, hielt jedoch inne, als er Pierre bemerkte, und drängte sich hinaus, wo man noch das Geräusch des Ausspuckens hörte, bevor sich die Tür der Bar hinter ihm schloss.

»Schade, wir sind zu spät gekommen«, meinte Luc, der wieder neben ihm aufgetaucht war. »Im nächsten Jahr werde ich mich selbst einschreiben.«

»Bist du *so* gut?«

Luc nickte heftig, und sein Rücken wirkte gerader als sonst. »Ich kenne sämtliche Varianten und Kniffe. Beim *championnat* in Lyon war ich Zweiter.«

Ein Tausendsassa, wer hätte das gedacht! Erst der provenzalische Dialekt und nun das. Womöglich lagen noch weitere Talente in ihm verborgen, die sich mit den üblichen Maßstäben, die der Polizeialltag hergab, nicht messen ließen. So langsam, dachte Pierre, muss ich das Bild, das ich von meinem Assistenten habe, ein wenig anpassen.

»Magst du es mir beibringen?«, fragte er spontan.

Sie setzten sich an einen der frei gewordenen Tische. Von irgendwoher hatte Luc einen Satz Karten erhalten und begann sofort und ohne Umschweife mit dem Grundsätzlichen, den Spielregeln. Stühle wurden geschoben, Füße scharrten. Die Karten flogen über den Tisch, als Luc sie austeilte, jeweils fünf für sie beide und weitere für zwei imaginäre Mitspieler. Den restlichen Stapel legte er in die Mitte, die oberste Karte offen, und fuhr mit seinen Erläuterungen fort. Gerade als Pierre verstanden hatte, dass vor allem die Wahl der Trumpfkarte gut überlegt sein wollte, sah er, dass sich andere Gäste um sie versammelt hatten, um sie bei ihrem Tun zu beobachten.

»Hast du dir die Punkte gemerkt?«, fragte Luc, der seine Rolle als Lehrmeister sichtlich genoß.

»Moment …« Pierre zog einen Buben aus dem ausgebreiteten Kartenfächer. »Also der hier zählt zwanzig, wenn er in der Trumpffarbe ist, ansonsten nur zwei.«

»Richtig. Und die Neun?«

»Die zählt vierzehn als Trumpf, sonst gar nichts.«

»Das ist doch Wischiwaschi«, mischte sich Stéphane Poncet ein, der sich auf einen benachbarten Stuhl schob und dabei einen anderen Zuschauer verdrängte. »So etwas lernt man nur beim Spielen. Also, worauf wartet ihr?«

»Ich mach auch mit«, rief Roland Germain, ein knochiger Mann mit Schnauzbart, der die Poststelle von Sainte-Valérie leitete. Bevor Luc etwas einwenden konnte, fegte Germain mit einer raschen Handbewegung die Karten zusammen, mischte sie und teilte neu aus. »So, Monsieur Durand, jetzt lernen Sie das wahre Spiel kennen.«

Pierre wurde warm. Er zog seine Jacke aus und hängte sie über die Stuhllehne. »Na, dann mal los.«

Er und Luc spielten im Team, die anderen beiden bildeten die gegnerische Mannschaft.

Das erste Spiel war noch langsam. Die Männer hielten inne, wenn Pierre etwas nicht verstand, agierten jedoch, als er unverhofft mehr und mehr Stiche einsammelte, immer schneller und manipulativer.

»Fünf Ziegen!«, stieß Poncet aus, kaum dass die Karten zur dritten Runde verteilt waren.

»Wie bitte?«

»Fünf Ziegen. Das sind vier Karten hintereinander in derselben Farbe.«

»Warum denn dann *fünf* Ziegen?«

»Weil man dafür fünfzig Punkte kriegt.«

Wie viele Punkte eine oder mehrere Ziegen bedeuteten, war Pierre vollkommen egal, allerdings musste er dabei an Cosima denken. Auch wenn freilaufende Ziegen normalerweise gut alleine zurechtkamen, würde er gleich morgen noch einmal zu dem Bauernhaus fahren und nachsehen, ob sie inzwischen wieder da war. Wenn er schon einmal vor Ort war, würde er vielleicht noch die eine oder andere Sache in die Hand nehmen. Die Tapeten wässern beispielsweise, damit sie sich leichter von der Wand ziehen ließen.

Als hätte Luc seine Gedanken erraten, fragte er, nachdem die Runde an die beiden anderen gegangen war: »Wie läuft es denn eigentlich mit der Renovierung, hat sich da inzwischen was getan?«

Pierre schüttelte den Kopf und erzählte kurz von seiner Begegnung mit Chabert. Seine Laune sank augenblicklich auf den Nullpunkt.

»Das sieht unserem Bauunternehmer ähnlich«, meinte Germain und hörte sich nicht sonderlich überrascht an. »Der hat nun wahrlich genug zu tun mit der Burgruine.«

»Das ist nicht *mein* Problem«, zischte Pierre, »Partouche verspricht Dinge, die er nicht hält, und es kümmert ihn einen feuchten Kehricht, ob ich in ein marodes Haus mit morschen Dachbalken ohne vernünftige Rohrleitungen einziehen muss. Vielleicht sollte ich wirklich nach Cavaillon gehen, dann hat dieser ganze Ärger ein Ende.« Den letzten Satz hatte er nur geflüstert, mehr laut gedacht, trotzdem war es augenblicklich still.

Luc starrte ihn mit aufgerissenen Augen an. »Was hast du da eben gesagt. Nach Cavaillon? Du willst doch nicht etwa bei der *police nationale* anheuern?«

»Ach, vergiss es und lass uns weiterspielen.«

»Nein, ich will auf der Stelle wissen, was los ist.«

Pierre ärgerte sich, dass er den Mund nicht hatte halten können, aber nun war es zu spät. »Ich habe keine Ahnung, wie ich das alles schaffen soll«, sagte er leise. »Wenn die Arbeiten erst im Januar beginnen, übersteigt das meine finanziellen Möglichkeiten.« Er hatte nicht vor, seine Probleme vor der versammelten Dorfgemeinschaft auszubreiten, umso erstaunter war er, als die Umstehenden wissend nickten.

»Partouche ist ein Schweinehund«, kommentierte Poncet. »Unseren *Chef de police* derart im Stich zu lassen! Ich hätte ihn für loyaler gehalten. Wollen Sie, dass ich mir das mal ansehe? Zumindest bei der Elektrik kann ich Ihnen helfen, das habe ich gelernt, bevor ich Automechaniker geworden bin. Und mein Bruder ist Klempner.«

Es war das erste Mal, dass Poncet ihm gegenüber freundlich auftrat. Jetzt lächelte er sogar.

»Haben Sie denn überhaupt Zeit?«, fragte Pierre überrascht.

»Zeit?« Poncet lachte schroff. »Mehr als das. Heutzutage bringen die Leute ihre Autos ja lieber zu den Schnellwerkstätten vor Apt, weil sie es ihnen dort noch waschen. Also, was ist? Soll ich vorbeikommen?«

Immer noch skeptisch, ob etwas an diesem Angebot faul war, nickte Pierre, was bei den Anwesenden einen ganzen Sturm von Angeboten auslöste.

»Ich kenne einen guten Maurer«, sagte Roland Germain.

»Mein Vater war Maler, ich habe viel von ihm gelernt«, ereiferte sich Luc und nickte so freudig, dass Pierre gerührt zustimmte.

Nach und nach gesellten sich noch ein Schreiner und ein Fliesenleger hinzu, und sie verabredeten gemeinsam, den Hof morgen am frühen Abend in Augenschein zu nehmen, um Pierre aus seiner misslichen Lage zu befreien.

»Na? Versprichst du uns jetzt, nicht nach Cavaillon zu gehen?«, fragte Luc. Dabei beugte er sich vor und nickte wieder eifrig.

»Das kann ich nicht, das Haus ist ja nicht der einzige Punkt. Aber es würde enorm helfen, wenn sich die Bewohner von Sainte-Valérie nicht in blutige Schlachten mit Naturschützern stürzen oder anderen Unfug treiben würden«, scherzte Pierre, hielt dabei aber den Blick fest auf Poncet gerichtet, der während der Demonstration sogar einen Lötkolben geschwenkt hatte. »Oder wenn sie im Bedarfsfall meinen Aufforderungen folgen würden, und zwar ohne lange Widerrede.«

Es war vollkommen still im Raum. Alle Augen waren auf Poncet gerichtet.

»Soll das ein Tauschhandel sein?«, knurrte der Mechaniker.

»Nein, eher eine Bitte.«

»Ich soll also stillhalten, wenn diese Wilden wieder einmal einen von uns angreifen?«

»Unsinn! Ich spreche nicht von Notwehr. Aber wenn jede Protestaktion eine empörte Gegenreaktion nach sich zieht, dann können wir bald alle nicht mehr ruhig schlafen. Um diese Dinge kümmere ich mich, das ist *mein* Job. Verstanden?«

Poncet zögerte, dann nickte er. »*Bon*, ich bin dabei. Nur ... wissen Sie, ich will meinen guten Freund jetzt nicht anschwärzen, wirklich nicht, das hat der Herr Kunstmaler ja schon getan. Aber wenn es um unsinnige Gegenschläge geht ...« Er beugte sich vor, und seine Stimme wurde zu einem Flüstern. »Sie müssen schwören, nicht zu erzählen, dass ich mit Ihnen darüber gesprochen habe.«

Pierre sah sich um. Auch die anderen am Tisch hatten sich vorgebeugt, also rückte er noch näher, bis er beinahe Poncets Knie mit den seinen berührte. »Ich soll schwören?«

»Auf die Tricolore und auf alles, was Ihnen heilig ist.«

»Das ist viel.«

»Schwören Sie?«

»Na gut.« Pierre hob die Finger. »Auf die Tricolore und auf alles, was mir heilig ist.«

»So ist es recht.« Poncet nickte zufrieden und zeigte seine tabakgelben Zähne. »Also, Sie sollten besser noch einmal mit Serge sprechen. Unser Krämer hat sich nämlich die Vertreibung sämtlicher Jagdgegner auf die Fahne geschrieben. Er hat sich sogar Vergrämungsmittel gekauft und will es vor den Häusern der ihm bekannten Aktivisten ausbringen.«

»Vergrämungsmittel?«

»Das Zeug riecht strenger als Männerschweiß und soll eigentlich Tiere von Feldern fernhalten. Es stinkt so heftig, dass man beim Auftragen einen Ganzkörperanzug anziehen muss, und zwei Paar Latexhandschuhe übereinander. Dagegen ist Buttersäure Blumenduft.« Poncet verdrehte die Augen, dann beugte er sich weiter vor, bis Pierre seinen Atem am Ohr spürte. »Ganz unter uns: Es wäre mir sehr recht, wenn ich mal wieder unbesorgt auf die Jagd gehen könnte. So wie früher. Ohne diesen ganzen Kinderkram. Das geht mir fürchterlich auf die Eier.«

»Und die Sache mit der toten Ratte?«

Poncet grinste. »Alles Kinderkram«, wiederholte er.

»Also gut, ich werde mit Oudard reden«, versprach Pierre. Er rückte den Stuhl ein Stück nach hinten und hob wieder zu normaler Lautstärke an. »Danke. Auch für die angebotene Hilfe bei der Renovierung.« Er blickte in die Runde. »Ich kann euch gar nicht sagen, wie sehr ich mich darüber freue.«

»Na, dann wollen wir mal dafür sorgen, dass uns unserer *Policier* erhalten bleibt«, rief Poncet aus, zog Pierre im Überschwang an sich und klopfte ihm auf den Rücken, wobei ihm ein paar selbstgedrehte Zigaretten aus der Hemdtasche rutschten. Andere stimmten ein, allgemeines Händeschütteln und Schulterklopfen, und innerhalb weniger Sekunden war der Lärmpegel höher als beim *Belote*-Turnier.

Die Stimmung entspannte sich, man bestellte Wein und Bier und war sich einig, dass niemand in diesem Dorf Not leiden müsse, solange es helfende Hände gab. Und als Philippe begann die Stühle hochzustellen, um auch die Gäste mit dem stärksten Sitzfleisch hinauszukomplimentieren, fühlte sich Pierre, als sei er tatsächlich Teil der verschworenen Gemeinschaft von Sainte-Valérie.

24

Am nächsten Morgen erwachte Pierre ausgeruht, obwohl er nicht lange geschlafen hatte. In der Nacht hatte er über Barthelemys Worte nachgedacht und allen Hilfsbekundungen zum Trotz in Erwägung gezogen, eine Bewerbung für den Posten des leitenden *Commissaires* von Cavaillon zu schreiben. Nur um auf der sicheren Seite zu sein, bevor die Frist dafür abgelaufen war. Absagen konnte er später immer noch. Denn selbst wenn es so aussah, als hätten sich gestern sämtliche Handwerker von Sainte-Valérie auf seine Seite geschlagen, waren Wort und Tat immer noch zwei Paar Schuhe. Im schlechtesten Fall hätte er dann finanzielle Probleme, einen maroden Hof und widerborstige Dorfbewohner, die bei Wein und Bier große Reden schwangen und ansonsten nur machten, was ihnen in den Kram passte.

Eine Zukunft bei der *police nationale* erschien ihm zumindest in punkto Respekt erfolgversprechender.

Außerdem würde er wieder frei ermitteln können.

Aber als er am Küchenfenster stand, den Kaffee in der Hand, und über das weite Tal blickte, da schnürte ihm allein der Gedanke, sich morgens ins Auto zu setzen und auf den Weg ins quirlige Cavaillon zu machen, den Hals zu. Eine Großstadt, jedenfalls für provenzalische Verhältnisse, mit all ihrem Unrat, Lärm und Brennpunkten. Und mit der üblichen Kriminalitätsrate, die dann seinen Tag bestimmen würde. Neben all dem Papierkram. Dass dieser größer war als der im beschaulichen Sainte-Valérie, darüber machte er sich keine Illusionen.

Nachdenklich stellte er die leere Kaffeetasse ins Spülbecken zum Geschirr des Vortages, band seine schwarzen Schnürstiefel zu und machte sich auf den Weg zur Wache. Dabei genoss er die kühle Morgenluft, die sich reinigend auf den kleinen Ort legte, und die ersten Sonnenstrahlen, die sich zaghaft über die Wipfel der Bäume schoben, um den frühen Dunst zu vertreiben.

War es das wirklich wert?

Bei Licht betrachtet, war es eher unwahrscheinlich, dass er sich jemals wieder zwischen den Fronten der Ermittlungsarbeit befinden würde. Einen solchen Konflikt hatte es in den letzten Jahren nie gegeben, und dass innerhalb kürzester Zeit gleich zwei Mordfälle zu lösen waren, konnte ja wohl nicht die Regel sein. Zudem hatte er endlich das Gefühl, einen Zugang zu den Dorfbewohnern bekommen zu haben. Der gestrige Abend hatte ihn gerührt, das musste er zugeben, er hatte sich gefühlt, als sei er endgültig angekommen.

Pierre ging die *Rue de Pontis* entlang, blieb auf Höhe der Aussichtsplattform stehen, während ihm der Wind durchs Haar strich, und blickte unwillkürlich auf das Haus des Antiquitätenhändlers, dessen rotbraunes Dach sich im Morgendunst vom Grün der Landschaft abhob. Augenblicklich dachte er an den bisherigen Verlauf des Falles, der für ihn längst noch nicht geklärt war, und daran, dass er sich etwas vormachte, wenn er glaubte, er käme künftig nie wieder in die Lage, ermitteln zu wollen.

Auch der finanzielle Aspekt ließ sich nicht wegdiskutieren. Als *Chef de police municipale* konnte er sich keine großen Sprünge erlauben. Selbst wenn er den weinseligen Vorsätzen Glauben schenkte und ihm die Handwerker des Ortes bei der Renovierung des Hofes helfen wollten, so konnte alleine eine defekte Heiztherme oder ein vom Sturm abgedecktes Dach seinem gebeutelten Portemonnaie den Todesstoß versetzen.

Die Lage war vertrackt, wie er es auch drehte und wendete, er fand keine Lösung. Nichts kam ihm richtig vor. Warum in Gottes Namen gab es keine Sondergenehmigungen in diesem Korsett von *réglements*, das das französische Polizeiwesen enger schnürte als das Haarnetz von Yvonne Poncet? Er hatte doch alle notwendigen Qualifikationen, was sollte diese Paragrafenreiterei?

Pierre atmete tief ein und überlegte, Charlotte anzurufen, aber es war noch zu früh, sie hatte lange arbeiten müssen und schlief sicher noch. Sie würde ihm ruhig zuhören, wenn er von seinem Konflikt erzählte, ihre Meinung war ihm wichtig. Charlotte war eine kluge und verständige Frau. Sie war die Einzige, mit der er über dieses Thema sprechen konnte.

Er schrieb ihr eine SMS, dass sie sich bei ihm melden solle, wenn sie aufgestanden sei. Er freue sich schon darauf, ihre Stimme zu hören.

Dann setzte er seinen Weg fort, in Gedanken bei dem, was im Laufe des Tages zu erledigen war. Solange sie auf die Ergebnisse aus London und Belgien warteten, würde er sich um jene Dinge kümmern, die für Sainte-Valérie wichtig waren. Für die Sicherheit der Bewohner sorgen und versuchen, den Konflikt zwischen den Jägern und den Jagdgegnern auszuräumen. Dafür würde er sich als Erstes Serge Oudard greifen, bevor der Krämer das ganze Dorf mit dem Vergrämungsmittel verpestete. Gleich danach Jérôme Menessier, den aggressivsten unter den Aktivisten, der zumindest der Statur und der Kleidung nach die Person auf dem Video gewesen sein könnte. Nein, er glaubte nicht an Barthelemys Theorie von der allumfassenden Inszenierung. Frédéric Pabion hatte die Waffen nicht entwendet, dessen war Pierre sich sicher. Dass der Diebstahl im Forum der Jagdgegner kein Thema gewesen war, ebenso wenig die zerstochenen Reifen, war nurmehr das Ausrufungszeichen hinter seiner eigenen Vermutung: Wenn jemand aus dem Ort verantwortlich für all diese Vorfälle sein könnte, dann der Einzelgänger Jérôme Menessier.

Als Pierre die Tür zur Wache öffnete, saß sein Assistent schon an seinem Platz, das Gesicht grell beleuchtet vom Bildschirm des Computers.

»Guten Morgen, Luc. Heute wieder so früh?«

»*Bonjour*, Chef«, erwiderte dieser, ohne den Kopf zu heben. »Ich habe doch keinen eigenen Computer, deshalb komme ich manchmal schon etwas früher …«

»Natürlich, ich weiß. Lass dich nicht stören. Möchtest du einen Kaffee?«

Luc blickte erstaunt auf und schob ihm seine leere Tasse hin. »Sieh mal, der Bürgermeister hat eine Presseerklärung herausgegeben«, sagte er, als Pierre sie ihm, mit Kaffee gefüllt, reichte, und drehte den Bildschirm so, dass die Informationsseite der *mairie* gut sichtbar war.

Durch die Demonstration am vergangenen Samstag und die Erklärungen auf der Homepage der Tierschutzorganisation Force pour les Animaux *wurde der Eindruck erweckt, ich beabsichtigte nach meiner Wahl zum Vorsitzenden des Jagdvereins die umstrittene Methode des Saufangs einzuführen, um die Wildpopulation künstlich zu dezimieren.*
Nichts liegt mir ferner als das.
Über allem, wofür ich kämpfe, steht das Wohl der Gemeinde. Und das lässt sich weder mit Hetzkampagnen noch mit dem gezielten Streuen von Gerüchten erreichen, sondern nur mit Offenheit und mit einer vernünftigen Kommunikation.
Daher betone ich mit Entschiedenheit, dass mein erklärtes Ziel der Schutz von Natur und Umwelt ist, und dazu gehört es auch, gemeinsam mit Forstbeamten und Bürgern an einer tragfähigen Lösung für die Zukunft zu arbeiten.

In dieser Tonart ging es weiter. Rozier richtete sich gegen jene Jäger, die das Schießen von Wild ausschließlich als einen archaischen Akt betrachteten und sich wie neuzeitliche Rambos mit ihren Trophäen brüsteten. Außerdem gegen die Gegner, die nur die schwarzen Schafe sehen wollten, statt die Jagd in ihrer Gesamtheit zu betrachten: als notwendige Maßnahme für eine angemessene Regulierung der Natur. Er schrieb von der Rückbesinnung auf die wahren Werte, von der Jagd als Handwerk, das kontinuierlich dem neuesten Wissensstand angepasst werden müsse, als vernünftigen Beitrag zur Nutzung des Naturgutes Tier.

Pierre schmunzelte. Arnaud war voll und ganz in seinem Element gewesen, als er den Text verfasst hatte. Jeder Satz ein Postulat. Dass die alten Jäger oder die Aktivisten diese lange Erklärung über den ersten Absatz hinaus lasen, wagte er allerdings zu bezweifeln.

Pierre zog den Reißverschluss seiner Jacke zu. »Ich bin mal kurz weg, beim Krämer«, sagte er und wandte sich bereits zum Gehen, als ihm noch etwas einfiel. »Hat Jean-Claude Barthelemy sich eigentlich schon gemeldet?«

Luc schüttelte stumm den Kopf, er war längst wieder in die Tiefen des Internets abgetaucht.

Der Krämerladen von Serge Oudard lag in der *Rue du Portail*, einer jener Gassen, die sich zwischen dem Marktplatz und der *Rue de Pontis* erstreckten. Hier befanden sich die meisten Geschäfte des Ortes. Deren Namen prangten zumeist auf Schildern, die an schmiedeeisernen Ketten im Wind hin und her schwangen, oder waren mit ausbleichenden Buchstaben auf die Mauern gemalt. Ein Souvenirladen, an dessen taubenblauen Türläden mehrere Ständer mit Postkarten angebracht waren, ein Feinkostladen, in dem man neben aromatisierten Olivenölen, hausgemachten Konfitüren, Tapenaden und Anchoïaden auch Fleur de Sel aus der Camarque erstehen konnte, abgepackt in kleine Schachteln mit dem Zeichen der Lilie. Daneben zwei Boutiquen, ein Geschäft für Wohnaccessoires, Guy Wozniaks Atelier und der Blumenladen von Madame Orset, in dessen Fenster zwischen Rosen, Hortensien, Astern und Anemonen noch immer das verblasste Schild zum Valentinstag stand.

Nach einer Renovierung Ende der neunziger Jahre hatte die Gemeinde in der *Rue du Portail* olivenförmige Pflastersteine in regelmäßigen Abständen wie kleine Sonnen ausgelegt, die ein Vermögen gekostet hatten und ausgesprochen rutschig waren, aber der Straße einen bohemienhaften Charme verliehen.

»Beinahe wie in Saint-Paul de Vence«, hatte Guy Wozniak, der Kunstmaler des Ortes, einmal geschwärmt. Dass die Kundschaft den Weg in seine Galerie selbst mit Stöckelschuhen oder glatten Ledersohlen auf sich nahm, machte ihn fast noch stolzer. Für den Fall, dass einer von ihnen doch einmal ausrutschte und hinfiel, hielt er eine gut gefüllte Erste-Hilfe-Box unter dem Ladentisch bereit.

Noch waren die meisten Geschäfte geschlossen, es war gerade mal halb neun. Einzig die Tür des Krämerladens stand offen, dahinter eine Wimpelkette mit Werbung für Walnüsse aus Grenoble, die geräuschvoll im Luftzug flatterte.

Serge Oudard war gerade dabei, Gemüsekisten vor seinem Laden zu stapeln. Bei jeder Bewegung wippte auf dem Revers seiner Cordjacke ein Anstecker mit leuchtend rotem Herz: *J'aime la chasse* – ich liebe die Jagd. Seine Frau legte unterdessen rechteckige Pizzastücke in die Vitrine vor der Durchreiche, von denen Pierre wusste, dass der Krämer sie als Großpackung im Supermarkt von Cavaillon kaufte, um sie dann, mit ein paar frisch geschnittenen Oliven oder Käutern verfeinert, den Touristen als Spezialität anzubieten.

»*Bonjour*, Monsieur Oudard«, sagte Pierre und ging auf den Krämer zu.

Seine Frau war inzwischen im Dunkel des Ladens verschwunden.

»*Bonjour*«, brummte Oudard missmutig, ohne eine Miene zu verziehen, wie immer zu Beginn des Tages. Der Krämer war kein Mensch, der gerne früh aufstand. Er hielt in seinem Tun inne und stützte, als er bemerkte, dass Pierre den Gruß nicht nur im Vorbeigehen ausgesprochen hatte, beide Hände in die Hüften. »Was gibt's?«

»Es geht um diesen blödsinnigen Scherz mit der toten Ratte«, begann Pierre ohne Umschweife und enthielt sich jeglicher Höflichkeitsfloskel.

»Woher wollen Sie so genau wissen, dass ich es war?«, antwortete Oudard. »Nur, weil dieser … dieser polnische Witzbold mich gesehen haben will?« Er verschränkte die Arme. »Der Mann ist ohne Brille blind wie ein Höhlenkrebs, aber er setzt sie nicht auf, weil er eitel ist.«

»In Ordnung. Angenommen, einer Ihrer Jagdfreunde wäre zufällig mit genauso einem Wagen unterwegs gewesen, den auch Sie besitzen. Jemand, der Ihnen ungeheuer ähnlich sieht. Woher hätte dieser Jemand wissen können, dass Dennis Hulot der richtige Adressat war?« Pierre war dabei vollkommen ruhig geblieben.

»Sie wollen mich auf den Arm nehmen, hm?« Oudard fuhr fort, seine Kisten zu stapeln. Ein paar Tomaten rollten von der Stiege und kullerten über das Pflaster.

»Ich meine es ernst, Monsieur Oudard. Ich weiß, dass Sie aufgebracht sind wegen der zerstochenen Reifen und der gestohlenen Gewehre, die inzwischen ja wieder aufgetaucht sind. Das kann ich auch gut verstehen. Aber woher wollen Sie wissen, wer Ihre Jagd sabotiert hat? Haben Sie etwas beobachtet, das Sie in Ihrem Verdacht bestätigt?«

Pierre registrierte, dass der Krämer einen kurzen, unschlüssigen Moment den Tomaten hinterhersah, bevor er ihn wieder anblickte.

»Ob er es war oder nicht, ist völlig egal. Der Kerl ist der Kopf dieser Bande, das allein zählt.«

»Er ist vor allem Tierschützer. Und bis wir das Gegenteil bewiesen haben, hat er mit den anderen Aktivisten nicht mehr gemein als den Wunsch, Natur und Umwelt zu bewahren.«

»Wollen Sie mich verarschen? Das ist doch alles ein und dieselbe Soße!« Oudard blickte ihn mit zusammengekniffenen Augen an. »Wenn wir eines schönen Tages ungestört jagen gehen können, ohne dass wir Angst haben müssen, dass an unseren Wagen die Bremsen versagen oder uns das Gewehr in der Hand explodiert, dann, und nur dann, werden wir aufhören, uns zu wehren.«

»Mit toten Ratten und Vergrämungsmitteln? Damit machen Sie das Ganze doch nur noch schlimmer. Wer kann Ihnen garantieren, dass nicht noch mehr Menschen Schaden nehmen? Was, wenn Franck Pabions Tod bereits eine Folge dieser Eskalation gewesen ist? Wer wird der Nächste sein? Vielleicht Sie oder einer Ihrer Freunde?«

»Franck Pabion ist gestorben, weil unsere Polizei nichts gegen diese Wilden unternommen hat« entgegnete der Krämer heftig. »Ich will ihnen mal etwas sagen: Diese ganz Bande, die sich Naturschützer schimpft, hat mehr Dreck am Stecken als wir alle zusammen. Ich wette, ihre ach so tollen Aktionen für die Tiere sind nichts weiter als eine hübsche kleine Maskerade. In Wahrheit wollen sie nichts anderes als Krieg.«

Pierre fühlte, wie ihm die Galle hochstieg, dieser ganze Fall strotzte nur so von selbstherrlich vorgetragenen Überzeugungen.

»Wissen Sie, was mir an dieser ganzen Sache am meisten stinkt?«, brummte er. »Dass alles, aber auch alles über einen

Kamm geschoren wird. Aber das ist ja auch einfacher, als sich die Mühe zu machen, die Dinge einzeln zu betrachten oder einmal die Perspektive zu wechseln, nicht wahr? Jeder packt die Schubladen so voll, bis sie platzen.«

Oudard starrte ihn an, als habe Pierre ihm gerade die Flugbahn eines Kometen erklärt.

»Wenn Ihnen das nächste Mal jemand auf die Füße tritt«, fuhr Pierre ungebremst fort, »werden Sie zu mir kommen, *bevor* Sie oder einer Ihrer Kumpanen in dieser mittelalterlichen Art Selbstjustiz üben. Haben Sie mich verstanden?«

»Was, wenn ich es nicht tue?« Der Krämer zog die Brauen hoch und sah ihn mit einem Ausdruck höchster Verachtung an. Ganz Widerstandskämpfer, für den er sich gerne hielt. Dabei war es ihm offenbar völlig egal, gegen wen er sich richtete, er hatte seine ganz eigenen Vorstellungen.

»So, jetzt reicht es mir wirklich«, sagte Pierre und atmete ein paar Mal tief ein und aus, bis er in ruhigerem Ton fortfahren konnte. »Ich glaube, Sie wissen gar nicht, wie beschissen Ihre Lage ist. Allein die Tatsache, dass Wozniak bezeugt, dass Sie in der Zeit in Richtung der Wälder unterwegs waren, als Franck Pabion mit einer vermutlich gestohlenen Waffe erschossen worden ist, macht Sie zu einem der Hauptverdächtigen. Vor allem, da Ihnen nun jegliches Alibi abhandengekommen ist.«

»Pabion wurde mit einer unserer Waffen getötet?« Oudards Gesicht wurde tiefrot, dann blass. Erst jetzt schien er die Tragweite seiner Falschaussage zu begreifen. »Na schön«, gestand er kaum hörbar. »Sie haben gewonnen. Ich *habe* ein Alibi, ich habe die tote Ratte vors Haus dieses Bürschchens gelegt.«

Voilà. Pierre musste sich schwer zusammenreißen, um nicht laut loszulachen. »Können Sie es beweisen?«

»Das Papier, auf das ich die Warnung geschrieben habe, stammt von einem Block, den ich hier im Laden verwende, um Kundenwünsche zu notieren. Das können Sie gerne nachprüfen, kommen Sie mit.«

Pierre folgte ihm hinein. Während Oudard hinter dem Kassentresen in die Hocke ging, um nach dem Block zu suchen, ließ er den Blick durch den engen Verkaufsraum schweifen. Vollgestopfte Regale mit Getränken und Dosen, davor Körbe mit Keksen und abgepackter Schokolade. Es roch nach Schinken und Seife. An der von Holzbalken durchzogenen Decke flackerte Neonlicht, im Hintergrund brummten Kühltruhen in den unterschiedlichsten Tönen.

»Hier«, sagte der Krämer endlich und legte einen Stapel zusammengeleimter Blätter auf den Tisch. Gängiges Format, Allerweltspapier, nichts, das es von anderen unterschied.

Pierre hob das erste Blatt an und hielt es gegen das Licht. Tatsächlich: Oudard hatte die Warnung mit einem Kugelschreiber verfasst. Inmitten der Abdrücke anderer Notizen, zwischen Whiskeysorten und dem Namen eines Geschirrspülmittels, schimmerten die Buchstaben ganz schwach hervor:

Lass die Jäger in Ruhe, sonst ergeht es dir wie dieser Ratte.

Pierre schüttelte den Kopf. Kinderkram, hatte Poncet es genannt, und das war noch harmlos ausgedrückt.

»Kann ich das mitnehmen?«

Oudard nickte ergeben, reichte Pierre noch eine Plastiktüte und begleitete ihn vor die Ladentür.

»Von heute an wird es keine solchen Aktionen mehr geben, ist das klar?« Pierre sah sein Gegenüber streng an und schob den eingetüteten Block in die Innentasche seines Blousons.

Der Krämer nickte. Dann bückte er sich nach den herabgerollten Tomaten, bevor einer der vorbeieilenden Menschen darauf treten konnte, und wandte sich wieder seinem Tagewerk zu.

Leise pfeifend setzte Pierre seinen Weg in Richtung *Rue du Vallon* fort, zur Wohnung von Jérôme Menessier. Er war genau in der richtigen Stimmung für eine weitere Befragung, ja, er war gerade so richtig schön warmgelaufen.

Genau in dem Moment, als er das Bauschild vor der Burgruine passierte und sich darüber wunderte, dass weder Baufahrzeuge noch Handwerker zu sehen waren, klingelte sein Handy. Es war Charlotte.

25

Marie-Laure sah zum Telefon auf dem Couchtisch, unschlüssig, ob sie den Anruf annehmen sollte. Es war bereits das dritte Mal an diesem Vormittag, dass Sébastien sie zu erreichen versuchte.

»Sie können gerne rangehen, Mademoiselle Pabion, ich bin schon weg. *Au revoir*, machen Sie es gut.«

Der Polizist, der in der vergangenen Nacht über ihre Sicherheit gewacht hatte, hob die Hand zum Gruß.

Marie-Laure sprang auf. »Warten Sie! Können Sie mir nicht doch erzählen, wie es meinem Vater geht? Ist er tatsächlich verhaftet worden?«

»Ich darf Ihnen leider nichts Näheres sagen«, antwortete er, »nur, dass polizeilicher Schutz nicht länger notwendig ist. Wenn Sie weitere Fragen haben, müssen Sie sich an *Commissaire* Barthelemy wenden, seine Karte haben Sie ja.«

Sie nickte und sah dem Beamten nach, bis sich die Tür geräuschlos hinter ihm schloss.

Commissaire Barthelemy … Sie konnte diesen Kerl nicht ausstehen. Er war ein dicklicher, schwitzender Mann, der sich dauernd räusperte. Wenn er hustete, wurde sein Gesicht schweinchenrosa, und wenn er redete, dann dröhnte es im ganzen Raum. Die wenigen Minuten, die sie sich gestern Abend unterhalten hatten, hatten zudem deutlich gezeigt, dass er kaum Ahnung von den Hintergründen des Falles hatte. Im Gegensatz zu Pierre Durand, und der sah obendrein noch gut aus. Zumindest wenn man Charakterköpfe mochte. *Ihn* würde sie anrufen wollen.

Entschlossen griff sie zu ihrem Handy. Eine SMS blinkte auf, begleitet von einem wohlklingenden Ton. Zur eintreffenden Nachricht hätte ein durchdringendes Schrillen wohl eher gepasst.

Du kannst mich nicht länger ignorieren, Marie-Laure, ich weiß, dass du das hier liest. Ich habe lange genug zugelassen, dass andere auf mir herumtrampeln und mich herumschicken wie einen dummen kleinen Jungen. Ich bin ein Mann, und ich habe eine vernünftige Aussprache verdient! Wenn du nicht willst, dass ich dich im Hotel aufsuche und vor aller Welt zur Rede stelle, komm um ein Uhr ins Le Vivier.

Sébastien

PS: Keine Sorge, ich werde nicht betteln, dass du zurückkommst. Das Thema ist passé. Auch ich habe meinen Stolz. Ich will nur eine allerletzte Aussprache.

PPS: Ich rate dir zu kommen, sonst wird es unangenehm, das schwöre ich dir.

Marie-Laure stöhnte auf. Das *Le Vivier* war ihr Lieblingsrestaurant, dort hatten sie viele romantische Abende verbracht. Es gehörte einem Gastronomen, der ihre Wünsche ernst nahm und Gerichte, ohne zu murren, nach ihren Vorstellungen änderte.

Ausgerechnet das *Le Vivier*. Hier hatte Sébastien um ihre Hand angehalten.

Noch einmal las sie den Text. Die Nachricht wäre bequem als E-Mail durchgegangen. Viel zu lang, mit PS und PPS. Da hatte sich vermutlich einiges aufgestaut. Immerhin, Sébastien hatte endlich einmal auf den Tisch gehauen. Sie musste zugeben, dass es ihr imponierte. Endlich zeigte er Mut und Entschlossenheit. So, wie sie es sich immer von ihm gewünscht hatte.

Nachdenklich ging sie zur Terrassentür, schob sie weit auf und trat in den kleinen, verwunschenen Garten, der direkt hinter einer rosenberankten Pergola begann. Ein Ort, der Erholung versprach. Mit gepolsterten Korbgeflechtsesseln und einem Tisch, auf dem in der Mitte ein Zierkürbis thronte.

Sie wünschte, sie könnte sich dorthin setzen, ein Buch lesen, das ihre Gedanken auf schönere Dinge lenkte, und die grauenvollen letzten Tage einfach vergessen. Vergessen, dass ihr Bruder ermordet worden war und dass ihr Vater vielleicht Schuld daran trug. Akzeptieren, dass die Familie mit Francks Tod auseinanderbrach, dass sie vollkommen alleine war mit ihrer Trauer, weil ihre Mutter sich in die Planung der Beisetzung stürzte und niemanden an sich heranließ, obwohl der Stiefsohn ihr nicht besonders nahegestanden hatte.

Eine Weile blieb sie mitten auf dem Rasen stehen, sah ins Grüne, ohne es wahrzunehmen. Dann drehte sie sich abrupt um, ging zurück ins Zimmer und wählte die Nummer der Wache.

»Monsieur Durand ist gerade nicht da. Kann ich Ihnen vielleicht weiterhelfen?«

Am Telefon klang Luc Chevallier viel jünger, nicht einmal zwanzig. »Nein, danke. Oder doch: Der Schutzbeamte ist abgezogen worden, ohne mir sagen zu können, was mit meinem Vater ist. Kann mich bitte irgendjemand aufklären, was hier eigentlich läuft?«

»Oh, in dem Fall müssen Sie Pierre Durand doch selbst anrufen, da bin ich überfragt. Haben Sie seine Handynummer?«

»Nein, ich habe sie nicht«, entgegnete sie trotzig, »und ich werde ihm jetzt auch nicht hinterhertelefonieren. Richten Sie ihm bitte aus, dass er mich zurückrufen soll. Bis um eins kann er mich erreichen. Dann bin ich zum Essen verabredet.« Sie stockte kurz, ein ungekanntes Gefühl der Freiheit breitete sich in ihr aus. »Oder nein, warten Sie, richten Sie ihm gar nichts aus«, sagte sie mit einem Lächeln. »Es ist unwichtig. Vollkommen bedeutungslos.«

Ja, das war es tatsächlich, und Marie-Laure war erstaunt, wie leicht sie sich auf einmal fühlte. Endlich sah sie ihren Vater so, wie sie ihn noch nie zu sehen gewagt hatte.

Seit dem Gespräch mit Pierre Durand fiel es ihr schwer, ihn mit dem Wohlwollen und Respekt zu betrachten, der ihr mit den Jahren in Fleisch und Blut übergegangen zu sein schien. Hatte sie ihn gestern noch vehement verteidigt, so war sie sich nun gar nicht mehr so sicher, ob er nicht doch kaltherzig genug war, seinen eigenen Sohn umzubringen, nur damit er unbehelligt weiterleben konnte.

Selbst Franck, den sie aus irgendeinem Grund immer in Schutz genommen hatte, erschien mit einem Mal in völlig neuem Licht. War er wirklich der starke Rebell gewesen oder doch so berechnend und selbstsüchtig, wie die anderen ihn beschrieben? Und auch ihre Mutter: War es wirklich ihre, Marie-Laures, Aufgabe, die Beschützerin zu sein, all die Jahre, obwohl sie selbst das Kind war?

Mit Abstand betrachtet, sah alles ganz anders aus. Es war, als habe der Zauberer das Tuch weggezogen und dem Publikum einen leeren Hut gezeigt.

In diesem Moment hatte sie keinen größeren Wunsch, als alles hinter sich zu lassen und noch einmal ganz von vorne zu beginnen. Sich von familiären Verflechtungen zu befreien und endlich zu leben.

Ohne Sébastien.

Ja, sie würde hingehen, er hatte eine Aussprache verdient. Aber danach, danach würde endlich ihr wahres Leben beginnen.

26

»Soll ich euch etwas kochen? Ich könnte ein Wildragout machen mit gerösteten Maronen und eine *tarte aux pignons* mit Birnen.«

Noch während er die Burgruine umrundete, hatte Pierre Charlotte von dem geplanten Treffen mit den Handwerkern aus dem Dorf erzählt. Nun saß er auf einer der Parkbänke seitlich der Mauern und sah zu den Zinnen hinauf. Die Erinnerungen an ihren nächtlichen Ausflug und an Madame Duprais' beherzten Auftritt waren noch frisch und entlockten ihm ein Lächeln.

»Wildragout und Pinienkerntarte für die Handwerker?«, wiederholte er. »Ist das nicht ein wenig übertrieben?«

»Nein«, widersprach Charlotte, und er konnte förmlich sehen, wie sie die Brauen hob. »Um sieben haben sie bestimmt noch nicht gegessen. Ein Ragout ist da genau das Richtige. Du musst sie von Anfang an verwöhnen, Pierre, dann kommen sie umso lieber.«

Er zögerte. »Hast du überhaupt Zeit dafür?«

»Ich habe heute nur eine Verkostung bei einem neuen Olivenöllieferanten, danach bin ich frei.«

»Aber du bist sicher froh, einmal nicht in der Küche stehen zu müssen.«

»Lass mich doch, Pierre, ich mache das wirklich gerne. Ich freue mich, dass du so schnell Hilfe gefunden hast, und möchte etwas dazu beitragen.«

Noch immer war Pierre skeptisch. Wenn Charlotte sich so viel

Mühe gab und sich am Ende nicht einer der Angekündigten blicken ließ, dann war die ganze Arbeit umsonst. »Was ist, wenn niemand kommt?« Ausgesprochen hörte sich dieser Gedanke schrecklich pessimistisch an. Das passte so gar nicht zu ihm, und er überlegte, sich noch einmal zu korrigieren. »Ich meine, bestimmt findet sich der eine oder andere ein, aber angenommen, sie haben es vergessen oder …«

Nein, das war auch nicht besser, zeigte nur umso stärker seinen Gemütsstand. In Sachen Bauarbeiten war er tatsächlich kein Optimist mehr.

»Dann essen wir eben alleine. Ich bringe Kerzen mit, eine Tischdecke und Kissen. Wir könnten uns auf die Treppe setzen und einen der alten Küchenschränke als Tisch davorstellen. Wir schließen meinen MP3-Player an dein Autoradio an, beschallen den ganzen Hof mit Musik von Berry und trinken einen pfeffrigen *Châteauneuf-du-Pape*. Der passt hervorragend zu Wildgerichten.«

»Das klingt ganz wunderbar. Allerdings ist mein Wagen nicht so modern, er hat keinen MP3-Anschluss.«

»Wir könnten was singen …« Sie lachte.

»Du bist verrückt, weißt du das?«

Er liebte es, wenn Charlotte vor Begeisterung sprühte. Es war ansteckend. Augenblicklich war seine Skepsis verflogen, und er freute sich richtig auf den Abend. Ob mit oder ohne Handwerker. Die Aussicht, mit dieser Frau bei einem Glas Wein auf der Treppe zu sitzen und durch die geöffnete Tür in den Sternenhimmel zu blicken, war mehr als vielversprechend. Er würde ihre Nähe genießen, und vielleicht würden sie auch über seine berufliche Zukunft sprechen.

»Also gut. Das ist wirklich nett von dir. Danke.«

»Wie kommst du voran? Gibt es Neuigkeiten zum Fall?«

»Möglicherweise. Aber es gibt auch jede Menge offene Fragen«, sagte Pierre ausweichend. »Zu viele unvorhersehbare Dinge, die den Lauf des Abends bestimmt haben. Angefangen damit, dass du Marie-Laure nicht persönlich erreicht hast, um ihr mitzuteilen, dass es so kurzfristig keinen ganzen Wildschweinbraten gibt.«

»Ja, das stimmt. Ich hatte noch bis zum Abend gehofft, dass einer unserer Lieferanten zusagt. Aber niemand wollte die Anfrage verbindlich bestätigen, und die Vorbereitungen waren ja bereits in vollem Gange. Hätte Franck Pabion sich nicht so vehement dafür eingesetzt, das Wildschein selbst zu jagen, es wäre bei den Rebhühnern geblieben.«

»Und er würde noch leben«, setzte Pierre hinzu. »Angenommen, sein Tod war wirklich eine Verkettung von Zufällen, ungeplant …« Er rieb sich die Stirn.

Diesen Gedanken hatte er bereits gehabt, als sie das Waffenlager gefunden hatten. Der Mörder hätte es zufällig entdecken können, indem er hineintrat. Auf einmal hätte es jeder gewesen sein können, am wahrscheinlichsten Sébastien Goussard, der dem Toten am Tatmorgen noch am dichtesten auf den Fersen gewesen war. Er hätte die Gelegenheit nutzen können, das war Pierre die ganze Zeit bewusst. Doch bislang hatte er diese Möglichkeit ausgeblendet, aus irgendeinem Grund hatte er dem jungen Mann geglaubt, ihm seine Hilflosigkeit abgenommen. Dabei wusste er noch nicht einmal, was genau ihn so sicher machte.

»Es erinnert mich an ein Logical«, sagte Charlotte, »eines von diesen Rästeln mit wenigen Aussagen, bei denen man im Ausschlussverfahren auf die Lösung kommt. Kennst du die?«

»Ja«, antwortete Pierre, der in Gedanken bereits ganz woanders war. Gleich würde er noch einmal mit dem jungen Demonstranten sprechen. Wenn Jérôme Menessier den Waffendiebstahl tatsächlich begangen hatte, musste er den Jägern aufgelauert haben, um die Gewehre in einem unbeobachteten Moment zu entwenden. Was sprach eigentlich dagegen, dass er auch am Tatmorgen im Wald gewesen war, um weitere Waffen zu stehlen?

Pierre schrak zusammen. Dieser Gedanke war wichtig. Auf einmal hatte er das Gefühl, sich beeilen zu müssen. Gerade wollte er das Gespräch mit Charlotte beenden, als ihm noch etwas einfiel. »Könntest du mir bitte einen Gefallen tun? Ich habe Cosima gestern nicht finden können und mache mir Sorgen um sie.«

»In Ordnung. Ich fahre hin und sehe nach.«

»Du bist ein Schatz.«

Sie lachte. »Ich weiß. Bis später.«

Jérôme Menessier öffnete nicht, selbst als Pierre auf der Klingel einen Marsch spielte. Der Klang war ungewöhnlich schrill, trug einen weit hörbaren Laut durch das Mehrfamilienhaus, woran Pierre großen Gefallen fand. Erst als eine weibliche Stimme über ihm lauthals androhte, einen Schwall Wasser über dem Lärmverursacher auszuschütten, trat er einen Schritt zurück und blickte an der orangegelben Fassade hinauf. Doch niemand streckte den Kopf hinaus, geschweige denn einen Eimer.

Jérôme wohnte im zweiten Stock, den Totenkopfaufklebern auf den Fensterscheiben zufolge hatte er sein Zimmer auf der rechten Seite. Noch während Pierre überlegte, ob er den Klingelterror fortsetzen sollte, sah er, wie sich eine Gestalt langsam dem Fenster näherte, um sofort wieder zurückzuzucken.

»Jérôme, mach auf!«, rief Pierre hinauf, doch es tat sich nichts.

Wieder ging er zum Hauseingang, drückte diesmal jedoch auf einen der anderen Klingelknöpfe, bis ein lauter Summton ertönte und die Tür aufsprang.

»Sie wollen sich das Wasser wohl persönlich abholen«, keifte es durch das Treppenhaus. Eine Frau um die vierzig im Jogginganzug erschien einen Stock höher am Geländer, in den Händen einen Putzeimer. Sie zuckte zurück, als sie merkte, wen sie da gerade beglücken wollte. »Oh, Verzeihung, ich konnte ja nicht ahnen, dass Sie es sind. Hat der Junge etwas angestellt? Die Gendarmerie war auch schon hier.«

»Wann war das?«

»Vor ungefähr einer halben Stunde. Aber er hat nicht aufgemacht.«

»Ich danke Ihnen.« Pierre zog sein Handy hervor, wählte die Nummer der Gendarmerie und stellte sich ins Freie, ein ganzes Stück abseits der geöffneten Haustür. »Durand hier, *police municipale* von Sainte-Valérie«, erklärte er *Lieutenante* Casgrain mit gesenkter Stimme, nachdem man ihn durchgestellt hatte. »Ich stehe vor Jérôme Menessiers Haus. Ihre Kollegen waren gerade hier und sind unverrichteter Dinge wieder abgezogen. Liegt ein Haftbefehl gegen den Mann vor?«

Im Hintergrund hörte man das Klacken einer Tastatur. »Nein. Die Aufnahme der Wildkamera war zu undeutlich. Wenn es danach ginge, müssten wir sämtliche Aktivisten aus der Umgebung festnehmen.«

»*Merde!* Jérôme ist zu Hause, ich habe ihn gesehen, aber er lässt niemanden hinein. Könnten Sie ihn nicht wenigstens vorladen?«

»Haben Sie denn einen konkreten Anlass, der eine Vorladung rechtfertigen würde?«

»Nur ein Bauchgefühl.« Es war ihm unangenehm, er hätte gerne mehr zu bieten gehabt. Doch außer der Tatsache, dass Jérôme Menessier auf der Demonstration mit Steinchen geworfen und eine Riesenwut auf die Jäger hatte, gab es nichts, was dieses Gefühl konkretisierte.

»Sie wissen genauso gut wie ich, dass man ihn unter diesen Umständen nicht zwingen kann, die Tür zu öffnen oder auszusagen«, sagte die *Lieutenante* und wirkte darüber ebenso betrübt wie er. »Es tut mir leid.«

Pierre legte auf und fuhr sich mit der Hand durchs Haar.

Er hatte das Gefühl, dass sich die Sache zuspitzte. Er musste sofort reagieren. Auch wenn das bedeutete, dass er sich unerlaubter Methoden bedienen würde. Ein kleiner Trick, ein ganz einfacher und leider auch durchschaubarer. Jemand, der regelmäßig Fernsehkrimis sah, würde darauf gewiss nicht hereinfallen. Aber man konnte ja nie wissen …

Pierre hob das Telefon wieder ans Ohr, ging auf das Haus zu, bis er direkt unterhalb von Jérômes Fenster stand.

»Ein Haftbefehl?«, sagte er, obwohl die Leitung tot war. »In Ordnung. Ich stehe hier vor der Tür und warte, bis Sie da sind.«

Er hatte gerade so laut gesprochen, dass es nicht zu auffällig war. Trotzdem blieb das Gesagte nicht ungehört.

Eine Tür wurde zugeschlagen, man hörte erst Schritte auf knarrendem Holz, dann Poltern. Jérôme nahm mehrere Stufen auf einmal, als er die Treppe hinab und direkt auf Pierre zustürmte, der zurück in den Hausflur geeilt war und sich ihm in den Weg stellte.

Bevor auch noch ein einziges Wort gefallen war, holte Jérôme aus und stieß noch im Laufen die geballte Faust nach vorne. Pierre hatte den Schlag instinktiv kommen sehen und drehte sich weg, doch der Angreifer traf ihn mit voller Wucht über dem linken Auge. Für einen kurzen Augenblick musste er sich fangen, während Jérôme, von Pierres Ausweichmanöver und der Wucht des abgelenkten Schlages überrascht, gegen die Wand prallte. Wenige Sekunden später stieß er sich mit einem animalischen Aufschrei ab und hechtete auf Pierre zu.

Dieses Mal war Pierre vorbereitet. Er wich aus, packte den Arm des Jugendlichen, versetzte ihm einen Schockschlag in die Rippen und drehte ihm den Arm auf den Rücken, um ihn im festen Griff unsanft nach vorne gegen die Wand zu drücken.

Jérôme zappelte und versuchte sich mit der Kraft eines flüchtenden Tieres zu befreien. Energisch hebelte Pierre den nach hinten gebogenen Arm des jungen Mannes nach oben, der sofort aufstöhnte.

»Ganz ruhig, Jérôme, ich will nur mit dir reden.« Pierre sprach in besänftigendem Ton. Sein Kopf schmerzte, er spürte, wie Blut an der Schläfe hinablief.

»Ich sage kein Wort«, zischte Jérôme. »Ihr Wichser kapiert doch sowieso nichts.«

Der Junge schnaufte und stemmte sich gegen den Armhebel, sodass Pierre Mühe hatte, seine Position zu halten. Seine Muskeln schmerzten, die Zeiten, in denen er regelmäßig Sport getrieben hatte, waren lange vorbei. Noch einmal zog er den Arm des Jugendlichen ein Stück höher, sodass dieser aufschrie.

»Hör zu«, stieß Pierre hervor. »Du hast genau zehn Sekunden Zeit, dir zu überlegen, ob du kooperieren möchtest. Dann lasse ich mir vielleicht auch eine gute Erklärung für meine Platzwunde einfallen. Ansonsten hast du ein Ermittlungsverfahren wegen Körperverletzung und Angriff auf einen Polizeibeamten am Hals.« Langsam begann er runterzuzählen. »Zehn, neun, acht, sieben …«

»Verdammt, was wollen Sie von mir? Ich hab diesem Luc doch schon alles gesagt.«

»Du hast über die Jäger hergezogen und dich einen Pazifisten genannt, das ist keine richtige Aussage. Ich will die ganze Wahrheit wissen.«

»Zeigen Sie mich ruhig an. Meine Zukunft ist sowieso versaut«, murmelte Jérôme, hielt allerdings still.

In seinen Worten schwang eine Resignation mit, die Pierre nicht erwartet hatte. »Das ist sie nicht. Jedenfalls nicht, wenn du jetzt das Richtige tust. Du bist gerade mal achtzehn. Da gelten besondere Gesetze, vor allem, wenn man zuvor noch nicht straffällig geworden ist.«

»Auch bei Diebstahl?«

»Bei Diebstahl und Sachbeschädigung, nur nicht bei Mord.«

»Ich habe niemanden umgebracht. Aber mir glaubt ja sowieso keiner!«

»Das liegt vielleicht daran, dass du fliehst, statt Fragen zu beantworten. Wenn du möchtest, dass man dich ernst nimmt, dann verhalte dich entsprechend.«

»Und der Haftbefehl?«

»Es gibt keinen.«

»Sie haben mich verarscht!«

»Wie man es nimmt. *Noch* gibt es keinen Haftbefehl. Das kann sich sehr schnell ändern.«

Jérôme schwieg, doch sein Blick verriet, dass er seine Möglichkeiten überdachte.

»Wenn du dich freiwillig stellst und mir ein paar Fragen beantwortest, kommst du vielleicht sogar mit Sozialarbeit davon«, setzte Pierre hinzu. »Also, was ist?«

»*Zut!*« Jérôme stieß die Luft aus. »Ich komme mit.«

In der Wache war es kühl. Die Herbstsonne tastete sich langsam durch das Hoffenster über den Schreibtisch. Pierre bat Jérôme, auf dem Besucherstuhl Platz zu nehmen und auf ihn zu warten.

Luc hatte ihn fragend angesehen, als sie die Wache betreten hatten, jedoch kein Wort gesagt. Nun aber, da Pierre zum Eisfach ging und sich einen Kühlbeutel auf die Stirn legte, hielt er es nicht mehr aus.

»War das dieser Kerl?«, fragte er flüsternd und deutete mit ausgestrecktem Zeigefinger auf den verschlossenen Raum. Dabei sah er aus, als habe er Angst vor dem, was der Jugendliche sonst noch alles anstellen könnte.

»Ein unglücklicher Zusammenstoß, nichts Schlimmes«, wiegelte Pierre ab. Währenddessen öffnete er den Küchenschrank, und als er den Erste-Hilfe-Kasten nicht sofort finden konnte, auch eine Schublade. Dort lagen eine Schere, Kaffeelöffel, Zahnstocher, eine aufgerissene Packung Kaugummis mit Erdbeergeschmack.

»Verdammt, wo sind denn die Pflaster?«

»Du solltest die Wunde besser von einem Arzt versorgen lassen«, sagte Luc. »Sonst bleibt eine Narbe zurück.«

»Du kannst ja richtig fürsorglich sein«, scherzte Pierre. »Wo ist eigentlich unser Verbandskasten?«

»Im Waschraum. Dort, wo er immer ist.«

Pierre folgte dem Hinweis und entdeckte schließlich ein paar Klammerpflaster. »Kümmere dich solange um unseren Gast«, bat er Luc. »Er ist hier, um eine Aussage zu Protokoll zu geben.« Dann schloss er die Tür.

Aus dem Spiegel blickte ihm ein fremder Mann entgegen. Wild sah er aus, richtig verwegen. Als er die Haut über dem linken Auge mit mehreren Streifen fest zuklebte, fragte er sich, ob Charlotte das anziehend finden würde.

Luc hatte inzwischen einen weiteren Stuhl vor den Computer geschoben und die Personalien von Jérôme aufgenommen. Erwartungsvoll nickte er Pierre zu, bereit, das Gespräch zu protokollieren.

Pierre betrachtete den jungen Mann, der vor ihm auf dem Besucherstuhl saß, die Hände fest ineinander verschränkt. Sein Gesicht war kantig, beinahe grob. Der Flaum auf der Oberlippe unrasiert. In den Ohrläppchen steckten diese neumodischen Ringe, die ein großes Loch hineinstanzten. Eine traurige Gestalt, der ganze Körper ein einziger Ausdruck von Abwehr und Missbilligung.

»Wo warst du am Samstag zwischen fünf und sieben Uhr morgens?«, begann Pierre, nachdem die Formalitäten erledigt waren.

»Ist das die Tatzeit? Wollen Sie mir jetzt etwa doch den Mord unterschieben?«

»Nein, ich habe dir nur eine Frage gestellt.«

»Ich hab gepennt«, stieß Jérôme hervor.

»Also gut. Dann möchte ich dich zu den Diebstählen befragen.« Pierre bemühte sich, gelassen zu bleiben. »Du hattest dich meinem Assistenten Luc Chevallier gegenüber als Pazifist bezeichnet. Ist das der Grund, warum du die Waffen entwendet hast?«

Jérôme zuckte kurz zusammen, aber er hielt seinem Blick stand. »Ich mache das vor allem wegen der Tiere. Die Jäger nennen das Abschießen waidgerecht. Die lügen! Nicht einmal die Hälfte der Treffer sind sofort tödlich. Wussten Sie das? Die armen Kreaturen werden einfach so verstümmelt, bis man sie endlich erlöst. Und wenn nicht, laufen sie als Krüppel durch die Wälder und verenden irgendwann. Das ist Tierquälerei! Warum hält man die Jäger nicht endlich auf?«

»Ist es das, was du wolltest, die Jäger aufhalten? Hast du darum auch die Reifen zerstochen?«

»Ja. Aber sie machen trotzdem weiter. Ich verstehe nicht, warum die Politiker nichts dagegen tun. Die Jagd muss abgeschafft werden. Komplett. In der Schweiz gibt es ganze Gebiete, in denen überhaupt nicht gejagt werden darf. Das funktioniert sehr wohl. Die Natur reguliert sich von alleine.«

»Wer sagt das?«

»Dennis zum Beispiel. Und nicht nur der.«

»Wer noch?«

»Die Leute aus dem Forum.«

»Kennst du sie gut?«

»Man sieht sich auf den Demos.«

»Wissen die auch von deiner Aktion?«

Jérôme senkte den Blick und schüttelte stumm den Kopf.

Das könnte gelogen sein, überlegte Pierre, auch wenn im Forum nichts darüber zu lesen gewesen war. Die Aktivisten hätten sich genauso gut persönlich darüber austauschen können.

»Was hattest du mit den Waffen vor?«

»Sie ins Meer kippen. Irgendwann.«

»Stattdessen hast du sie im Wald vergraben.«

Der junge Mann starrte ihn beunruhigt an. »Woher …«

»Der Forstbeamte hat die Waffen entdeckt. Sie wurden von der Gendarmerie sichergestellt und untersucht. Eine der Flinten ist die Mordwaffe.«

»Das kann nicht sein.«

»Du hast wirklich niemandem davon erzählt?«

»Niemandem!« Er sagte es aus voller Überzeugung, und dieses Mal sah er Pierre offen dabei an. »Wirklich, ich schwöre es.« Er hob die linke Hand.

»Ist es denkbar, dass jemand gesehen hat, wie du die Waffen vergraben hast?«

»Nein. Das hätte ich bemerkt. Ganz bestimmt.« Er nickte, als wolle er das Gesagte bekräftigen. Dabei wurde er immer blasser.

»Wann warst du das letzte Mal dort, bei den Waffen?«

»Ist ewig her.« Jérôme stützte den Kopf mit den Händen ab. »Kann ich jetzt gehen? Bitte. Mir ist schlecht.«

Die Frage kam unerwartet. Pierre hätte sich gerne noch ein wenig mit ihm unterhalten, andererseits hatte er alles erfahren, was er wissen wollte. Ob der Junge gelogen hatte, war schwer zu sagen, aber sein Entsetzen darüber, dass es sich bei einer der entwendeten Flinten um die Tatwaffe handelte, war echt gewesen, das hatte man deutlich spüren können. Es hatte ihn sichtlich schockiert. Jérôme sah elend aus. Er schluckte mehrfach, ein Speichelfaden rann ihm aus dem Mund, hektisch wischte er ihn ab.

»Soll ich dir einen Arzt rufen?«

»Nein, verdammt! Ich will einfach nur nach Hause.«

Pierre nickte Luc zu, der die ganze Zeit mitgetippt hatte und nun die Taste für den Drucker betätigte.

»Lies dir die Aussage noch einmal durch und unterschreibe sie«, sagte Pierre, wieder an Jérôme gewandt. »Bis auf Weiteres bitte ich dich, jederzeit für uns erreichbar zu sein.«

Der Junge hob den Kopf. »Ich muss wirklich nicht in den Knast?«

»Das kann ich dir natürlich nicht versprechen. Aber ich bin ziemlich sicher, dass es bei einer Sozialstrafe bleibt. Deine Aussage wird dir helfen.«

Luc legte mehrere Blätter auf den Tisch. »Ich habe übrigens gerade etwas darüber gelesen«, sagte er, während er Jérôme einen Stift reichte. »Über das Waldgebiet in der Schweiz, in dem angeblich nicht gejagt werden darf. Es stimmt nicht, das wird immer nur behauptet. Die haben staatliche Wildhüter, die das erledigen, weil das System sonst komplett gekippt wäre. Die Schäden wären viel zu groß, es gäbe Seuchen und unzählige Verkehrsunfälle …«

Pierre legte eine Hand auf Lucs Arm und drückte warnend zu.

Jérôme zog die Augenbrauen zusammen, sagte jedoch nichts. Dann setzte er den Stift auf das Papier und unterschrieb mit hektischen kleinen Buchstaben.

»Das Ganze kostet den Kanton Genf jährlich Milliarden, weil sie Wildhüter eingestellt haben, statt mit Jagdpatenten Geld einzunehmen«, fuhr Luc ungerührt fort und nahm das Schreiben an sich. »Vielleicht würde es bei größeren Waldgebieten funktionieren, so wie in Russland. Aber ganz sicher nicht hier.«

»Was du sagst oder denkst, interessiert mich einen Scheißdreck.« Kurz flammte Jérômes Blick auf, dann erhob er sich und eilte ohne einen Gruß hinaus.

»Milliarden?« Pierre sah Luc grinsend an. »Wie viele Wildhüter haben die denn eingestellt?«

»Ich glaube zehn oder zwölf«, überlegte Luc. »Vielleicht sollte ich mich dort auch einmal bewerben.«

»Oh ja. Scheint ein lukrativer Job zu sein! Ein Jahr Arbeit, und man hat für den Rest seines Lebens ausgesorgt.«

Endlich erkannte Luc die Ironie. Flüsternd zählte er mit Hilfe seiner Finger nach, dann stutzte er. »Kann auch sein, dass sich die Summe auf die Kosten bezieht, die auf ein großes Land wie Frankreich zukäme.«

»Das wäre wahrscheinlicher.«

Pierre erhob sich. Er verspürte das spontane Bedürfnis, noch einmal über den Fall zu sprechen. Dabei war es unerheblich, welche Aversionen er gegen einen der beteiligten Ermittler hegte. Manchmal war es besser, seinen Ärger zurückzustellen, das eigene Ego zu besänftigen.

Er brauchte die Meinung der anderen, er wollte sichergehen, dass er richtiglag.

Mit Jérômes Aussage hatte sich ein Verdacht erhärtet, den Pierre bislang nicht an die Oberfläche gelassen hatte. Auch wenn alles dafür sprach, hatte er dessen Existenzberechtigung bis zuletzt angezweifelt.

Einen Augenblick blieb er am verschlossenen Fenster stehen, dann öffnete er es weit, als könne die frische Luft auch seine Gedanken klären.

»Wir machen eine Telefonkonferenz«, sagte er mit Blick auf den Innenhof und drehte sich zu Luc um. »Mit *Commissaire* Barthelemy, *Lieutenante* Casgrain – und mit *Capitaine* Fichot.«

27

Sie hatten den Lautsprecher der Telefonanlage eingeschaltet und sich erst an das Durcheinander der Stimmen gewöhnen müssen, bis alle ein Gespür dafür entwickelten, wann man zuhörte und wann es an der Zeit war, selbst das Wort zu ergreifen.

Jetzt sprach *Capitaine* Fichot, der sich anfangs ein wenig schroff über Pierres eigenmächtigen Vorstoß geäußert hatte, sich dann aber – der Sachlage angemessen – freundlich zeigte.

»Nun, da Monsieur Durand diese Telefonkonferenz so überaus unkonventionell anberaumt hat, sollten wir die Gelegenheit nutzen, alle auf den neuesten Stand zu bringen«, sagte er und klang dabei, als eröffne er die Sitzung eines Kleingartenvereins. »Monsieur Barthelemy, im Fall Frédéric Pabion hat sich sicher einiges ergeben.«

»Allerdings«, antwortete der *Commissaire*, nachdem er sich lautstark geräuspert hatte. »Ich habe gerade mit den Beamten aus Belgien gesprochen. Sie haben ihn verhört und seine Kontaktpersonen überprüft. Einige Kunstwerke, für die er eine Expertise abgegeben hat, sind tatsächlich in London registriert.«

»Treffer!« Luc hob den Daumen und strahlte Pierre an.

»Jetzt, da wir sicher wissen«, fuhr Barthelemy fort, »dass Monsieur Pabion seiner Tochter nicht mehr schaden kann, habe ich auch den Beamten von der *Domaine* abgezogen.«

»In Ordnung«, sagte Pierre und kam auf die vorangehende Information zurück. »Die Kunstgegenstände, die man ihm zur Begutachtung überlassen hat, waren also zum Teil gestohlen. Das alleine ist noch kein Beweis, dass Pabion an der Sache beteiligt war. Hat er gestanden?«

»Zunächst hat er jegliche Mitwirkung geleugnet, er habe nicht gewusst, dass es sich um Diebesgut handele. Aber es gibt inzwischen Beweise, dass er Teil eines Rings ist, der im großen Stil gestohlene sakrale Kunst verkauft. Man hat in seinen Sachen den Schlüssel zu einem Antwerpener Bankschließfach gefunden, in dem sich mehrere Ikonen und eine größere Summe Bargeld befanden.«

»Haben wir denn auch Hinweise auf eine Erpressung?«

»Ja. Wir haben die Fingerabdrücke auf den Banknoten mit denen des Ermordeten verglichen, es gab Übereinstimmungen.«

»Auf Franck Pabions Computerfestplatte existiert eine Datei mit Bildern aus einem Arbeitszimmer, vermutlich das seines Vaters«, schaltete sich die *Lieutenante* ein. »Darunter auch Fotos von Ikonen. Wir werden sie Ihnen zum Abgleich zuschicken. Jetzt, da wir wissen, wonach wir suchen sollen, bin ich sicher, dass wir weitere Anhaltspunkte finden werden.«

»Frédéric Pabion ist unzweifelhaft von seinem Sohn erpresst worden«, bestätigte der *Commissaire*. »Nur den Mord können wir ihm nicht nachweisen. Übrigens hat seine Ehefrau das Alibi noch einmal bestätigt. Sie sei sehr früh aufgestanden, weil sie wegen der bevorstehenden Hochzeit ihrer Tochter nicht schlafen konnte, ihr Mann habe noch im Bett gelegen.«

»Die Aussage von Yvonne Pabion ist sicher nicht zu hoch zu bewerten«, gab Pierre zu bedenken. »Vielleicht hat sie Angst vor seiner Wut, oder sie bereut, dass sie uns ins Haus gelassen hat.«

»Gestern sah es ganz so aus, als sei sie froh, ihn loszuwerden.«

»Das mag sein, aber wie oft folgen auf einen spontanen Impuls Gewissensbisse. Es wäre nicht das erste Mal, dass eine über Jahre gedemütigte Ehefrau wieder einknickt. Allerdings glaube ich auch nicht, dass Pabion der Mörder ist.«

»Das klingt, als hätten Sie bereits eine bestimmte Person im Blick?« Die Frage kam von Fichot.

»Ich fürchte, ja. Zumindest bleibt, wenn ich alle Fakten zusammenzähle, niemand anders übrig.«

»Nun machen Sie mal nicht so ein großes Geheimnis daraus. Schießen Sie los!«

Unbeirrt schlug Pierre einen großen Bogen, da er wollte, dass alle Beteiligten seine Schlussfolgerung nachvollziehen konnten. Zuerst erzählte er von Jérôme Menessiers Aussage und von dessen Reaktion, als er von der Mordwaffe erfahren hatte. Dann sah er auf seine Notizen, in denen die verbliebenen Verdächtigen zusammengefasst standen, und las Namen für Namen vor, um jeden einzelnen mit den Kollegen durchzusprechen. Förster Julien Bernard hielt er für unschuldig, weil er das Waffenlager aufgedeckt hatte. Zudem hatte der Mann, genauso wenig wie der *Garde* Christophe Rousset, wissen können, dass Franck Pabion genau zu diesem Zeitpunkt alleine durch die Wälder lief. Dasselbe galt für Dennis Hulot, der, wie Fichot bestätigte, am Vormittag entlassen worden war, weil man ihm eine Täterschaft nicht nachweisen konnte.

»Damit bleibt nur noch einer übrig«, schloss Pierre. »Jemand, der in dieser Kette von Umständen zufällig auf die Waffen gestoßen sein könnte und eine davon verwendet hat, um sie nach der Tat zurückzulegen. Jemand, der für kurze Zeit alleine und ohne Zeugen in den Wäldern war.«

»Sébastien Goussard.«

Barthelemy klang beinahe verwundert und schlug dabei einen Ton an, der Pierre sagte, dass der Kollege ebenso ratlos war wie er selbst. Pierre hasste es, wenn so viele Zufälle im Spiel waren, es gab ihm ein Gefühl mangelnder Systematik. Aber wenn man alle Aussagen miteinander verglich, blieb nur diese eine Möglichkeit. Es war tatsächlich wie bei einem von diesen Logicals, die Charlotte vorhin erwähnt hatte. Wenn man alle vorhandenen Informationen abwog, war dies die einzig denkbare Variante.

»Das Waffenversteck lag in der Nähe des Tatorts«, erläuterte er. »Angenommen, Goussard ist während der Verfolgung aus Versehen hineingetreten. Er findet die Waffen, darunter auch eine Flinte. In seiner Jackentasche steckt noch die Munition vom Jagdausflug. Das wäre die Gelegenheit, sich von einem Mann zu befreien, der ihm das Leben zu Hölle machen könnte, der ihn permanent und vor allen Leuten erniedrigt hat. Dagegen spricht nur Goussards Zustand zum Zeitpunkt der Tat. Er war stark betrunken, und ich bezweifele, dass er in der Lage war, derart rasch und zielgerichtet zu handeln. Nach Aussage der anderen soll er die Suche bald aufgegeben haben, weil ihm übel geworden war.«

»Ich habe schon Mörder verhaftet, die deutlich betrunkener waren«, warf Barthelemy ein. »Unter Alkoholeinfluss wird selbst das sanfteste Lamm zum Rambo.«

»In Ordnung. Das reicht für einen Haftbefehl«, ergriff Fichot das Wort. So, wie er es sagte, gab es keinen Zweifel, wer ab sofort das Kommando wieder innehatte. »Wir kümmern uns darum.«

Am schlimmsten war für Pierre das Warten. Wie gerne wäre er dabei gewesen, hätte erlebt, wie sie Goussard stellten und ihn verhörten. Eigenartigerweise verspürte er das Bedürfnis, den Mann in Schutz zu nehmen, aber er wusste, dass er Menschen manchmal romantisierte. Das Bild des armen, verlassenen Bräutigams, das ihm seit der Vernehmung in dessen Wohnung im Kopf herumgeisterte, war sicher nur ein winzig kleiner Ausschnitt der Wirklichkeit.

Irgendwann hielt er es nicht mehr aus, schob einen Antrag zur Betreibung eines temporären Ausschanks alkoholischer Getränke beiseite und nahm seine Jacke vom Haken.

»Wenn du irgendetwas von den anderen hörst, melde dich bitte bei mir«, warf er seinem Assistenten im Gehen zu. »Ich gehe ein wenig patrouillieren.«

»Ach so? Na, dann viel Vergnügen!«

Schon an Lucs belustigtem Gesichtsausdruck konnte er erkennen, dass der Kollege ihn längst durchschaut hatte. Denn immer wenn Pierre vorgab, patrouillieren zu wollen, bedeutete es, dass er einfach nur an die frische Luft gehen musste. Den Kopf freibekommen, und manchmal auch Wut loswerden. Man musste nur einen Fuß vor den anderen setzen und den Gedanken freien Lauf lassen, dann war, nachdem man das Dorf durchquert hatte und zurückgekehrt war, der Puls meist ruhig und regelmäßig und der Kopf voller neuer Ideen.

Pierre kam gerade einmal bis zur *Passage du Saint-Michel*, als sein Handy klingelte.

»*Lieutenante* Casgrain hier. Ich soll Ihnen vom *Capitaine* ausrichten, dass Sébastien Goussard nicht auffindbar ist. Alle Einsatzkräfte sind alarmiert.«

Pierre drehte sich um und eilte an der Kirche entlang in Richtung *Rue des Oiseaux*. »In Ordnung, ich komme auch.«

»Nicht nötig, wir sind gut aufgestellt. Er möchte Sie vielmehr bitten nachzusehen, ob Goussard bei seiner Verlobten ist, in der *Domaine des Grès*.«

Abrupt blieb Pierre stehen. Natürlich, darauf hätte er auch selbst kommen können. »Mademoiselle Pabion hat die Verlobung gelöst«, korrigierte er verstimmt, obwohl er wusste, dass diese Information jetzt unerheblich war.

»Wirklich? Nun ja, vielleicht ist er trotzdem dort.« In beruhigendem Tonfall fügte sie hinzu: »Vielen Dank, dass Sie sich darum kümmern. Sie sind uns eine große Hilfe.« Ihre Stimme klang wie die einer Krankenschwester, die einen totkranken Patienten für das Himmelreich begeistern wollte. Sanft und tröstend.

Ihr Ton machte Pierre nur noch wütender, also legte er auf, bevor er unhöflich werden konnte, und umklammerte das Handy, bis seine Finger schmerzten. Dann schloss er die Augen und atmete tief ein. Gleich heute Abend würde er die Bewerbung für Cavaillon schreiben, schwor er sich. Die Dorfbewohner würden es sicher verstehen. Zumindest wenn sie ihn wirklich mochten, mitsamt seinen Ecken und Kanten. Und mit seinen Sehnsüchten. Er nickte bekräftigend, öffnete die Augen wieder und lief weiter in Richtung Wache.

»Goussard ist verschwunden«, sagte er zu Luc, kaum dass er eingetreten war, und hastete weiter zum Telefon. Marie-Laure ging nicht an ihr Handy. Er wählte die Nummer der *Domaine des Grès* und ließ sich in ihr Zimmer durchstellen.

»Du willst mit Mademoiselle Pabion sprechen?«, fragte Luc, aber Pierre legte den Finger auf die Lippen und lauschte in den Hörer, nur um zu erfahren, dass Marie-Laure auch dort nicht ranging.

»Vielleicht ist Goussard bei ihr«, murmelte er, dann fasste er Luc am Arm. »Komm, wir müssen zur *Domaine.*«

Das Auto schlingerte, als Pierre mit überhöhter Geschwindigkeit in die Straße einbog, die zum Hotel führte. Reflexartig krallte Luc seine rechte Hand um den Griff oberhalb des Seitenfensters, starrte nach vorne und verfiel für den Rest der Fahrt in blasses Schweigen.

Staub wirbelte auf, als der Wagen an der Hotelmauer entlangpreschte und auf das Tor zufuhr. Mit hektischen Fingern drückte Pierre die Zahlenkombination. Das Lämpchen in der Tastatur leuchtete rot auf, begleitet von einem warnenden Signalton.

»Verdammt, Boyer hat tatsächlich den Code geändert«, schimpfte er und drückte den Klingelknopf. »Machen Sie sofort das Tor auf. Polizei. Das ist ein Notfall!«, rief er, kaum dass sich eine weibliche Stimme über die Gegensprechanlage meldete.

Während er mit den Fingern auf das Lenkrand trommelte, beobachtete er, wie sich die Flügel langsam aufschoben.

»Pierre, ich muss dir etwas sagen.« Luc hatte seine Sprache endlich wiedergefunden.

»Ist es wichtig?« Er lenkte den Wagen auf den Parkplatz und stellte ihn neben einem Porsche Cayenne ab.

»Marie-Laure hat vorhin angerufen.«

Pierre schlug die Augen zur Decke. »Warum erzählst du mir das erst jetzt?«

»Weil sie gesagt hat, es sei nicht weiter wichtig. Sie wollte wissen, was mit ihrem Vater ist. Erst wollte sie, dass du sie zurückrufst, aber dann hat sie es sich anders überlegt.«

»Wann war das?«

»Gegen zehn, vielleicht halb elf. Sie sagte, um eins sei sie zum Essen verabredet.«

Pierre sah auf die Uhr. Es war zehn Minuten vor eins. »Mit Goussard?«

Luc hob die Schultern.

»Hat sie den Namen des Restaurants genannt?«

»Nein.«

Seufzend stieg Pierre aus. Vielleicht hatten sie sich hier im Hotel verabredet. Wenn nicht, dann hatte Marie-Laure sicher ein Taxi bestellt. Das ließe sich alles herausfinden, aber zuerst wollte er sich vergewissern, ob sie nicht doch in ihrem Zimmer war.

»Du bleibst hier«, wies er Luc an. »Wenn du einen der beiden siehst, halte sie fest.«

Im Laufschritt eilte er über den Kiesweg zu Zimmer Nummer 312 und hämmerte gegen die Tür. Als niemand öffnete, ging er durch den Garten, der zur Suite gehörte, auf die Terrasse und presste das Gesicht gegen die Scheibe des Panoramafensters. Innen war niemand zu sehen, und auch sein Klopfen an der Glasscheibe verhallte ungehört.

Mehrmals rief er ihren Namen, dann eilte er in Richtung Rezeption davon, als ihm auf halber Strecke der Direktor entgegengelaufen kam.

»Monsieur Durand«, keuchte er sichtlich aufgebracht. »Meine Rezeptionistin hat mir gerade mitgeteilt, dass Sie auf dem Gelände sind …«

»Ein Notfall«, unterbrach Pierre. »Ich suche Mademoiselle Pabion.«

»*Mon Dieu*, es ist doch nicht etwa schon wieder etwas passiert?« Er sagte es mit hörbarer Besorgnis.

»Ich hoffe nicht, aber ich muss sie dringend sprechen. Soweit ich weiß, ist sie zum Essen verabredet.«

»Unser Restaurant ist außerhalb der Saison mittags geschlossen.«

»Wissen Sie, ob sie ein Taxi gerufen hat? Ist sie abgeholt worden?«

»Kommen Sie mit, das können wir sicher in Erfahrung bringen.«

Boyer eilte mit kleinen, hastigen Schritten zurück zum Hauptgebäude. Mit knappen Worten bat er die Empfangsdame, sich bei den Taxigesellschaften zu erkundigen, ob einer der Gäste einen Wagen zur *Domaine* bestellt habe und welches Fahrtziel angegeben worden sei. Dann bat er Pierre in sein Büro.

Der Raum, in dem Direktor Harald Boyer seine Arbeitszeit verbrachte, war zwar hochwertig eingerichtet, aber erstaunlich funktional, beinahe nüchtern. Grauer Teppich, weiße Lackmöbel, ein gewaltiger Ledersessel, Lampen aus glänzendem Edelstahl. Auf dem Schreibtisch zwei Flachbildschirme und überall blinkende Technik.

An der Wand hinter dem Arbeitsplatz hing ein Landschaftsbild, das man wohl nur als expressionistisch bezeichnen konnte. Streifen aus Rot, Orange, Gelb, Violett, Grün. Die pure Farbe, keine Nuancen.

Während Pierre noch überlegte, ob die krakelige Unterschrift von Guy Wozniak stammen mochte, hatte sich Boyer bereits hinter den Schreibtisch gesetzt und einen der beiden Bildschirme eingeschaltet. Jetzt konnte man den Parkplatz sehen. Gerade ging Luc um den Porsche herum und schielte ins Wageninnere. Nicht ahnend, dass alles, was er hier tat, beobachtet wurde. Was hatte der Direktor im Laufe der Jahre wohl schon so alles zu sehen bekommen?

»Ich spule jetzt zurück, bis wir Mademoiselle Pabion sehen«, erklärte Boyer. Über die Tastatur steuerte er das Programm. Das Bild fror erst ein, dann lief die Aufnahme rückwärts, bis eine junge Dame in Jeans und schlichtem Pullover zu sehen war, das Haar zu einem lockeren Dutt hochgesteckt.

»Das ist sie!«, entfuhr es Pierre. Die Anzeige am Bildschirmrand zeigte 12:32 Uhr.

Boyer spulte weiter, bis Marie-Laure rückwärts aus dem Bild lief, danach spielte er die Szene noch einmal langsam ab.

Ja, sie war es, unzweifelhaft. Ungewohnt schlicht, fast schon mädchenhaft. Lediglich die hochhackigen Schuhe erinnerten an die alte Marie-Laure. Sie war ohne Begleitung, ging zum Tor, das sich auf Knopfdruck aufschob und den Blick auf ein Taxi freigab, dessen Nummer aus der Entfernung allerdings nicht zu erkennen war.

Boyer wartete nicht lange, sondern sprang auf und lief zur Tür. »Julie«, sagte er, noch bevor er sie ganz geöffnet hatte, »konnten Sie schon etwas herausfinden?«

Die Empfangsdame antwortete etwas, das Pierre nicht verstand. Gebannt starrte er auf Boyers lichten Hinterkopf, der nun heftig nickte, dann drehte sich der Direktor wieder zu ihm um.

»Sie ist nach L'Isle-sur-la-Sorgue gefahren. Ins *Le Vivier* auf dem *Cours Fernande Peyre.*«

Wieder trat Pierre aufs Gaspedal, die Anspannung war beinahe unerträglich. Luc saß neben ihm, den seitlichen Haltegriff fest umklammert, in der anderen Hand das Telefon, in das er die Adresse des Restaurants brüllte.

Pierre hatte Mühe, den Wagen auf der Straße zu halten, im Fond schepperten die Wasserflaschen aneinander, als er eine Kurve etwas zu rasant nahm.

Luc schrie auf und fluchte. Pierre registrierte es gar nicht, die Sorge um Marie-Laure trieb ihn an. Kaum dass Boyer ihm den Namen des Restaurants gegeben hatte, war ihm ein Gedanke gekommen, der seinen Puls beschleunigte. Das *Le Vivier* war bekannt für seine aromatische Küche. Koriander, Fenchel, Verveine. Alles Gewürze, die stark genug waren, andere Geschmackseindrücke zu überdecken. Beispielsweise die von Thymian.

»Ruf Louis Papin an, den Rechtsmediziner vom Kommissariat«, bat er Luc, der das Telefon gerade sinken ließ. »Und stell auf laut, ich will selbst mit ihm reden.«

Nur wenig später tönte Papins Begrüßung durch das Innere des Wagens. »Ich habe mich schon gefragt, wie lange du es ohne mich aushältst«, sagte er lachend.

Es war wohltuend, seine Stimme zu hören. Papin war eine Ruheinsel im Sturm, ein wandelndes medizinisches Nachschlagewerk, ein Sammelbecken für Informationen. Egal, wie hektisch es wurde, Louis Papin blieb immer freundlich.

»Ich habe nur eine kurze Frage. Kann eine allergische Reaktion auf Thymian stark genug sein, um zum Tod zu führen?«

»Grundsätzlich ja, als Folge eines anaphylaktischen Schocks. Allerdings gehört Thymian eher zu den schwächeren Allergenen. Das äußert sich meistens in Juckreiz, Brennen oder Schwellungen im Mund- und Rachenbereich. Oder in Bauchkrämpfen. Um einen lebensbedrohlichen Zustand auszulösen, müsste das Gewürz schon extrem hoch dosiert sein.«

»Das würde man sicher herausschmecken, oder?«

»Allerdings. Nur ein paar Tropfen Thymiankonzentrat wirken, als habe jemand Hustensaft ins Essen gekippt. Eine Sensibilität auf bestimmte Kräuter weist allerdings auf eine Kreuzallergie hin. Dabei reagieren die Immunglobulin-E-Antikörper auf ein dem Hauptallergen ähnliches Molekül. Bei Thymian könnte das beispielsweise Sellerie sein, und das ist in der Tat ein starkes Allergen, selbst in kleinster Dosierung. Sogar in Pulverform kann es einen anaphylaktischen Schock auslösen und damit zum Tod führen.«

Sellerie!

Pierre bedankte sich, beendete das Telefonat und wies Luc an, bei Charlotte nachzufragen.

»Ja«, bestätigte die Köchin. »Wir haben von Marie-Laure eine ganze Liste von Produkten erhalten, die wir nicht verwenden durften. Sellerie war auch dabei.«

Eine unscheinbare Substanz aus Rache gegen permanente Demütigungen. Würde Sébastien Goussard wirklich so weit gehen?

Pierre erhöhte das Tempo. Sie waren nur noch wenige Minuten vom Restaurant entfernt.

28

Schon vom Kreisverkehr aus konnten sie das Blaulicht der Streifenwagen sehen, die vor dem Eingang parkten. Ein paar Kinder liefen herbei, laut schwatzend, ein Mann machte Fotos. Gerade führte ein Beamter den zutiefst verzweifelt wirkenden Sébastien Goussard an Handschellen aus dem Restaurant. Hängende Schultern, ungläubiger Blick. Hinter ihm Marie-Laure, die wild gestikulierend auf den Beamten einredete, was dieser mit gut trainiertem Gleichmut ignorierte.

Erleichtert atmete Pierre aus. Seine Brust schmerzte, es war, als hätte er die ganze Fahrt über die Luft angehalten. Vorsichtig lenkte er den Wagen an den Kindern vorbei auf den Parkplatz und stieg aus.

Nun erschienen auch *Capitaine* Fichot und *Lieutenante* Casgrain in der Tür des Restaurants, Letztere mit einer Plastiktüte, in die sie wohl das Essen gefüllt hatte.

Pierre hob gerade die Hand zum Gruß, als Marie-Laure ihn entdeckte und ihm entgegenlief. »Monsieur Durand!«, rief sie aus, und ihre Absätze klackerten auf dem Asphalt. »Das hier muss ein Irrtum sein. Man wirft Sébastien vor, meinen Bruder ermordet zu haben, ist das wahr?«

Ihre Brauen waren in der Mitte zusammengezogen, doch wirkte sie diesmal nicht wie die selbstlose Jeanne d'Arc, die sich wie eine Löwin vor ihre Getreuen warf. Vor ihm stand eine junge Frau, die die Welt nicht mehr verstand.

»Ich kenne Sébastien«, sagte sie. »Er würde so etwas nie tun.«

»Sie glauben nicht, wozu manche Menschen in ihrer Wut fähig sind.«

»Er war es nicht.« Sie sah Pierre mit festem Blick an. »Er ist ein guter Mensch, viel zu gut für diese Welt.«

Doch Pierre hörte nicht mehr hin. In seinem Kopf formte sich eine Idee. Irgendetwas an dem Satz, den er selbst gerade gesagt hatte, hatte etwas in ihm ausgelöst. Er kannte das von anderen Fällen. Es war ein sicheres Zeichen dafür, dass sein Unterbewusstsein noch weitergearbeitet hatte, während der Verstand sich schon entspannte.

Wut. Ja, das Motiv war Wut, darum hatte sich alles gedreht.

Aber da war noch etwas gewesen. Der Moment, als er heute im Büro von Harald Boyer gestanden und auf den Bildschirm mit den Videoaufnahmen gestarrt hatte, kam ihm auf einmal sehr bedeutsam vor.

Eine Kamera, die etwas aufzeichnete …

Pierre versuchte, dem Gedanken zu folgen, sah über Marie-Laure hinweg, die sich inzwischen umgedreht hatte und nun auf *Capitaine* Fichot einredete. Der Wind schob welke Blätter über den Platz bis vor seine Füße.

Plötzlich wusste er, was zu tun war. Er hätte schon viel früher darauf kommen können!

Pierre ging hinüber zum Streifenwagen und beugte sich zu Sébastien Goussard, der wie ein kleiner Junge zusammengekauert auf der Rückbank saß.

»Ich habe nur eine Frage. Können Sie sich erinnern, ob Sie während der Jagd auch auf einer großen Lichtung waren? Nicht weit vom Parkplatz.«

Goussard hob verwundert den Kopf, nickte dann. »Das ist doch diese Hauptäsungsstelle, das hat Raphaël zumindest erwähnt, als wir sie überquert haben.«

»Sind Sie sicher? Es ist wichtig.«

»Absolut. Dort lag überall Wildschweinkot, aus einem der Haufen wuchsen sogar Pilze.«

»Das haben Sie so genau sehen können, mitten in der Nacht?«

»Ja, ich bin gestolpert und wäre fast in einen der Haufen reingefallen. Ich wunderte mich noch, weil die kleinen hellen Köpfe so skurril ausgesehen haben auf dem dunklen Ballen.«

»Ich danke Ihnen.«

Auf dem Video, das hatte jedenfalls der Förster erzählt, waren nur die Jäger zu sehen gewesen, die später an der Stelle vorbeigekommen waren …

Pierre richtete sich auf und ging zurück zu seinem Wagen. »Komm mit, Luc«, sagte er und setzte sich hinters Steuer. »Wir werden woanders gebraucht.«

Julien Bernard war hörbar überrascht gewesen über Pierres Anruf. Dennoch hatte er versprochen, sofort zum Parkplatz zu fahren, von dem aus die Männer bei dem Junggesellenabschied in jener Nacht losgelaufen waren.

»Ich will noch einmal die Wildkamera sehen«, erklärte Pierre, nachdem er den Förster mit Handschlag begrüßt hatte. »Wo genau hängt sie?«

»Kommen Sie mit«, sagte er und fragte nicht weiter nach. Schweigsam machten sie sich auf den Weg. Zuerst Bernard, dahinter Luc und am Ende Pierre. Unter ihren Schritten raschelte das Laub, während sie über Wurzeln und Steine stiegen. Immer wieder blinzelte die Sonne durch die Zweige, ein Vogel schimpfte. Schließlich, sie waren beinahe zehn Minuten gegangen, öffnete sich der Himmel über ihnen, hell und kühl. Wind schüttelte Laub herab, das, wie von Geisterhand gelenkt, zu Boden segelte.

»Hier ist es«, sagte Bernard und blieb stehen.

»Gibt es noch mehr Lichtungen dieser Art?«

»Nein. Erst ein ganzes Stück weiter in Richtung des Plateaus. Aber dorthin verläuft sich nur wenig Wild, deshalb haben wir die Kamera hier angebracht, am Hauptäsungsplatz.«

Er zeigte auf einen schmalen Baum am anderen Ende der Lichtung. Am Stamm war eine Kamera befestigt, nicht größer als eine Faust. Hätte der Förster sie Pierre nicht gezeigt, er wäre achtlos daran vorbeigegangen. Ihre olivfarbene Hülle fügte sich perfekt in die Landschaft, ebenso der braune Gurt, der den Baum umspannte.

Bernard machte Anstalten, die Lichtung zu überqueren.

»Nicht«, sagte Pierre und hielt ihn zurück. »Wie weit reicht der Bewegungsmelder, der die Aufnahme auslöst?«

»Ungefähr zwölf Meter.«

»Wo genau sitzt der Knopf, mit dem man die Kamera ausschalten kann?«

»Wenn ich mich recht erinnere, hinten links.«

»In Ordnung. Sie und Luc bleiben hier.«

Pierre machte einen Bogen und umrundete die Lichtung, bis er von hinten an die Kamera herankam. Er stellte sich auf die Zehenspitzen und tastete, bis er den Knopf fand. Dann löste er den Gurt und winkte Bernard und Luc zu sich heran.

In kurzen Sätzen erklärte der Förster ihm die Funktionsweise des Geräts. Es war aufgebaut wie eine ganz normale Digitalkamera, mit speziellen Infrarot-LEDs für Nachtaufnahmen. Alle Aufnahmen wurden in Sequenzen angezeigt, die man einzeln anwählen – und löschen konnte.

»Wie funktioniert die Benachrichtigung per E-Mail?«, fragte Pierre.

»Sie geht an eine bestimmte Mailadresse auf dem Computer im Forsthaus.«

»Wer hat Zugriff darauf?«

»Alle Mitarbeiter.«

»Jederzeit?«

»Nein. Nachts ist der Raum verschlossen.«

Pierre überlegte. Das änderte seine Theorie, machte sie jedoch nicht unmöglich. »Könnte man die Benachrichtigung auf andere Geräte umleiten?«

»Natürlich. Aber dafür müsste man die Zugangsdaten des Mail-Accounts haben.«

»Wo bewahren Sie die auf?«

»Im Aktenschrank.« Bernard sah ihn an. In seinem Blick lag ein Erkennen. »Meinen Sie …« Die Enttäuschung stand ihm ins Gesicht geschrieben. Er schien zu ahnen, über wen sie gerade sprachen.

»Angenommen, einer Ihrer Mitarbeiter hat sich die Videoaufzeichnungen auf einen anderen Computer oder auf ein Handy weiterleiten lassen«, fuhr Pierre fort. »Vielleicht ursprünglich, um das Verhalten der Tiere zu studieren, irgendwann aber auch das der Jäger. Jede Bewegung, jede Aufnahme wurde ihm zugesendet. An jenem Morgen hat er zufällig gesehen, dass Franck Pabion im Wald unterwegs ist.«

Das fehlende Puzzleteil. Noch während Pierre es aussprach, spürte er, dass er damit richtig lag. Als er den Blick über den Boden gleiten ließ, sah er auch die Kothaufen, aus denen kleine, vorwitzige Pilzköpfe auf dürren Stielen hervorlugten.

Bernard war auf einmal leichenblass. »Aber warum habe ich die Aufnahme von den jungen Männern nicht gesehen?«

»Sie haben selbst gesagt, dass sie nur selten dazu kommen, sich die Aufzeichnungen anzusehen. Außerdem ist es ein Leichtes, diese zu löschen. Sowohl in der Kamera als auch, wenn man die Zugangsdaten besitzt, vom Mail-Account im Forsthaus aus. Die Teilnehmer des Junggesellenabschieds waren hier, auf dieser Lichtung, Sébastien Goussard hat es mir bestätigt.«

Der Förster schluckte hart. »Fahren Sie fort.«

»Der Täter hat sich eine Waffe genommen und ist in Richtung Wald gefahren. Vielleicht war etwas geschehen, das seine ohnehin schon große Wut ins Unermessliche gesteigert hat. Ein Auslöser, der etwas Aufgestautes an die Oberfläche brachte. Es war die Gelegenheit, Franck Pabion, der kaltblütig einen Hund erschossen hatte und die Umwelt missachtete, zur Strecke zu bringen, bevor er noch mehr Unheil anrichten konnte.«

»Die tote Ratte!« Luc hatte den Satz geflüstert. »Dennis Hulot dachte vielleicht, sie sei von Goussard.«

Damit war der Name, den sie bislang nur in Gedanken umkreist hatten, ausgesprochen.

Julien Bernard stöhnte auf. »Ich wünschte, ich könnte beweisen, dass Sie ihm Unrecht tun. Er ist so ein feiner Kerl, glauben Sie mir, einen derart engagierten Mitarbeiter findet man selten. Aber ich sehe, mir fehlen die Argumente.«

»Nur wie ist die Tatwaffe ins Erdloch gekommen?«, fragte Luc, und man sah ihm an, dass es hinter seiner Stirn mächtig arbeitete. »Jérôme wird ihm wohl kaum davon erzählt haben.«

Pierre straffte die Schultern. »Ab hier können wir nur raten. Aber ich bin mir sicher, dass es für den weiteren Verlauf eine Erklärung gibt.«

Mehr sagte er nicht. Es ging Bernard nichts an. Sie hatten Jérôme Menessiers Aussage, dass er die Waffen gestohlen hatte. Pierre war sich sicher, dass der junge Mann am Samstag in der Nähe des Waldes gewesen war. In der Annahme, einen der Jäger zu bestehlen, hatte er das Auto von Dennis Hulot geknackt, das wohl für eine Weile unbeaufsichtigt gewesen war. Vielleicht benutzte er dieses Mal einen anderen Weg, um die Waffe beiseitezuschaffen. Nicht über die Lichtung. Vielleicht aber hatte Hulot auch das aufgezeichnet und daher gewusst, dass seine Waffe nun an einem geeigneten Ort war und er sich nicht weiter darum kümmern musste.

All diese Gedanken schossen Pierre durch den Kopf, während er bereits den Pfad zurück in Richtung Parkplatz lief.

»Wir müssen uns beeilen!«, rief er den anderen zu.

Noch wusste Dennis Hulot nicht, dass sie ihm auf die Spur gekommen waren. Es sei denn, Jérôme Menessier, der im Verlauf der Befragung auf einmal sehr elend ausgesehen hatte, hatte eins und eins zusammenzählen können und ihn gewarnt.

29

Noch bevor sie den Parkplatz erreichten, hatte Pierre Fichot angerufen. Dennis Hulot, hatte der *Capitaine* bestätigt, sei bereits gegen zwölf Uhr entlassen worden.

»Schicken Sie sofort eine Einheit zu seiner Wohnung«, bat Pierre ihn. »Die Adresse ist Lagnes, *Rue des Remparts* eins-vierneun.«

»Wieso …?«

»Ich bin der festen Überzeugung, dass Dennis Hulot der Mörder von Franck Pabion ist.«

»Wollen Sie mich auf den Arm nehmen? Vor einer Stunde war es noch Goussard, jetzt Hulot. Wer kommt als Nächstes?«

»Monsieur Fichot, ich bitte Sie eindringlich, Ihren Sarkasmus für einen Moment einer sauberen Ermittlungsarbeit unterzuordnen. Später dürfen Sie gerne damit weitermachen, einverstanden?«

Dann waren sie am Parkplatz angekommen. Pierre bat Luc, gemeinsam mit dem Förster zum Haus von Hulots Onkel zu fahren, es unauffällig zu beobachten und ihn sofort zu informieren, sollte der Verdächtige dort auftauchen.

Es war nur eine vage Möglichkeit, aber es war besser, auf Nummer sicher zu gehen.

Mit heißen Wangen lenkte Pierre das Auto die D 100 entlang. Seine Stirn pulsierte, als drängte alles Blut in Richtung der Platzwunde. Er hoffte inständig, dass Fichot professionell reagierte, denn er alleine konnte ohne Waffe nur wenig ausrichten und eine mögliche Flucht nur mit den Fäusten zu verhindern suchen.

Er fuhr schnell, überholte einen Laster, dessen Laderampe bis oben hin mit Weintrauben gefüllt war, danach eine Gruppe Fahrradfahrer.

Wenige Kilometer vor Lagnes bremste er ab und nahm eine Abkürzung über den *Chemin des Groubelles*. Eine schmale, holprige Straße, links und rechts hohe Böschung, Bäume, deren Äste tief hingen und gegen das Wagendach schlugen. Kurz darauf verengten Begrenzungsmauern den Weg, der nun wie eine Schneise durch das Plateau einer Olivenbaumplantage verlief und gerade genug Platz zum Durchfahren ließ. Pierre betete, dass ihm niemand entgegenkam, und hatte Glück. Nur wenig später lag der Ort vor ihm.

Mit gedrosselter Geschwindigkeit fuhr er durch schmale Gassen, die Straße und Bürgersteig in einem waren. Eine Katze sprang ihm in den Weg, zwei ältere Damen hielten erst mit ihrem Plausch inne, als er die Hupe betätigte, stoben im nächsten Moment schimpfend auseinander und warfen ihm Kraftausdrücke hinterher, die er eher einem Jugendlichen zugeordnet hätte.

Endlich erreichte er die Straße, in der Dennis Hulot lebte, und parkte dicht an einer Hauswand, ein Stück von der Wohnung des Verdächtigen entfernt. Er musste vorsichtig sein, er konnte den jungen Mann nicht gut genug einschätzen, nicht sagen, ob er in seiner Not auch auf einen Polizisten schießen würde.

Pierre schlich näher, wobei er nach Hulots weißem Hybrid und dem Wagen der Gendarmerie Ausschau hielt, der hoffentlich bald eintraf. Die Straße lag da wie ausgestorben, ein leerer Plastikstuhl vor einem Garagentor, ein verwaistes Geschäft hinter braunweißer Markise.

Als er sich dem Eingang bis auf wenige Meter genähert hatte, hörte er das Knattern eines Mofas, das lauter und lauter wurde. Pierre drückte sich dicht an eine Mauer, suchte Schutz hinter einer Kübelpflanze. Inzwischen war das Knattern ganz nah. Ein junger Mann kam um die Ecke gebogen, ganz in schwarz. Es war Jérôme. Er bremste so heftig vor Hulots Haustür, dass er ins Schlingern kam, stieg vom Mofa und stellte es ab.

Mit angehaltenem Atem verharrte Pierre in seiner dürftigen Deckung. Bereit, jederzeit hervorzukommen, wenn es die Situation gebot. Noch aber hielt er sich zurück. Gegen zwei starke und gewaltbereite Männer würde er nichts ausrichten können, jedenfalls nicht mit bloßen Händen.

Jérôme klingelte und rief Dennis' Namen. Er wirkte erregt, ja, sogar wütend. Die Tür öffnete sich, und Hulot erschien. Gesprächsfetzen drangen über die Straße. Pierre konnte verstehen, dass Jérôme seinem Gegenüber heftige Vorwürfe machte. Hulot begann auf den Besucher einzureden, versuchte ihn zu beschwichtigen. Immer wieder hielt er den erhobenen Zeigefinger vor den Mund, um Jérôme dazu zu bewegen, das Gespräch drinnen fortzusetzen.

Plötzlich sah er in Richtung der Kübelpflanze und erstarrte. Durch die dürren Zweige konnte Pierre erkennen, dass Hulots Blick direkt auf ihn gerichtet war. Zuerst ungläubig, dann voller Zorn. Mit einem Ruck stieß er Jérôme von sich und lief die Straße hinab in Richtung Dorfausgang.

Sofort nahm Pierre die Verfolgung auf. Er rannte an dem fassungslosen Jérôme vorbei und versuchte, Dennis Hulot einzuholen, der inzwischen über Steinmauern kletterte und Gärten durchquerte. Immer größer wurde der Abstand zwischen ihnen. Pierre fragte sich, wo zur Hölle die Kollegen von der Gendarmerie blieben, als er hinter sich erst Schritte hörte, dann ein Schnaufen. Mit der Leichtigkeit eines Heranwachsenden zog Jérôme Menessier an ihm vorbei, ohne ein Wort, aber mit dem verbissenen Ausdruck von Wut und Empörung im Gesicht.

Kurz darauf verlor Pierre die beiden aus den Augen. Mit größter Anstrengung folgte er seiner Ahnung, stieg über Gartenzäune und Gräben.

Als er endlich wieder auf der staubigen Landstraße stand, schnaufend und vollkommen außer Atem, sah er die beiden jungen Männer am Boden liegen, Jérôme zuoberst, das rechte Knie fest auf Dennis Hulots Rücken, dessen Arme nach hinten gebogen.

»Ich dachte schon, Sie machen schlapp!«, rief Jérôme ihm grinsend entgegen. »Ganz schön unsportlich für einen *Policier.*«

»Dafür warst du umso schneller.« Pierre nickte dem Jungen anerkennend zu und trat näher. »Warum hast du das getan?«

»Ich kann doch keinen Mörder laufen lassen.«

»Und warum hast du nicht gleich die Polizei gerufen?«

»Bis eben habe ich gar nicht gewusst, dass er es wirklich getan hat. Ja, ich war am Samstagmorgen wieder im Wald, um Waffen zu stehlen. Ich hatte ja keine Ahnung, dass es sein Auto war. Das habe ich erst nach unserem Gespräch erfahren. Ich hab's einfach nicht glauben können, dass Dennis zu so etwas fähig ist. Ich dachte, er hätte eine gute Erklärung für mich. Aber nein, Fehlanzeige …« Er drückte das Knie tiefer in Hulots Kreuz, woraufhin dieser aufschrie. »Mord geht gar nicht, weder an Tieren, noch an Menschen«, sagte er voller Überzeugung und fügte dann hinzu: »Wie gesagt, ich bin Pazifist.«

Epilog

Sie waren tatsächlich alle gekommen: Stéphane Poncet mit seinem Bruder Yves, dessen Schnurrbart noch breiter war als der des Mechanikers. Der Maurer, der den Bitten von Roland Germain gefolgt war, außerdem ein Schreiner und ein Fliesenleger. Alles Männer, denen Pierre im Laufe der Jahre häufig auf der Straße begegnet war oder beim Schlachter, ohne zu wissen, was sie beruflich taten. Niemand, den er näher kannte. Nun aber, da sie einer nach dem anderen über die Schwelle seines Hauses traten und ihn mit einem jovialen Schulterklopfen begrüßten, war es, als seien sie bereits seit Jahren befreundet.

Auch Luc war da und bot ihm sogar an, jeden Abend nach der Arbeit vorbeizukommen, um ihm zu helfen.

»Das ist besser als jedes Hanteltraining«, betonte er augenzwinkernd. »Außerdem will ich, dass du dich in Sainte-Valérie wohlfühlst.« Er sagte es mit einer derartigen Inbrunst, dass Pierre Mühe hatte, seine Rührung zu verbergen.

Laut diskutierend schritten sie durch die Räume, besahen die Schäden, überschlugen die anfallenden Arbeiten und kamen schließlich zu dem Schluss, dass man sich erst einmal nur die untere Etage vornehmen müsse: Wohnzimmer, Flur, Toilette und Küche. So könne Pierre bereits Ende Januar einziehen. Vorausgesetzt, das Wetter spiele mit.

»Wir müssen vor allem die Balken vom Holzwurm befreien, die Mauern verputzen und die Elektrik erneuern«, fasste Poncet zusammen, der sofort das Kommando übernommen hatte. »Als

Nächstes sind die Wasserleitungen in Küche und Klo dran. Der Rest kann bis zum nächsten Jahr warten.«

»Und wo soll ich duschen?«, fragte Pierre, der zwar dankbar für jede noch so kleine Lösung war, sich allerdings nicht vorstellen mochte, wie er sich jeden Morgen an dem klitzekleinen Waschbecken säuberte.

»Früher hat man das auch nicht anders gemacht«, warf Luc ein. »Die Leute haben sich damals sogar nur mit Brunnenwasser gewaschen.« Er hatte seine Jacke ausgezogen, und das enge Shirt darunter offenbarte, dass sich das regelmäßige Gewichtestemmen so langsam auszahlte, zumindest ansatzweise. »Ein echter Mann braucht kein großes Bad.«

»Du kannst bei mir duschen«, flüsterte Charlotte, als die anderen ihre Besichtigung im oberen Stockwerk fortsetzten, und strich mit zarten Fingern um die Klammerpflaster auf seiner Stirn. Dann fügte sie mit einem breiten Lächeln hinzu: »Natürlich ohne Hintergedanken und auch nur als Vorschlag, den du jederzeit ablehnen kannst.«

Der augenzwinkernde Umgang mit seiner zeitweiligen Unnahbarkeit machte Pierre beinahe verlegen. »Das ist eine hervorragende Idee«, sagte er und dachte, dass das Leben es wirklich gut mit ihm meinte. »Jetzt fehlt nur noch Cosima. Und die richtige berufliche Entscheidung …«

»Was meinst du damit?«

»Ach, es nervt, dass ich mich ständig bei den Ermittlungen zurückhalten muss. Im nächsten Jahr geht Jean-Claude in Pension, und ich möchte mich als sein Nachfolger bewerben. Zumindest scheint mir das der vernünftigste Weg. Andererseits würde ich meinen Posten hier bestimmt vermissen …«

»Und wofür schlägt dein Herz?«

»Für dieses Dorf, seine Bewohner und die Arbeit vor Ort. Nur wird mich dieser Job auf Dauer nicht glücklich machen. Weil er mich in meiner Bewegungsfreiheit einengt. Und weil er lausig bezahlt ist.«

»Das verstehe ich. Aber über das Gehalt lässt sich sicher reden. Selbst wenn dein Beruf ein paar Nachteile mit sich bringen sollte, bin ich mir sicher, dass du als *Chef de police municipale* ein sehr zufriedenes Leben führen kannst. Du weißt schon, wie dein berühmter Kollege aus dem Périgord.«

Er hob eine Braue. »Charlotte, du redest von einer Figur aus einem Kriminalroman.«

»Und wenn schon. Nimm dir ihn als Beispiel. Es ist möglich.«

Pierre schüttelte den Kopf. »Nein, ich bin nicht so wie er. Ich wollte noch nie die Kopie eines anderen sein. Ich habe mein eigenes Leben mit eigenen Bedürfnissen. Und einer ganz eigenen Geschichte.«

Er hatte es aus tiefer Seele gesagt, und im selben Moment wusste er, dass eine endgültige Entscheidung nicht in Sichtweite lag. Noch nicht. Die meisten Wege hatten Kurven, und man musste manchmal erst eine Biegung erreichen, um zu erkennen, wie sie weiter verliefen. Genau so würde er es auch halten. Er würde seinen Weg gehen, immer ein kleines Stückchen weiter, gerade so weit, wie er schauen konnte, und sich erst entscheiden, wenn er sich sicher war.

»Du wirst bestimmt das Richtige tun«, sagte Charlotte in seine Gedanken. »Es wird ohnehin nie ein Hundertprozentig geben, das kannst du dir aus dem Kopf schlagen.«

Es hatte leicht geklungen, als habe sie über das Wetter gesprochen. Sie gab ihm einen Kuss und verzog sich in die Küche, wo noch immer der alte Keramikherd stand und darauf wartete, angezündet zu werden und das mitgebrachte Ragout zu erwärmen.

Charlottes letzter Satz klang in ihm nach. War es nicht mit allen Dingen so, die man liebte? Was war schon genauso, wie man es sich wünschte? Wäre Perfektion nicht sogar langweilig?

Pierre seufzte und stieg hinauf in den ersten Stock. Die Männer hatten inzwischen große Strahler gegen die zunehmende Dunkelheit aufgebaut, um weiter fachsimpeln zu können. Sie stellten Kostenlisten auf und überprüften mit Hilfe einer Messsonde die vorhandenen Rohrleitungen im Bad, die, so die einhellige Meinung, lediglich von Ablagerungen befreit und anschließend punktuell von innen mit Kunststoff beschichtet werden mussten. Die Kanalisation auf dem Grundstück müsse man bei Tageslicht inspizieren, ebenso alle Schächte und Bodenabläufe. Aber selbst wenn Wurzeleinwüchse oder verrottete Dichtungen diese durchlässig gemacht hätten, müsse man sie entgegen Partouches Vorschlag nicht komplett austauschen. Dafür gebe es längst andere Möglichkeiten, beispielsweise die Rohr-in-Rohr-Sanierung.

Es klang tröstlich. Auch wenn Pierre sich keine Illusionen darüber machte, dass es noch Monate, wenn nicht sogar Jahre dauern würde, bis das Haus komplett instandgesetzt war, so war alleine die Aussicht, bereits in zehn oder zwölf Wochen zumindest einen Teil des Hauses ohne allzu große Einschränkungen bewohnen zu können, unfassbar. Großartig. Gigantisch!

Pierre ging in den Raum, der irgendwann einmal ein Arbeits- oder Lesezimmer werden sollte, stellte sich ans Fenster und öffnete es weit. Er sah hinaus auf den Hof, meinte auf einmal, die Silhouette der kleinen Ziege zu erkennen, die nun schon seit mehr als zwei Tagen verschwunden war. Freudig rief er ihren Namen, doch er hatte sich wohl geirrt, denn als er den Kopf ein Stück weiter aus der Fensteröffnung reckte, war der Schemen verschwunden.

Noch einmal ließ er den Blick über den Hof wandern, dann weiter über den Bach und die Brücke bis zur zypressengesäumten Straße, die sich zwischen den Feldern hindurch ins Tal schlängelte. Er malte sich aus, wie schön es sein würde, hier jeden Morgen aufzuwachen und den Tag anzugehen. Ein Traum, den er noch vor gar nicht allzu langer Zeit kaum zu träumen gewagt hatte. Aber nun – nun lag er in unmittelbarer Reichweite.

Eine Hand legte sich auf seine Schulter. Er zuckte zusammen und drehte sich um.

»Na, *Monsieur le policier*? Haben Sie schon auf Ihren Erfolg angestoßen?«

Poncet war unbemerkt neben ihn getreten, in der Hand zwei bis oben mit Rotwein gefüllte Gläser.

Pierre nahm eines entgegen und prostete ihm zu.

Die Anspannung der letzten Tage fiel gleich mit dem ersten Schluck von ihm ab. Er dachte an Jérôme Menessier, an dessen eigenwillige Auffassung von Gut und Böse und daran, dass er es dem Jugendlichen zu verdanken hatte, dass sie Dennis Hulot letztendlich festnehmen konnten. Die Beamten der Gendamerie hatten nicht schlecht gestaunt, als sie Pierre und den Jungen in trauter Eintracht auf dem Mörder sitzen sahen, der sich angesichts des gut verteilten Gewichts geschlagen gegeben hatte. Pierre hatte sich vorgenommen, mit dem Präfekten zu sprechen und ein gutes Wort für Jérôme einzulegen. Für den Fall, dass er tatsächlich nur ein paar Stunden Sozialdienst aufgebrummt bekam, hatte sich bereits Julien Bernard gemeldet, der für die schwere Waldarbeit helfende Hände gut gebrauchen konnte. Vor allem jetzt, da sein bester Mann auf derart unfassbare Art und Weise ausgeschieden war.

Am meisten aber hatte Pierre erstaunt, mit welcher Haltung Hulot seiner Verhaftung begegnet war. Tapfer, mit hocherhobenem Kopf. Er hatte nicht gewartet, bis die Beamten seinen Computer beschlagnahmt und sämtliche Beweise gefunden hatten, sondern gleich alles erzählt. Schnell wie ein Wasserfall, als sei er froh, dass endlich alles vorbei war.

»Ja, ich habe mich mit Franck Pabion getroffen, einmal nur. Er wollte mich davon überzeugen, ihn mit den Baumstämmen zu beliefern, die wir außerhalb des Altwaldgebietes abholzen und verkaufen. Julien hatte sich geweigert; für kein Geld der Welt hätte er diesem Kerl unser Holz gegeben. Wir hatten genügend andere Abnehmer, seriösere. Also wollte Pabion den Handel hinter dem Rücken des Försters einfädeln, er werde es auch entsprechend vergüten.«

Hulot strich sich über die Locken, auf seiner Stirn standen Schweißperlen. »Mir war von Anfang an klar, worauf das Treffen hinauslaufen würde, ich hätte von vornherein ablehnen sollen. Aber ich wollte unbedingt wissen, wie der Hurensohn aussieht, der den kleinen Filou erschossen hat. Das hätte ich besser nicht tun sollen. Der Kerl war so arrogant und selbstherrlich, und als ich ihn auf den toten Hund angesprochen habe, hat er bloß gelacht. Das war doch nur ein Tier, hat er gesagt, wo ist denn da der Unterschied zu denen, die wir tagtäglich essen. Am liebsten wäre ich ihm sofort an die Gurgel gesprungen und hätte dem Elend ein Ende gemacht. Aber ich habe mich zusammenreißen können. Bis ich ihn auf dieser dummen Aufzeichnung gesehen habe.«

»Dachten Sie, er habe Ihnen die tote Ratte vors Haus gelegt?«, fragte Fichot, der Pierre ansonsten das Verhören überlassen hatte. Doch Hulot schüttelte nur matt den Kopf.

»Nein, nein, über so etwas rege ich mich schon lange nicht mehr auf, das war Kinderkram.«

»Aber über den Tod eines Hundes …«

Dennis Hulot sah Pierre gequält an und senkte dann den Kopf. »Als ich diesen Idioten auf dem Band gesehen habe, bin ich irgendwie ausgetickt. Ich habe die Waffe geholt und bin zu dem Parkplatz gefahren, der ganz in der Nähe der Lichtung lag. Den Wagen habe ich kurz davor abgestellt. Ich wollte mich anpirschen und auf eine gute Gelegenheit warten, aber die Typen sind schon wieder aus dem Wald gekommen und haben ein Wildschwein zum Transporter getragen.«

»Haben die jungen Männer Sie denn nicht gesehen?«

»Nein. Sie haben sich lautstark gestritten, außerdem hatte ich mich gut versteckt. Ich habe nicht schlecht gestaunt über die alberne Wette, damit haben sie mir mein Opfer auf dem Silbertablett serviert.« Er schloss die Augen.

»Wie ist Jérôme danach an Ihre Waffe gekommen?«

»Er muss sie gestohlen haben, während ich noch einmal zur Lichtung gelaufen bin, um die Sequenz aus der Kamera zu löschen. Ich habe es erst beim Haus meines Onkels bemerkt.«

»Dort haben Sie die Aufnahme dann vom Mail-Account aus gelöscht?«

»Ja, das ging ganz leicht, über den Server. Ich hatte ja die Zugangsdaten.«

»Was haben Sie gedacht, als die Waffe verschwunden war?«

»Ich habe ja geahnt, wer das war. Der Mann auf der Aufzeichnung vor zwei Wochen hat mich gleich an Jérôme erinnert, und mir hat die Idee gefallen, dass man die Flinte irgendwann finden und nicht zuordnen können würde. Sie war ja nicht registriert. Da ich Handschuhe anhatte, die ich danach weggeworfen habe, gab es auch keine weiteren Spuren.« Er lachte trocken auf. »Ich habe wirklich geglaubt, ich hätte an alles gedacht …«

»Eine letzte Frage noch: Woher hatten Sie die Waffe?«

»Sie gehört meinem Onkel. Er hat sie sich besorgt, nachdem dieser Mistkerl Filou erschossen hatte. Er war der Ansicht, in diesem Land müsse man jederzeit bereit sein, sich selbst zu verteidigen.«

Pierre hatte gedacht, dass ihm ein abscheulicheres Motiv lieber gewesen wäre, es hätte ihm geholfen, sich über die Festnahme des Mörders stärker zu freuen. So aber fragte er sich, wie er selbst reagieren würde, wenn er eines Tages feststellen sollte, dass Cosima verschwunden war, weil irgendein Irrer auf sie geschossen hatte. Aber das Leben war nun mal nicht immer schwarz oder weiß. Auch wenn ein Mord immer ein Mord und damit ein schweres Vergehen blieb.

Ein Grollen unterbrach Pierres Erinnerungen, der Wind frischte auf und trieb Laub durchs offene Fenster herein. Als er wieder hinaussah, war der Himmel tiefschwarz.

»Das wird ja ein gemütlicher Abend«, meinte Poncet, der noch immer neben ihm stand.

Da brachen auch schon die Wolken auf und entließen kübelweise Regen. Der Geruch nasser Erde vermischte sich mit dem Duft von Rosmarin, Knoblauch und Speck. Von irgendwoher erklang Musik.

»Kommt ihr?«, fragte Luc, der plötzlich im Zimmer stand. »Es gibt etwas zu essen.«

»Zuerst trinken wir noch einmal auf die erfolgreich abgeschlossenen Ermittlungen«, widersprach Poncet. Er hob das Glas und nahm einen großen Schluck. Dann fingerte er eine selbstgedrehte Zigarette aus der Hemdtasche und steckte sie sich zwischen die Lippen. »Wir alle sind sehr stolz auf unseren *Chef de police.*«

»Jawoll«, stimmte Luc zu.

Pierre nippte nur. »Ich hatte doch versprochen, euch als Dorfpolizist erhalten zu bleiben …« Er sah erst Poncet an, dann Luc, und brachte kein weiteres Wort heraus.

Poncet seufzte. »Wissen Sie, Pierre«, er stellte das Glas auf den Fenstervorsprung und zündete sich die Zigarette an, »mir persönlich ist es egal, was Sie aus Ihrem Leben machen. Hauptsache, Sie bleiben unserer Dorfgemeinschaft erhalten.«

»Jawoll«, wiederholte Luc, und ihm war anzusehen, dass ihm nichts weiter dazu einfiel.

»Noch ist nichts entschieden.« Erneut hob Pierre das Glas,

während der Regen durch das offene Fenster peitschte. »Zumindest momentan ...«

Es wurde ein vergnüglicher Abend. Sie saßen an einem Tapeziertisch, den Luc mitgebracht hatte, auf alten Hockern und Unterschränken und aßen im Licht Dutzender Kerzen Wildragout. Zum Abschluss gab es eine Tarte, die so herrlich fruchtig und zugleich nussig war, dass Pierre sie augenblicklich zu seiner neuen Lieblingstarte erklärte. Sie sprachen mit erhobenen Stimmen, um das Plätschern zu übertönen, das selbst durch das dicke Mauerwerk hindurch klang, als stürzten sämtliche Himmelswasser auf einmal herab. Sie debattierten über das neueste Gerücht, dass der Jagdverband längst einen anderen Anwärter für das Amt des Distriktsvorsitzenden auserkoren hatte als ihren Bürgermeister – und darüber, dass jemand Partouches Bauschild nun auch vor Gordes gesehen hatte, wo ein neues Hotel entstehen sollte.

»Ich könnte wetten, die Sanierung unserer Burg dauert bis ins übernächste Jahr«, feixte Poncet, woraufhin Luc zehn Euro aus der Hosentasche kramte und auf den Tisch warf.

»Mein Einsatz, dass sie bis Ende nächsten Jahres fertig wird, und zwar kurz vor Weihnachten«, sagte er.

Von allen Seiten flogen nun Münzen und Scheine auf den Tisch, die Männer brüllten Tipps durch den Raum, wobei niemand daran zu zweifeln schien, dass eine Fertigstelllung bis August vollkommen illusorisch war.

»Ein Jahr Verzug«, kommentierte Pierre, dem der Bürgermeister fast ein wenig leidtat, als ein lautes Krachen erklang, dann noch eines.

Charlotte, die dicht neben Pierre auf einem der Küchenmöbel gesessen hatte, senkte die Gabel. »Was war das denn?«

»Es kam von der Tür.«

Hastig sprang Pierre auf und lief dem Geräusch entgegen. Als er öffnete, stand eine kleine, weiß-braun gescheckte Ziege vor ihm und senkte die Hörner zum nächsten Angriff.

»Cosima!«, rief er aus und ging in die Hocke, um den Stoß lachend abzufangen. Er ließ es zu, dass sie ihr nasses Fell an sein Gesicht drückte. »Herzlich willkommen zu Hause«, sagte er mit belegter Stimme.

Eine Weile genoss er die raue Zunge auf seinen Händen. Dann fiel ihm ein, dass Cosima bestimmt etwas essen wollte, und er überlegte, ob im Stall noch ein paar Heugarben lagen. Gerade wollte er mit der Jacke über dem Kopf auf den Hof treten, als sich etwas Braunes, Zotteliges in den Hausflur schob und sich schüttelte, dass die Wassertropfen nur so flogen.

»Kompliment, Madame Cosima, ein besonders prachtvolles Exemplar haben Sie da aufgegabelt«, scherzte Poncet, der im Türrahmen stand.

»Ein Rove-Ziegenbock«, ergänzte Charlotte hinter ihm.

Pierre betrachtete die ausladenden gedrehten Hörner, die bei jeder Bewegung irgendwo anstießen, und den langen Kinnbart. Der Bock wirkte skeptisch, lief mit klackernden Hufen über den Fliesenboden, stieß mit seinen Hörnern kleine Kerben in die Wand und verhedderte sich schließlich im Kabel der Lampe, die auf dem Fensterbrett neben der Treppe stand und auf den Boden zu fallen drohte.

»Wir bringen die beiden besser in den Stall«, meinte Charlotte. Sie drehte sich um, lief in die Küche und kam mit einer Handvoll süßer Birnen zurück, die sie für ihre Tarte verwendet hatte.

»Bist du sicher, dass sie mitkommen?«, meinte Pierre mit Blick auf den Regen. »Du weißt, wie wasserscheu Cosima ist.«

»Abwarten.«

Sie drückte eine Frucht auseinander, sodass der Saft hervorquoll, und hielt sie der kleinen Ziege hin. Neugierig kam Cosima näher, schnappte nach der Birne, kaute und ließ das Kerngehäuse mit einer rollenden Bewegung der Lippen auf den Boden fallen. Sofort drängte auch der Bock zu Charlotte und stupste sie mit erhobenem Kopf an.

»So, jetzt«, sagte diese nur und lief rückwärts mit ausgestreckter Hand durch die Tür ins Freie.

Der Bock folgte ihr sofort in den Regen, und nach einigem Zögern traute sich auch Cosima hinaus, rannte auf kurzen Beinen hinter ihrem Galan her, der auf dem Weg schon zwei Früchte verspeist hatte.

Pierre folgte ihnen, lief durch kleine Sturzbäche und Pfützen und betrat als Letzter den Stall. Die beiden Ziegen hatten sich bereits laut schmatzend und eng aneinandergedrückt in jenen Bereich zurückgezogen, den er mit Stroh ausgelegt hatte. Charlotte hingegen, deren Locken ihr nass auf den Schultern hingen, stand reglos am Durchgang zum hinteren Teil des Stalls. Pierre trat neben sie und folgte ihrem Blick auf die hölzernen Stangen, die in mehreren Reihen unterhalb der Decke hingen, schemenhafte Gerippe im dunklen Raum.

»Die sehe ich zum ersten Mal«, sagte sie.

»Weil wir noch nie hier waren«, meinte Pierre und legte den Arm um sie. »Hier wurde früher Knoblauch getrocknet.«

»Also war das eher eine Scheune als ein Stall.«

Er nickte.

»Ein großer Raum.« Sie klang beeindruckt.

»Ja. Viel zu groß für eine einzelne Ziege.«

»Oder für zwei.«

»Ob der Ziegenbock bleiben kann, wird man sehen. Er gehört sicher irgendjemandem.«

Charlotte sagte nichts, aber ihm entging nicht, wie sie die Scheune mit interessierten Blicken maß.

»Hier könnte man sicher was draus machen«, sagte er schmunzelnd. »Ein Restaurant beispielsweise …«

»Besser nicht«, erwiderte sie hastig.

Pierre drückte sie ganz fest an sich. »Ich war ein Idiot, Charlotte. Und ich weiß, dass es manchmal nicht leicht ist mit mir. Aber wenn ich dir helfen kann, deinen Traum zu verwirklichen, und wenn es dich nicht abschreckt, dass diese Scheune mehr als baufällig ist, dann …«

»Schhht.« Charlotte drehte sich um. Obwohl es dunkel war, sah er, dass sie lächelte. »Wir werden sehen«, sagte sie fest. »Alles zu seiner Zeit.«

Ja, dachte Pierre, alles zu seiner Zeit. Man brauchte nur die Geduld, um abzuwarten. Leider war das nicht gerade seine Stärke …

Anmerkung der Autorin

Das charmante Dörfchen Sainte-Valérie liegt irgendwo zwischen Weinbergen und Olivenhainen in der Nähe von Gordes. Wer es auf der Landkarte sucht, wird feststellen, dass es den Ort in der Realität gar nicht gibt. Ebenso wenig den Wald, der zwar in ein tatsächlich existierendes Forstgebiet übergeht, aber trotz dieser Vermischung einen ganz eigenen Charakter hat. Beschaffenheit und Aussehen habe ich an die südlichen Waldgebiete des Luberon angelehnt, die ungleich wildreicher sind als der Bereich rund um die *Fontaine-de-Vaucluse*.

Wer sich nach der Lektüre auf den Weg machen möchte, um das im Buch beschriebene Plateau zu besteigen und auf die Quelle zu sehen, der sei gewarnt: Es ist so gut wie unmöglich und zudem lebensgefährlich. Alleine der Blick von der Ruine des *Château des Évêques de Cavaillon*, die hoch über dem Ort auf einem Felsen thront, erfordert ein hohes Maß an Schwindelfreiheit. Auch wenn die beeindruckende Aussicht über die Sorgue alle Mühe entlohnen würde: Das Betreten des Burggeländes ist aus gutem Grund verboten.

Nicht nur Ort und Waldgebiet sind meiner Fantasie entsprungen, sondern auch die Bewohner sowie alle Personen und Handlungen dieses Buches. Ähnlichkeiten mit toten oder lebenden Personen oder realen Ereignissen sind nicht beabsichtigt und wären rein zufällig.

Glossar

aberratio ictus	lat. für: Fehlschlagen der Tat; der Täter trifft statt des anvisierten Objekts irrtümlich ein anderes
abricotine	Aprikosenschnaps, im Original aus dem Wallis
anchoïade	Sardellenpaste
banon	in Kastanienblätter gewickelter Weichkäse (meist Ziege) aus dem gleichnamigen provenzalischen Dorf
belote	beliebtes französisches Kartenspiel
Bêtise!	Unfug! / Blödsinn!
bière pression	Zapfbier
Bof!	Blabla!
café noir	kleiner schwarzer Kaffee
carte d'identité	Ausweis
cave	Weinkeller
chartreuse verte	grüner Kräuterlikör
colhon	provenzalisch für Idiot
cornichon	Gewürzgurke
CRS = Compagnies Républicaines de Sécurité	Bereitschaftskräfte der police nationale; u.a. zur Wahrung der öffentlichen Sicherheit bei Demonstrationen, Arbeitskämpfen und Großveranstaltungen

crudités	Rohkost
domaine	hier: Landgut
église	Kirche
Et voilà!	Das wär's!
fleur de sel	Meersalz
Force pour les Animaux	Stärke/Streitkraft für Tiere
fougasse	Provenzalisches Hefebrot, auch als Variation mit Speck, Oliven, getrockneten Tomaten und Kräutern
garde champêtre	Feldhüter
grès	Sandstein
Marc de Provence	Tresterbrand aus vergorenen und destillierten Rückständen der Rotweinmaische
Merveilleux!	Wunderbar!
mairie	Bürgermeisteramt, entspricht in Orten mit Stadtrecht dem Rathaus
Mais oui!	Aber ja!
Merde!	Scheiße!
Mon Dieu!	Mein Gott!
Mont Ventoux	1912 Meter hoher Berg in der Provence
ONF = Office National des Forêts	staatliche Forstverwaltung
pâté	Pastete
petit pain	Brötchen
pièce montée	pyramidenförmig dekorierte Torte
pignons	Pinienkerne
policier	Polizist
Putain!	Verdammt! / Scheiße! (Ursprünglich: Hure, Schlampe)

rillettes	klassischer Brotaufstrich aus gekochtem und fein gehacktem Fleisch
rurale	ländlich
sanglier rôti	Wildschweinbraten
tapenade	Olivenpaste
tarte	Kuchen aus Mürbeteig
tarte tatin	Apfelkuchen
Zut alors!	Verdammt! So ein Mist!

Rezepte zu »Provenzalische Geheimnisse«

Liebe Leserinnen und Leser,

im zweiten Fall von Pierre Durand wird es herbstlich. Es ist ein warmer, goldener Oktober. In den Bergen um Sainte-Valérie hat die Weinlese ihren Höhepunkt, die Bauern fahren das Korn ein, und das *Café le Fournil* backt Olivenbrot aus frisch geernteten Früchten.

Im Herbst darf das Essen gerne ein wenig deftiger und aromatischer sein. Köchin Charlotte verwendet nun typische Zutaten wie Wild, Pilze, Maronen, Kürbis und Feigen. Einige der im Buch erwähnten Gerichte gibt es auch dieses Mal wieder zum Nachkochen. Und damit Sie das ganze Jahr über daran Freude haben, enthalten die Rezepte saisonale Produktideen. Sie dürfen also nach Herzenslust variieren.

Viel Spaß beim Zubereiten und *bon appétit* wünscht Ihnen

Ihre
Sophie Bonnet

Tian de courge

Ein Tian ist ursprünglich eine traditionelle provenzalische Auflaufform aus Terrakotta oder glasiertem Steingut. Inzwischen bezeichnet es eine Spezialität der regionalen Küche: Gratin mit Gemüse, Reis und/oder Hack.

In *Provenzalische Geheimnisse* steht auf der Bistrokarte des *Café le Fournil* das Kürbisgratin – eine beliebte Zwischenmahlzeit, die wenig Aufwand erfordert. Den Kürbis kann man beliebig durch andere Zutaten ersetzen: Kartoffeln, Karotten oder Kohl mit Hack; je nach Geschmack mit oder ohne Tomaten. Lecker auch als Ratatouille-Variante mit Aubergine, Zucchini, Paprika und Zwiebeln.

4 Portionen

Vorbereitungszeit: 20 Minuten (Zubereitung mit frischen Tomaten etwas länger)
Backzeit: 45 Minuten

1 kg Kürbis (zum Beispiel
Muscade de Provence oder Butternut)
4 Knoblauchzehen
1 Bund Petersilie
8 Zweige Thymian
100 g Compté-Käse (oder den würzigeren Gruyère)
50 ml Milch

400 g fertig geschälte Tomaten stückig (oder 6 große reife Tomaten und etwas Tomatenmark)
Salz, Pfeffer
Olivenöl
4 El Paniermehl
1 El Butterflocken

1 Den Kürbis schälen und entkernen, das Fruchtfleisch in Würfel schneiden.

2 Knoblauch, Petersilie und Thymianblättchen fein hacken. Zusammen mit dem geriebenen Käse in eine Schüssel geben. Dann die Kürbiswürfel hinzufügen, Milch angießen und alles gut vermischen.

3 *Fertig zu kaufende Tomaten sind oft intensiver im Geschmack, da sie vollreif geerntet werden. Im Gegensatz zu vielen frischen Tomaten, die auf dem Transportweg nachreifen. Wer trotzdem alle Produkte lieber selbst zubereitet, macht nun folgenden Arbeitsschritt:* Die Tomaten am Stielansatz einritzen, heiß überbrühen und mit kaltem Wasser abschrecken. So lässt sich die Haut leicht abziehen. Nun das Fruchtfleisch entkernen und in Stücke schneiden. Mit etwas Tomatenmark verrühren (je geschmackvoller die Tomaten, desto weniger Mark).

4 Tomaten mit Salz und Pfeffer würzen und zu den Kürbiswürfeln geben.

5 Eine Gratinform mit Olivenöl auspinseln. Die Kürbis-Tomatenmischung darin verteilen, die Butterflocken dazugeben und mit dem Paniermehl bestreuen. Mit etwas Olivenöl beträufeln.

6 Das Kürbisgratin im vorgeheizten Ofen bei 180 Grad 45 Minuten überbacken.

Civet de sanglier

Ein Klassiker während der Jagdsaison ist das Wildschweinragout, das sogar noch besser schmeckt, wenn man es am nächsten Tag aufwärmt. Als Variante bietet sich Rindfleisch (aus der Schulter) an. Wer das Rezept im Sommer nachkochen möchte, kann die würzigen Wacholderbeeren weglassen und der Sauce stattdessen mit passierten Tomaten ein fruchtig-frisches Aroma verleihen.

Bei den Maronen bevorzugt Charlotte die fertig geschälten und vorgekochten im Vakuumbeutel, die man das ganze Jahr über erhält. Sie sind eine gute Alternative zu rohen Esskastanien, deren Zubereitung enorm zeitaufwändig ist, da sich die innere dünne Haut nur mit viel Geduld lösen lässt.

4 Portionen

Vorbereitungszeit: 30 Minuten
Kochzeit: 4 Stunden

1 kg Wildschweinfleisch
Olivenöl zum Anbraten
3 Zwiebeln
3 Knoblauchzehen
2 Karotten
5 El Tomatenmark
200 ml Rotwein

50 ml Banyuls (Süßwein aus Languedoc Roussillon, alternativ Portwein)
400 ml Wildfond
3 Zweige Thymian
1 Zweig Rosmarin
1 Lorbeerblatt
8 Wacholderbeeren
Salz, Pfeffer
½ Bund glatte Petersilie zum Bestreuen
20 g Mehl
etwas Butter
300 g Maronen (fertig geschält und gekocht)
5 Feigen

1 Das Wildschweinfleisch in ca. 3 cm große Stücke schneiden. Olivenöl im Bräter erhitzen und das Fleisch portionsweise rundum scharf anbraten. Mit Salz und Pfeffer würzen, aus dem Topf nehmen und warm stellen.

2 Zwiebeln würfeln, den Knoblauch fein hacken, Karotten in grobe Stücke schneiden. Zusammen mit dem Tomatenmark im Bratensatz rösten. Das Fleisch wieder hinzugeben und das Ganze mit Wein und Fond ablöschen.

3 4 Stunden auf niedriger Temperatur schmoren lassen. Eine Stunde vor Ende der Garzeit Kräuter und Gewürze (Wacholderbeeren in einem Baumwollsäckchen oder Gewürz-Ei) hinzugeben.

4 Gewürzsäckchen und Kräuter entfernen und das fertige Ragout mit Salz und Pfeffer abschmecken. Das Mehl mit etwas Butter zu Kugeln kneten, einen Teil der Sauce abschöpfen und in einem Topf mit der Mehlbutter aufkochen. Gut mit einem Schneebesen verrühren, bis die Sauce gebunden ist.

5 Die Petersilie fein hacken und später zum Servieren über das Ragout streuen. Nun werden die Maronen halbiert und (ggf. mit etwas Butter) in der Pfanne geröstet. Zusammen mit den geschälten und geviertelten Feigen als Beilage reichen.

Dazu passen Nudeln oder frisches Landbrot.

Tarte aux pignons

Das Besondere an dieser Tarte ist der köstliche Geschmack der karamellisierten Pinienkerne. Hier sollte auf eine gute Qualität geachtet werden. Die meisten Hersteller verwenden statt der milden Sorten aus dem Mittelmeerraum die billigeren aus Pakistan – und diese schmecken oft bitter und werden aufgrund des höheren Fettgehaltes schnell ranzig. Auf keinen Fall sollten Sie die runden Sorten aus China nehmen.

Eine Schicht aus Früchten macht die Tarte richtig saftig. Charlotte verwendet süße Birnen, es passen auch Mirabellen, Reineclauden oder Aprikosen.

Mürbeteig

80 g Puderzucker
1 Prise Salz
100 g Butter, kalt, in Stückchen geschnitten
1 Ei
200 g Mehl
50 g gemahlene Mandeln

Füllung

100 g weiche Butter
100 g Zucker
1 Päckchen Vanillezucker

2 Eier
50 g Mehl
100 g Crème fraîche
450 g Obst je nach Jahreszeit

Belag

100 g Pinienkerne
etwas Butter
1 Prise Salz
2 EL Honig

10 Portionen

Vorbereitungszeit: 1 Stunde + 1 Stunde 20 Minuten Kühlzeit
Backzeit: 25 Minuten

1 Puderzucker und Salz mit der kalten Butter in eine Schüssel geben und mit dem Knethaken des Handmixers verrühren, bis die Masse cremig ist. Dann das Ei hinzufügen und weiterrühren. Nun das Mehl hineinsieben und alles mit den Händen kneten, bis ein gut zu verarbeitender Teig entsteht. In Frischhaltefolie wickeln und für eine Stunde in den Kühlschrank legen.

2 Den gekühlten Teig auf einer bemehlten Arbeitsfläche ausrollen, in eine eingefettete Tarteform legen und Überstehendes entfernen. Aus den Resten eine Rolle formen, an den Rand legen und andrücken. Noch einmal 20 Minuten kalt stellen.

3 Den Teig mit einer Gabel mehrmals einstechen, mit einem Backpapierkreis abdecken und diesen mit getrockneten Hülsenfrüchten beschweren, damit sich der Teigboden nicht nach

oben wölbt. In der Mitte des auf 180 Grad vorgeheizten Backofens 15 Minuten backen. Danach Backpapier und Hülsenfrüchte entfernen und den Boden bei ausgeschaltetem Ofen für ca. 10 Minuten ausbacken lassen.

4 Den Tarteboden mit den gemahlenen Mandeln bestreuen. Das Obst in dicke Scheiben schneiden und ringförmig darauf verteilen. Butter, Vanillezucker und Zucker in einer Schüssel schaumig schlagen, die Eier einzeln hinzugeben, dann das Mehl. Zum Schluss die Crème fraîche unterrühren. Die Masse über das Obst geben und weitere 30 Minuten bei 170 Grad backen.

5 Die Pinienkerne in einer Pfanne mit etwas Butter und einer Prise Salz bräunen. Den Honig hinzufügen und bei geringer Temperatur karamellisieren lassen. Über der abgekühlten Tarte verteilen.

Leseprobe

aus *Provenzalische Intrige*
von Sophie Bonnet

Erscheinungstermin: April 2017 im Blanvalet Verlag

Prolog

Im selben Augenblick, als sie in den Kessel sah, dachte sie an ihre Kindheit. Sie war gerade acht Jahre alt, trug das Haar zu Zöpfen geflochten und stand mit nackten Füßen vor der Küchentür, lugte durch einen Spalt zu *maman*, die gerade *calissons* fertigte.

Die ovalen Konfektstückchen aß Paulette von allen dreizehn Weihnachtssüßigkeiten am liebsten. Auch jetzt, da sie der goldgelben, siedenden Masse immer näher kam und den Geruch gemahlener Mandelkerne einsog, meinte sie, das Marzipan auf der Zunge zu schmecken, die kandierten Melonen, Orangen und Zitronen. Eine Welle der Glückseligkeit durchflutete sie, was angesichts der prekären Lage, in der sie sich befand, paradox, ja nahezu diabolisch anmutete.

Alles gut, dir wird nichts geschehen, dachte sie und zwang sich, ihre Aufmerksamkeit weiter auf das Aroma des emporsteigenden Dampfes zu richten. *Du darfst jetzt keine Angst zeigen!*

Schon immer reagierte sie auf Gerüche mit heftigsten Emotionen und Bildern und vergaß dabei alles um sich herum. Jetzt waren sie ihr Rettungsanker, halfen, die Unruhe zu bezwingen, die plötzlich von ihr Besitz ergriff.

Ja, es war ihr wichtig, wie Dinge rochen, und das galt nicht nur für zuckrige Leckereien, sondern vor allem für die Seifen von *Mer des Fleurs*. Darüber konnten sich diese Sturköpfe aus Marseille lustig machen, wie sie wollten. Es war nun einmal Tatsache: Die echte *Savon de Marseille* stank wie hunderttausend Höllenhunde! Medizinisch, streng, beißend. Der seifige Brei, der im gewaltigen

Fabrikkessel unter ihr blubberte, roch hingegen süß und warm, der Duft hüllte sie ein, milderte ihr Unbehagen.

»Verdammt, nun komm schon, ich will dir nicht wehtun müssen«, tönte es an ihrem Ohr.

Sorge war aus der Stimme zu hören. Aber es war wichtig, dass sie, Paulette, sich so hartnäckig zeigte und damit ein Zeichen setzte, endgültig.

»Ich lasse mich nicht erpressen«, stieß sie aus. »Von niemandem.«

Bitte, warum kommt denn keiner?

Im Büro, nur wenige Meter von der Seiferei entfernt, bereiteten die Angestellten gerade die Feier vor, mit der das fünfzehnjährige Bestehen von *Mer des Fleurs* begangen werden sollte. Bürgermeister, Presse, Lieferanten, sie alle wollten dabei sein, wenn hunderte türkisblaue Luftballons mit dem Firmenlogo in den Himmel aufstiegen, begleitet von Reden, Musik und Canapés.

In diesem Moment, als ihre Hüfte unvermittelt und grob gegen den Kessel gedrückt wurde, befüllten die anderen nichts ahnend die hübschen Tütchen mit den Kosmetikproben. Jede Sekunde könnte einer von ihnen nachsehen, warum sie nun schon so lange fortblieb. Die Stufen zur Seiferei hinaufeilen und sie aus ihrer misslichen Lage befreien.

»Also gut, du willst es nicht anders!« Die Sorge war offenbar in Wut umgeschlagen. Eine Wut, die etwas Bedrohliches hatte.

Paulette wand sich und trat nach hinten.

Eine Hand legte sich auf ihren Hinterkopf und drückte sie nach unten, stieß mit ungeahnter Kraft nach, bis ihre Muskeln den Widerstand nicht mehr halten konnten und ihr Oberkörper nach vorn kippte. Heißer Dampf schlug ihr entgegen, sie hustete, als sie ihn einatmete. Ungläubige Angst stieg in ihr auf.

»Willst du mich etwa umbringen?«, schrie sie. Ihr Herz raste. Hatte sie bisher geglaubt, die Situation annähernd unter Kontrolle zu haben, so wusste sie plötzlich, dass etwas ganz furchtbar aus dem Ruder lief.

Heiße Schwaden umhüllten ihr Gesicht, brannten auf der Haut. Verzweifelt schnappte sie nach Luft.

Ein heftiger Schmerz durchzuckte ihren Hals. Sie schluckte schwer, spürte, wie ihr Kehlkopf mit jedem Atemzug enger wurde. Panisch drückte sie die Hüfte fester an den Rand des Kessels und versuchte, den Kopf zu heben.

»Aufhören, bitte«, presste sie hervor. »Wir finden schon eine Lösung.« Ihr Brustkorb wurde immer enger. »Sofort aufhören«, setzte sie heiser nach, »ich bekomme keine Luft mehr.«

Die Antwort ging im Brodeln der Seifenmasse unter, ein fernes Wispern. Die Hitze war inzwischen unerträglich, brannte in Augen und Nase und ganz tief im Inneren des Brustkorbes. Mit einer hastigen Bewegung sog sie die Luft ein und mit ihr eine Glut, die sich bis in die kleinsten Verästelungen ihrer Lunge schlich und ihr vollends den Atem nahm.

Auf einmal war ihr, als hörte sie zwei Stimmen hinter ihrem Rücken, die laut miteinander zu diskutieren schienen. Sie glaubte, die andere Stimme zu erkennen, schwankte zwischen Sorge und Hoffnung, während sie spürte, wie ihr Bewusstsein langsam schwand.

»Hilf mir!«, flehte sie schwach.

Zu spät.

War es das? Der Moment, an dem sie sich aus dem Leben verabschieden sollte? Die Endgültigkeit erschreckte sie.

Etwas Hartes prallte gegen ihren Rücken, ein Schrei erklang. Dann ein weiterer Stoß, sie sackte nach vorne, verlor den Halt, fiel.

Ihr letzter Gedanke galt Mathéo, ihrem Sohn. *Maman* würde ihn mit Liebe und Fürsorglichkeit verwöhnen. Und mit süßen, klebrigen *calissons*.

1

»Monsieur Durand?«

Die junge Dame sah sich um, als seien sämtliche Stühle im Gang besetzt. Sie hatte beide Augenbrauen hochgezogen, was ihrem Gesicht einen strengen Ausdruck verlieh. Schließlich blieb ihr Blick am einzigen Besucher hängen.

»Das bin ich«, antwortete Pierre und stand auf.

Er folgte dem gestrafften Rücken der Frau über das quietschende Linoleum und fragte sich, warum zum Teufel er sich fühlte wie ein ungezogener Schüler auf dem Weg zum Direktor. Dabei war er bereits öfter in der Präfektur von Avignon gewesen. Beim ersten Mal hatte er sich der Höflichkeit halber – und auf Betreiben des Bürgermeisters Arnaud Rozier – dem Präfekten als neuer *Chef de police* von Sainte-Valérie vorgestellt. Als man ihn damals an den zahllosen Türen vorbei zum Büro von *Monsieur le préfet* Gilles Fardoux geleitet hatte, war er stolz gewesen, voller Vorfreude auf sein neues Amt.

Das war heute anders, und das Gefühl, dass er im Begriff war, eine große Dummheit zu begehen, war kaum zu ignorieren.

Wollte er wirklich in die alte Tretmühle zurück? Sich dem engmaschigen Behördennetz und den Intrigen ausliefern, denen er sich damals mit seiner Kündigung in Paris entzogen hatte?

»In Cavaillon ist das anders, bei uns geht es kameradschaftlich zu«, hatte ihm Jean-Claude Barthelemy versichert, der bald in den Ruhestand gehen würde. Der alte *Commissaire* hatte Pierre geradezu gedrängt, sich als sein Nachfolger zu bewerben.

»Als einfacher Dorfpolizist wirst du nicht glücklich«, hatte er konstatiert. »Es wird immer jemanden geben, der deine Einmischung in laufende Ermittlungen nicht gutheißt.« Dann hatte er rasselnd gehustet und die Stirn in tiefe Falten gelegt. »Komm schon, Pierre, das ist deine Chance. Du kannst doch nicht ohne!«

Über Wochen hatte Pierre mit sich gerungen und das Für und Wider gegeneinander abgewogen.

Für eine Fortsetzung seiner Tätigkeit als Dorfpolizist sprachen die Ruhe und Beschaulichkeit, die er in dieser Position genoss. Die Zusammenarbeit mit dem Bürgermeister, der ihm zumeist freie Hand ließ. Mit Gisèle, der Empfangsdame in der *mairie*, und – er hätte es nie für möglich gehalten – sogar die mit Luc, seinem übereifrigen und manchmal etwas einfältigen Assistenten. Nicht zuletzt waren da noch die Bewohner von Sainte-Valérie, die ihn endlich in ihre Gemeinschaft aufgenommen hatten und die sich auf ihn verließen.

Dann hatte er an seine angespannte finanzielle Lage gedacht und an die beiden letzten Mordfälle, bei denen er aufgrund seines Dienstgrades nur inoffiziell hatte ermitteln dürfen. Das hatte den Ausschlag gegeben.

Es folgten Personalgespräche, körperliche wie psychologische Untersuchungen und ein mehrstündiger Eignungstest, dessen Fragen zu Politik, Geschichte und Allgemeinwissen besser in das Fernsehquiz *Qui veut gagner des millions?* gepasst hätten. Aber Pierre kannte das schon, er hatte sich entsprechend darauf vorbereitet.

Und nun der Anruf, sich umgehend einzufinden.

Mit zunehmendem Unwohlsein fragte sich Pierre, ob er nicht besser gleich umkehren sollte, als die Dame endlich stehen blieb und an eine der grau lackierten Türen klopfte. »Der erste Bewerber, Monsieur Durand!«, rief sie ins Zimmer. Dann drehte sie sich zu Pierre um und nickte ihm ohne ein Lächeln zu. »Bitte treten Sie ein.«

»Vielen Dank, überaus freundlich von Ihnen«, antwortete Pierre mit übertriebener Liebenswürdigkeit. Er widerstand dem Impuls, dem Ganzen mit einer Verbeugung die Krone aufzusetzen, und marschierte geradewegs auf den Schreibtisch zu, an dem zwei Männer saßen. Links der Präfekt Gilles Fardoux, groß wie ein Schrank, das Gesicht hingegen weich und freundlich wie das eines Kindes. Neben ihm ein schmaler, distinguiert wirkender Uniformierter mit silbrigen Schläfen und üppigem, dunklem Haupthaar, das durch den großen Farbkontrast wie ein Toupet wirkte.

»Monsieur Durand, wie schön, Sie wiederzusehen«, rief Fardoux aus und zeigte auf seinen Nebenmann. »Darf ich Ihnen meinen Generalsekretär vorstellen? Das ist Monsieur Delettre, Unterpräfekt und Koordinator für die polizeilichen Belange.«

Sie schüttelten einander die Hände, wobei Pierre auffiel, dass der Generalsekretär der Polizeiverwaltung einen wesentlich festeren Händedruck hatte als sein Vorgesetzter, dann nahmen alle drei Platz.

Fardoux schlug eine Aktenmappe auf, nickte kurz, als sei er zufrieden mit dem, was er dort sah, und schloss sie gleich wieder.

»Monsieur Durand«, begann er ohne Umschweife, »ich will ehrlich sein. Ihr ehemaliger Vorgesetzter in Paris hat mir von Ihrer Berufung abgeraten. Aber Sie haben Glück, ich mag ihn nicht besonders, er ist mir zu glatt. Genau genommen würde ich mich darüber freuen, ihm eins auswischen zu können.« Er lächelte verschwörerisch. »Ich muss sagen, dass mich Ihr rascher Aufstieg innerhalb des Pariser Polizeiapparates sehr beeindruckt hat. Zudem gefällt mir die Unbeirrbarkeit, mit der Sie sich in der Vergangenheit bei der Klärung der beiden Mordfälle im District Provence-Vaucluse hervorgetan haben. Genau so jemanden brauchen wir im Kommissariat von Cavaillon.«

»Mit Verlaub, *Monsieur le préfet*, im Fall der Befugnisüberschreitung wäre eher ein internes Verfahren wegen Amtsanmaßung angebracht gewesen«, wandte der Generalsekretär ein. »Dagegen war das Ergebnis der Eignungstests in der Tat recht beeindruckend, nur scheint mir Ihre körperliche Fitness in den letzten Jahren etwas gelitten zu haben. Weder die Bewegungsschnelligkeit noch die Kraftausdauer der Bauchmuskulatur waren befriedigend.« Er ließ den Blick über Pierres Körper wandern, bis er in der Leibesmitte hängen blieb. »Sie sollten weniger essen und mehr Sport treiben.«

Pierre sog die Luft ein. Was für ein unangenehmer Kerl! Er dachte an das Deeskalationstraining, das Teil der Vorbereitungsmaßnahmen auf diesen Posten war, und atmete langsam wieder aus, während er bis acht zählte. In puncto Fitness hatte Delettre leider Recht. Seine Kondition hatte in den letzten Jahren nachgelassen, das hatte er bei seinem letzten Fall bemerkt, als der Verdächtige ihn in einem Sprint weit hinter sich ließ. Er nahm sich vor, wieder mit dem Joggen zu beginnen und jeden Morgen vor der Arbeit ein paar Kraftübungen zu machen.

Was hingegen das Essen anging …

Trotzdem nickte Pierre folgsam, woraufhin der Präfekt rief: »Wunderbar, damit sollte das ja geklärt sein!«

»Nun, wir werden sehen«, entgegnete Delettre mit strengem Blick. »In diesem Auswahlverfahren hat alles seine Bedeutung.«

Er machte eine kunstvolle Pause, in der er den Kopf nach oben reckte, als ziehe ein unsichtbarer Marionettenspieler an seinem Haupthaar.

»Wir sitzen hier beisammen«, fuhr er fort, »weil der Juryvorsitzende des *Bureau du Recrutement* Sie mit Nachdruck für die letzte Runde empfohlen hat. Gemeinsam mit einem anderen Bewerber.« Er griff nach der Akte, blätterte mit nervenaufreibender Gelassenheit durch die Seiten und runzelte schließlich die Stirn.

»Sie müssen zugeben, dass Ihr Werdegang äußerst eigenwillig ist. Helfen Sie mir doch bitte, Ihr Anliegen zu verstehen. Sie sind als leitender *Commissaire* in Paris ausgestiegen, um sich zum einfachen Dorfpolizisten zu … nun ja … zu verändern. Wie kommt es, dass Sie sich entschieden haben, nun doch in den höheren Dienst zurückzugehen? Hat Ihnen die Arbeit als *Policier* nicht gefallen?«

»Also …« Pierre sah zu Fardoux, der ihm freundlich zunickte, dann wieder zu Delettre. Mit dem Präfekten ließ sich gewiss gut auskommen. Mit dessen uniformiertem Beißhund jedoch würde er aneinandergeraten, so viel war sicher. »Ich habe mich für die Position als *Commissaire* von Cavaillon beworben, *obwohl* mir der Posten als *Chef de police municipale* sehr gut gefällt«, antwortete er, wobei er das *Chef* deutlich betonte. »Der Hauptgrund für meinen Entschluss sind die polizeilichen Kompetenzen, die im Dienst der *police nationale* um einiges umfangreicher sind.«

»Ja, Ihre Überschreitungen sind legendär. Grenzen zu akzeptieren gehört wohl nicht zu Ihren Stärken?«

Pierre blieb ruhig. Die Taktik, die Delettre jetzt fuhr, war durchschaubar. Es gehörte dazu, den Bewerber zu provozieren, um seine emotionale Belastbarkeit zu testen, ebenso die Fähigkeit, bei Kritik ausgeglichen zu bleiben.

»Ich habe stets innerhalb der gesetzlichen Bestimmungen gehandelt«, antwortete er fest, »und sie nur dort gedehnt, wo es die *reglements* zuließen.«

»Soso … und dabei einige Alleingänge hinter dem Rücken der Kollegen riskiert. Wir wissen, dass *Monsieur le préfet* es als Unbeirrbarkeit auslegt, für mich dagegen ist es ein Zeichen mangelnder Teamfähigkeit.«

»Um zu dieser Meinung zu kommen, haben Sie sicher mit allen Beteiligten gesprochen?«

»Es genügt, was ich weiß.«

»Ah, Sie arbeiten also auch gerne im Alleingang?« Er hatte es sich nicht verkneifen können.

Über das Gesicht von Fardoux huschte ein Lächeln. Delettre hingegen verzog keine Miene.

»Wollen Sie uns erzählen, warum gerade *Sie* für den Posten der Richtige sind?«

»Ich …«, begann Pierre. Er hasste solche Gespräche. Noch mehr aber verabscheute er Menschen, die die Antworten auf derartige Fragen zur Basis ihrer Entscheidungen machten. Emotionale Ausgeglichenheit hin oder her, er mochte sich nicht länger verstellen, es entsprach nicht seinem Naturell. »Ich nehme an, Sie werden Ihre Wahl nicht davon abhängig machen, welche Argumente ich jetzt in die Waagschale lege.«

»Doch, davon können Sie ausgehen. Selbstverständlich bleibt es Ihnen überlassen, ob Sie sich unseren Fragen stellen wollen. Dennoch kann ich Ihnen nur raten, es zu tun, wenn Sie die Situation für sich entscheiden wollen. Sie und Ihr Mitbewerber liegen derzeit gleichauf.« Er hob die rechte Hand und führte Daumen und Zeigefinger bis auf wenige Millimeter zusammen. »Ihre Chancen auf den Posten sind nahezu identisch. Also, warum gerade Sie?«

Pierre atmete tief durch. Wollte er das wirklich? Er zeigte auf den Aktenordner. »Steht alles da drin.«

»Ich würde es trotzdem gerne in einem klar formulierten Satz von Ihnen hören.« Delettre beugte sich vor, wohl um seinem Anliegen Nachdruck zu verleihen. Dabei fixierte er Pierre, als sei er Schlangenbeschwörer im russischen Staatszirkus.

»Verehrter Herr Delettre«, entgegnete Pierre so ruhig, wie es ihm nur möglich war, »wenn Sie jemanden suchen, der sich mit der Eloquenz eines Versicherungsvertreters verkaufen kann, dann bin ich für diesen Posten mit Sicherheit der Falsche.«

»Vorsicht, mein Freund.« Delettres Stimme bekam einen drohenden Unterton. »Vielleicht mag dieses rebellische Cowboy-Getue bei Ihnen auf dem Land Beifall finden. Bei uns allerdings ist eine gewisse Disziplin neben gutem Benehmen Grundvoraussetzung.«

Das reichte. Pierre warf einen raschen Blick auf die Uhr und stand auf. Halb neun, es wurde Zeit zurückzufahren, wenn der Bürgermeister nichts von seinem Ausflug nach Avignon merken sollte. Noch konnte er in sein altes, vielleicht unaufgeregtes, aber zumindest idiotenfreies Leben zurückkehren, ohne dass Arnaud Rozier von der Bewerbung erfuhr.

»Wenn Sie es für gutes Benehmen halten, mich persönlich zu beleidigen, haben wir tatsächlich ein Problem«, knurrte Pierre. »Bei uns auf dem Land kann das ganz rasch zu Handgreiflichkeiten führen. Sie werden daher sicher verstehen, dass ich jetzt besser gehe.«

Noch im Moment seiner impulsiv vorgetragenen Erwiderung wusste er, dass er gerade dabei war, die zaghaft geöffnete Tür zu einer sorgenfreien Zukunft mit lautem Knall zuzuschlagen, aber das war ihm jetzt auch egal. Entweder der Präfekt nahm ihn, wie er war, oder er konnte ihm gemeinsam mit seinem toupierten Generalsekretär den Buckel herunterrutschen.

Das fassungslose Gesicht von Monsieur Delettre begleitete Pierre durch den langen Flur zurück zum Ausgang. Tief in Gedanken ging er an der Anmeldung vorbei ins Freie und wäre dabei beinahe mit einem Mann in einem tadellos sitzenden Anzug zusammengestoßen, der vor der großen Flügeltür stand und rauchte.

»Pardon«, murmelte er.

»Pierre Durand?«

Er hielt inne und betrachtete das jugendliche Gesicht seines Gegenübers. Der Mann war Mitte dreißig, groß und schlank, das volle braune Haar ordentlich zurückgekämmt. Er kannte dieses

Gesicht, auch wenn die elegante Kleidung an dem dazugehörigen Körper ungewohnt war.

»Robert, was machen Sie denn hier?«

Vor ihm stand Inspektor Lechat, Jean-Claude Barthelemys langjähriger Assistent.

»Ein wichtiger Termin.« Er strich sich über den Anzug.

»Lassen Sie mich raten: Sie sind einer der letzten Kandidaten für den Posten des *Commissaire* in Cavaillon.«

»Woher wissen Sie das?«

»Was glauben Sie?«

»Sie etwa auch?« Robert Lechat riss die Augen in ungläubigem Staunen auf, dann verzog sich sein Mund zu einem breiten Grinsen. »Himmel, dann kann ich ja gleich wieder fahren!«

Pierre mochte den jungen Mann, der ihn stets wie einen Kollegen behandelt hatte, nie als einfachen Dorfpolizisten. Die Tatsache, dass ausgerechnet Robert sein Konkurrent sein sollte, machte ihm den impulsiven Abgang leichter. Egal ob man sich nun gegen ihn entschied, mit Robert würde jemand befördert, der es verdiente.

»Keine Sorge, ich glaube, meine Chancen haben sich gerade in Luft aufgelöst.« Er reichte Lechat die Hand. »Viel Erfolg!«, sagte er und meinte es aufrichtig. Noch einmal nickte er dem Kontrahenten zu, dann setzte er seinen Weg in Richtung des hohen Eisentors fort.

Robert Lechat, ausgerechnet.

2

Pierre hatte sich für die Fahrt zur Präfektur den alten Kastenwagen von Didier Carbonne geliehen, dem verwitweten Uhrmacher, der sich in letzter Zeit immer häufiger unangekündigt auf seinem Hof blicken ließ. Was weniger an Pierres Gastfreundlichkeit lag als an Charlottes Anwesenheit, die Carbonne zu wittern schien wie ein herrenloser Hund. Als er heute in aller Herrgottsfrühe auf den Vorplatz gerumpelt kam, hatte Pierre ihn kurzerhand gebeten, ihm den Citroën für zwei, drei Stunden auszuleihen. Er war froh darüber, nicht mit dem – für private Bewerbungsfahrten gar nicht zulässigen – Polizeidienstwagen fahren zu müssen.

Der alte Uhrmacher hatte über seinen struppigen Bart gestrichen und schließlich genickt, ohne nachzufragen, wofür er den Wagen denn brauche. Indiskretionen waren ihm fremd. Vielleicht lag es aber auch daran, dass er sich grundsätzlich nicht um die Angelegenheiten anderer Leute scherte, es sei denn, sie betrogen ihn beim Boule-Spiel.

Während Pierre vom Parkplatz rollte und das imposante Gebäude der Präfektur hinter sich ließ, fragte er sich, ob es nicht doch ein Fehler gewesen war, den Generalsekretär derart anzugehen. Nun, da er es so weit geschafft hatte.

Er unterdrückte ein Seufzen.

So lange hatte er mit sich gerungen, und nun würde ein anderer ihm die Entscheidung abnehmen.

Langsam fuhr Pierre den *Boulevard Limbert* entlang und war dabei so in Gedanken versunken, dass er vergaß, in die *Avenue*

Pierre Semard einzubiegen, die im weiteren Verlauf zur N 7 wurde und direkt ins Luberon-Tal führte. Er bemerkte es erst, als er bereits den Bahnhof passierte. Wenden war hier unmöglich, die Autos fuhren dicht an dicht. Er versuchte es mit Handzeichen und winkte vergeblich seinem Nebenmann zu, aus dessen offenem Fenster wummernde Rapmusik tönte und an seinen ohnehin angespannten Nerven zerrte.

Fluchend ließ Pierre an einer Ampel eine Gruppe Reisender vorbei, die in Richtung Innenstadt strebten. Dabei fiel ihm der Unrat am Straßenrand auf. Papierfetzen, Folie, Zigarrettenkippen – und war das dort hinten nicht sogar eine herrenlose Rolle Toilettenpapier? Dabei hatte die Saison noch nicht einmal begonnen.

Im Juli, wenn das berühmte *Festival d'Avignon* Besucher, Theatermacher und schrill kostümierte Künstler anzog und die Stadt bunt und laut pulsierte, wurde die Lage noch dramatischer. Es war nicht zu übersehen, dass die Stadt, glanzvolles Zentrum von Kunst und Kultur, die Ausgaben für die Straßenreinigung zugunsten eines ausgeglichenen Haushaltes reduziert hatte.

Daran würde sich Pierre erst wieder gewöhnen müssen. Die Jahre auf dem Land hatten ihn empfindlicher gegen Schmutz, Lärm und Hektik gemacht. Der Luberon kam ihm dagegen geradezu vor wie eine riesige, liebevoll gepflegte Parkanlage. Sollte man ihn wider Erwarten doch als *Commissaire* von Cavaillon berufen, das ähnlich betriebsam war wie Avignon, würde er sich erheblich umstellen müssen.

Pierre lenkte den Wagen über die *Ponte de l'Europe* auf die *Île de Piot* und fuhr dort von der Hauptstraße ab, um zu wenden. Endlich nahm er die Abzweigung in Richtung des Tals, und je weiter die Landschaft wurde, desto mehr hob sich seine Laune. Pierre begann, die Fahrt in der alten Kiste zu genießen.

Wind drang durchs geöffnete Fenster und zerzauste ihm das

Haar. Er war mild, ganz anders als der Mistral, der noch vor wenigen Tagen durchs Land gezogen war. Das tosende Ungetüm hatte einen sauber gewaschenen Himmel hinterlassen, dessen Blau die Farbe von Kornblumen hatte. Nun schien die Sonne auf zerrupfte Sträucher, abgeknickte Zweige und auf die Kirsch- und Mandelblüten, die sich aus ihren Knospen schoben und der Sonne entgegenreckten.

Als Pierre an der Abfahrt in Richtung Cavaillon vorbeifuhr, schaltete er das Radio ein. Auf *BleuProvence* lief eines seiner Lieblingslieder, doch seine Aufmerksamkeit war ganz bei der Pracht, die sich seinem Auge darbot. Der Kontrast zu den Eindrücken, die er noch vor wenigen Minuten gewonnen hatte, hätte kaum größer sein können.

Das ganze Tal war in ein rosa-weißes Blütenmeer getaucht, Felder und Wiesen schimmerten magenta, gelb und rot. Kaum ein Tourist, der im Hochsommer die D 900 entlangfuhr und am Straßenrand hielt, um die sattgrünen Weinberge bei Gargas zu fotografieren, ahnte, dass sich bereits zu Beginn des Nationalparks eine Apfelplantage an die nächste reihte, dazwischen Kirschbäume, Kürbis- und Zucchinifelder. Erst im Frühjahr, wenn die unzähligen Blüten die Aufmerksamkeit des Betrachters auf sich zogen, wurde so manchem die vollumfängliche Fruchtbarkeit des Tales bewusst.

Pierre lächelte und summte zur Musik, während das Auto die steile Straße hinaufächzte. Hinter der letzten Kurve tauchte endlich das Dorf auf, ragte über der Landschaft wie eine Königin auf dem Thron. Sainte-Valérie, seine Heimat seit fast vier Jahren.

Beim Anblick der mittelalterlichen Mauern wurde ihm warm ums Herz. Doch bevor er durch das Stadttor zur Wache fuhr und seinen Dienst antrat, musste er noch diese schnaufende Karre loswerden.

Vor ihm tauchte ein gelbes Postauto auf der Gegenfahrbahn

auf, der Fahrer grüßte fröhlich mit dem Fernlicht, wohl in der Annahme, der alte Carbonne säße hinter dem Lenkrad. Pierre erwiderte den Gruß mit einem Hupen – so wie es der Uhrmacher immer tat –, zog dabei den Kopf ein und rutschte ein wenig tiefer in den Sitz.

Inständig hoffte er, dass der Fahrer ihn nicht erkannt hatte, es würde unweigerlich zu Nachfragen führen: Was denn der Chef der *police municipale* während der Dienstzeit im Kastenwagen des alten Witwers machte, und welch eigenartiger Einsatz ihn an Sainte-Valérie vorbei führte. Das alles wäre an sich nicht tragisch, hätte Pierre dem Bürgermeister von seinem Vorhaben erzählt. Arnaud Rozier hasste es, unzureichend informiert zu sein. Und da dessen Standpauken oft eine gewisse Dramatik anhing, galt es, jeglichen aufkommenden Argwohn zu vermeiden.

Pierre trat das Gaspedal durch und umfuhr das Dorf in Richtung seines Bauernhauses. Vielleicht, so dachte er, käme er ja ungeschoren davon.

Wenn Sie wissen möchten,
wie es weitergeht, lesen Sie

Sophie Bonnet
Provenzalische Intrige

ISBN 978-3-7341-0454-1 / ISBN 978-3-641-17138-4 (E-Book)

Blanvalet